# 신의 나라

# 신의 나라

그 첫번째 왕-사울

김종철 지음

해피&북스

## 머리말

성서속의 이야기를 드라마로 만드는 성극작가로, 그리고 재미와 시청률에 민감할 수밖에 없는 방송작가로 일해 오면서 성서속의 인물에 관심을 갖게 되는 것은 당연한 일일 것이다. 성서속의 인물은 나름대로 극적인 요소와 인간의 내면 심리를 그대로 드러내는 에피소드들이 많기 때문이다. 특히 최근 몇 년 동안은 이스라엘이라는 피와 전쟁의 역사 속에 주인공으로 자리잡고 있는 사울 왕과 다윗 왕 그리고 솔로몬 왕의 이야기들이 내 인생의 커다란 부분을 차지하게 되었다. 그들은 왜 왕이 없던 나라에서 왕이 되려 했으며 왕이 된 후 어떻게 나라를 이룩해 나가는지에 대한 나의 관심이 결국 현장을 찾아 나서게 만든 것이다.

결국 그들의 활동무대였던 현장을 찾아 이스라엘, 이집트, 터키, 요르단 등으로 배낭 속에 메모 수첩과 카메라 하나 달랑 넣어 갖고 돌아다닌 지 벌써 10여년이 되었다. 그런데 역사의 편린들을 찾아다니면 다닐 수록 사울 이라는 인물은 참으로 특이한 사람이라는 것을 알았다. 사울 왕 본인은 왕이라는 것이 무엇인지도 몰랐고 왕이라는 자리에 대한 특별한 욕심도 관심도 없었던 인물이다. 더군다나 권력에 대한 관심은 손끝만치도 없던 사람이었다.

다윗은 15살이라는 어린 나이에 벌써 왕의 자리를 약속 받았던 사람이고 솔로몬 왕 또한 다른 사람이 물려받아야 할 왕의 자리를 중간에서 가로챈 인물이지 않았던가? 그런데 사울은 전혀 그런 점이 없었다. 그럼에도 불구하고 사울은 왕이 되었고 왕이 되어서도 국가와 백성들 보다 자신을 더 생각해 본적이 단 한번도 없었던 사람이다. 오로지 새로운 국가의 건설과 주변 국가의 침략에 맞서 싸우는데 모든 걸 바친 사람이었다. 그럼에도 불구하고 사울 왕은 결국 자신을 왕으로 세운 사무엘과의 갈등과 반목 끝에 하나님으로 부터 철저히 외면을 당하고 우울증과 정신 분열증으로 고통을 받다가 결국 자살로 생을 마친 인물이 되지 않았던가? 왜 그랬을까? 나의 눈에는 아마도 사울 왕의 이런 점이 더욱 관심의 끈을 늦추지 않게 했을 것이다. 사울은 인간적으로 볼 때 참으로 불쌍한 인물이었다. 연민이 갈 정도로...

그러나 불행하게도 다윗이나 솔로몬에 대한 연구 자료와 기록들은 많이 남아 있지만 사울 왕에 대한 자료는 찾아보기가 힘들었다. 결국 나는 아직도 밝혀지지 않은 사울의 깊숙한 내면의 세계를 찾아 여행을 떠나야 했다. 때로는 포연이 가시지 않은 이스라엘의 분쟁지역속에서 목숨의 위협을 받아야 했고, 언젠가는 요르단의 사막 한가운데서 지프차가 고장나 며칠 밤을 지새우기도 했으며, 또 이집트의 시나이 반도에선 가이드의 실수로 엉뚱한 산으로 올라가 시내산인 줄 알고 열심히 사진을 찍던 일도 있었다.

사울의 숨결을 찾아 떠났던 지난 몇 년간의 외롭고 고통스러운 여행을 이제 책으로 정리했다. 사울은 이제 나의 형님이 된 듯하며 사울은 이제 나의 친한 친구가 된 듯하다.

사울이 이렇게 내 인생 깊숙이 들어 올 수 있도록 어떤 위험과 고통 속에서도 늘 함께 지켜 주신 하나님께 감사 드린다.

나는 이제 사울의 뒤를 이어 왕의 자리에 오른 다윗과의 새로운 만남을 위해 배낭을 꾸리고 카메라의 밧데리를 챙기기 시작했다.

# 목차

사무엘과 사울 당시의 이스라엘과 블레셋 각지역의 위치

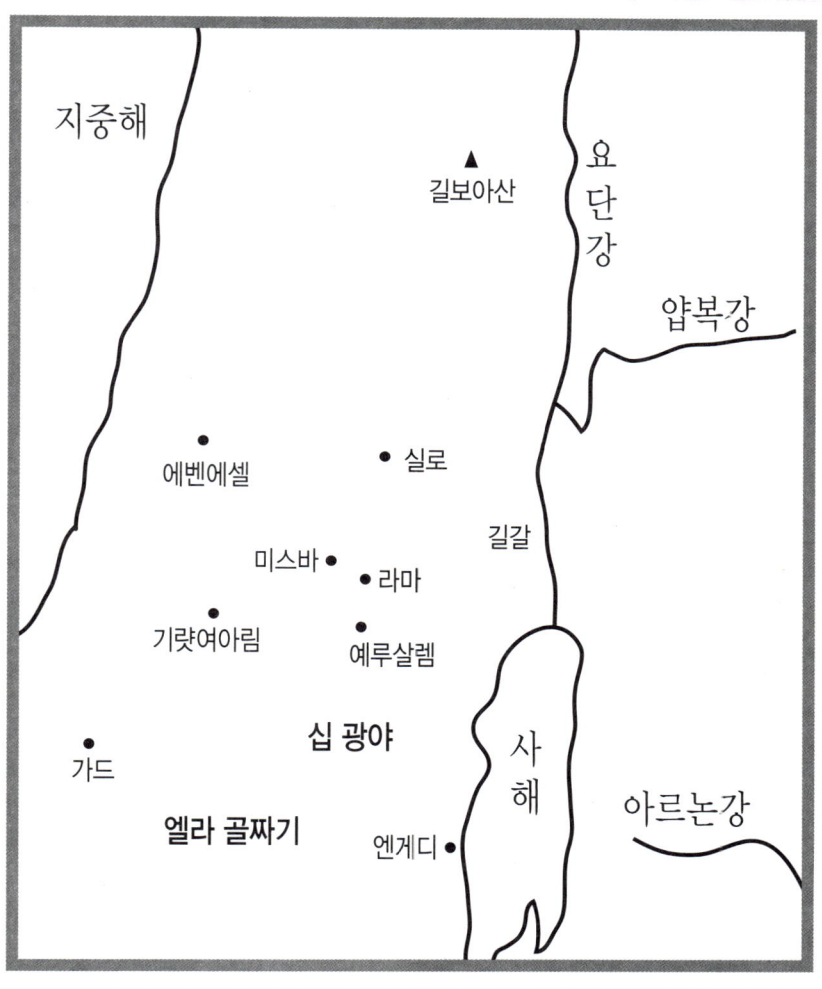

# 화약 냄새나는 사무엘의 고향

2001년 1월 18일 저녁, 이스라엘의 젊은 청년이 운전하는 낡은 승용차엔 팔레스타인의 아름다운 아가씨가 동승을 하고 있었다. 이스라엘 청년과 아랍 처녀, 오랜세월 전부터 서로 첨예하게 갈등하고 있는 두 민족의 출신이라는 점 만으로도 이 두 사람은 현실적으로는 전혀 어울릴 것 같지 않은 커플이었지만 컴퓨터의 이메일로 만나 알게 되어 사랑의 단어까지 키보드를 두들길 정도가 되어 버린 사이. 이 사실만으로도 두 사람간의 사랑은 현재 살벌한 정치적인 분위기를 뛰어넘는 아름답고 숭고한 사랑 그 자체가 아니었을까? 하기야 사랑 만 한다면 그까짓 정치야 분쟁이야 무슨 걸림돌이 될 수 있을까? 사랑은 전장 에서도 피어날 수 있는 것이고 그 상대가 비록 적국의 소속인들 그것이 무엇이 문제가 될까?

그동안 남들의 시선을 피해 이메일로만 사랑을 주고 받던 이 남녀는 마침 내 얼굴을 마주 보기를 원했고 두 손을 잡고 거닐고 싶다는 욕망이 들었던가 보다.

그래서 두 사람은 만났고 차에 동승하여 어디론가 향했을 것이다.

해가 어스름하게 저물었을 무렵 이들이 탄 차는 라말라라고 하는 팔레스 타인 지역의 입구에 도착했다. 그때였다. 갑자기 이들이 탄차앞에 소총으로 무장을 한 일단의 무리들이 차를 가로막아 세웠고 팔레스타인 처녀는 이들에 의해서 끌어져 내려졌다. 그리고 잠시의 숨돌릴 틈도 없이 그들의 소총에선 불 꽃이 뿜어져 나왔고 그 청년은 화약냄새와 함께 피를 흘리며 고꾸라지고 말았 다.

너무나 순식간에 일어난 일들이었다. 잠시후 그 청년이 완전하게 절명한 것을 확인한 그 무리들은 옆에 서 있는 팔레스타인 아가씨를 쳐다봤다. 이들 사이는 마치 처음 보는 사이가 아닌 듯 자연스러운 것이 이상했다. 그리고는 그 아가씨에게 던진말…

"수고했어"

그 말을 들은 아가씨는 마치 여전사의 모습처럼 당당하게 그 자리를 떠나고 말았다.

이스라엘 민족을 향한 팔레스타인인들의 처절한 복수심이 이렇게 아름다운 사랑마저도 수단과 방법이 되어 가고 있는 현장, 라말라…

라말라는 현재 팔레스타인 독립 운동의 총 본산이 되어 있으며 야세르 아라파트 PLO의장의 집무실이 있는 지역이기도 하다. 그래서 이스라엘은 팔레스타인의 테러행위가 있을 때마다 헬기와 전투기, 탱크를 동원하여 이 지역을 무차별 공격을 하고 있으며 몇 해전에는 아라파트 의장이 이스라엘 탱크의 포격에 의해 목숨을 잃을 뻔 한 적이 있고 또 몇 달째 감금 되기도 했던 지역이다. 한마디로 라말라는 현재 전세계인 모두가 걱정스러워 하고 있는 팔레스타인 분쟁의 가장 핵심인 셈이다.

그러나 그 라말라가 바로 사울을 이스라엘의 첫 번째 왕으로 임명한 사무엘의 고향이자 그의 무덤이 있는 곳이라는 곳을 아는 사람은 별로 없다.

사무엘상 1장 1절에 나타나는 사무엘의 고향 라마다임이라는 곳이 바로 이 라말라라는 곳인데 그렇다면 이 라말라에 가면 과거 사무엘이 살던 당시의 유적지를 만나 볼 수 있지 않을까?

그러나 그것은 현재 불가능하다. 왜냐하면 지금도 그곳
에선 수천년전의 유적지를 찾아볼 만한 공간이 없을 정도로
사람이 많이 살고 있으며 그들은 과거의 유적지를 한가하게
보호하고 관리할만한 형편이 되지를 못하고 있기 때문이다.
라마는 과거부터 현재까지 수천년동안 단 한번도 사람이 살
지 않은 적이 없지만 과거의 유적지를 보호할만한 정신적 여
유 대신 생활의 더께만이 덕지덕지 쌓여왔던 것이다. 실제로
이스라엘은 대부분의 촌락이나 도시가 언덕위에 세워진다.
예루살렘도 그렇고 므깃도도 그렇고 베델도 그렇고 나사렛도
그렇다. 워낙 외세의 침략을 많이 받아야만 했던 이스라엘 민
족은 전투시에 유리한 고지에 있어야 안전했기 때문에 항상

인구 25,000여명이 살고 있
는 현재 라말라 시내의 모습.
거리엔 늘 사람과 자동차로
붐비지만 이스라엘의 봉쇄조
치로 경제적인 어려움과 정
치적 자유를 누리지 못하고
살고 있다.

높은 언덕위에다 도시를 건설하고 촌락을 이루었으며 또 만약에 그 도시와 촌
락이 멸망했다 하더라도 그 다음 세대는 그 언덕위에 흙과 돌들도 덮은 위에
새로운 도시를 만들어 갔던 것이다. 그러니 언덕은 더 세월이 흐르면서 더 높
아지고 더 견고해졌을 뿐이다. 그래서 아마도 현재 라말라의 땅속 어딘가를 깊
게 깊게 파 보면 분명히 사무엘 당시의 작은 흔적들이 나올지도 모르는 일이다.
그러나 그것은 생각뿐이고 아무도 그런 발굴작업을 시도해 본 사람은 없다. 왜
냐하면 지금도 그곳엔 빽빽하리 만치 많은 건물들이 자리를 잡고 있으며 사람
들이 살고 있기 때문이다.

　　당장 언제 날아올지 모르는 이스라엘의 포탄과 언제 담벼락을 허물고 들
어올지 모르는 탱크소리에 잠을 이루지 못하고 있는 그들에게 수천년전의 사
무엘의 흔적이 뭐 급한 일일까…


　　라말라는 예루살렘에서 약 8km 떨어져 있는 아주 가까운 거리에 있는데
예루살렘에서 라말라로 가는 길은 절대로 쉽지가 않다. 몇차례의 검문과 검색
이 기다리고 있기 때문이다.

　　사무엘 당시에도 그랬을까? 아마도 사무엘 당시의 라마에도 많은 사람들
이 북적 거리면서 살았을 것이다. 그곳엔 아이들의 뛰어노는 소리와 고래 고래
소리지르는 아낙네들의 소리들, 그리고 술에 취해 여기저기 쓰러져 있는 남정
네와 장사꾼들의 외치는 소리들… 아마도 그래서 더군다나 예루살렘에서 나
와 세겜과 사마리아를 가려는 사람들이 꼭 들러서 먼길을 향한 샌들을 고쳐
신는곳, 사마리아와 디베랴를 향해 가기 위해 거쳐야만 하는 사막길에 대비한
식량구입의 장소로 라마가 그 역할을 담당했을 것으로 보인다. 원주민과 외지
인이 이렇게 뒤섞여 살던 곳이 라마였다.

그래서 하나님의 신성한 성전이 이곳에 위치해 있지 않고 이곳에서 약 30km 떨어진 실로에 자리잡게 한 것일까?

라말라에서 다시 버스를 타고 일산에서 여의도 까지의 거리를 달려 가다 보면 드믄드믄 차창 밖으로 보이던 민가들은 차츰 자취를 감추고 크고 작은 언덕만이 시야에 들어 온다. 그리고 그제서야 보이는 그 옛날 교회 유적지의 흔적들…

그곳이 바로 실로이다. 어떤 지도에는 SHILOH라고도 적혀 있고 또 어떤 지도에는 Beitun 이라고도 적혀 있어서 아마도 부르는 명칭이 여러 가지 인 듯 하지만 어쨌든 이곳에 가면 교회의 유적지를 볼 수가 있는데 그렇다고 해서 그 당시 제사장 엘 리가 두 아들 홉니와 비느하스를 데리고 제사를 드리던 성소의 흔적은 아니다. 불행히도 그 흔적은 전혀 지금 전혀 찾아 볼 수가 없고 그 이후에 세워진 초대교회의 흔적들일 뿐이다.

그렇다면 왜 라마에는 없던 기독교 교회의 흔적이 여기서는 발견되는 것일까? 그것은 그만큼 초대 기독교인들 조차도 이곳 실로가 얼마나 성스러운 곳인지를 알고 그 의미를 찾으려 했던 것인지를 가늠할 수 있지 않을까?

실로는 현재에도 사람이 살지 않는다. 그저 여기저기 관리되지 않은채 버려져 있는 초대교회의 무너진 담벼락 몇 개와 겨우 겨우 발견할 수 있는 기둥들 뿐이다. 어디에도 성지순례자들을 위한 안내판이나 도로하나 변변하게 포장되어 있지도 않다. 왜 그럴까?

그것은 사무엘 당시나 지금이나 사람이 살만한 곳이 못되었고 찾아갈 만한 곳이 못되었기 때문이다. 그저 그곳은 하나님의 제사 드리는 제사장들이나 모이는 곳이고 라마에서 살던 엘가나와 한나 부부가 일년에 한차례씩 실로에 찾아와 하나님께 제물을 받치는 정도였을 뿐 이었다.

그래서 더욱이 하나님의 지성소를 라마와 같이 복잡한 곳을 피해 한적한 언덕위 실로에다 자리를 잡았는지도 모르겠다.

실로는 그래서 더욱 성스러워 보이는 지역이다.

이곳에서 한나는 아들을 낳지 못하는 자신의 처지를 애통해 하며 슬피울 었고 그런 아내의 모습을 보며 엘가나는 자신의 첩인 브닌나 보다도 더 한나를 사랑했는지도 모른다. 그리고 보면 엘가나는 참으로 인정이 많았고 정말로 본 아내인 한나를 사랑했는지도 모른다. 한나는 그런 엘가나 때문에라도 더 아들을 낳기 원했을지 모른다. 한나는 엘가나와 다른 식구들이 제사를 드리고 나서 맛있게 음식을 먹는 동안에도 혼자 성막 안으로 들어와 울며 기도를 했다. 나중에 혼자 울며 기도를 하고 있는 한나를 보고 엘리 제사장이 술을 먹고 주정을 하는 줄 알고 책망을 했던 것을 보면 아마도 나머지 식구들은 음식과 함께 술을 마시며 한참 즐거운 시간을 보내고 있었을지도 모른다.

그러나 그 시간에도 한나는 하나님께 기도를 했다.

라말라에서 다른 지역으로 가기위해 선 이렇게 오랜 시간동안 줄을 서서 기다리다가 이스라엘 군인으로부터 검문을 받아야만 나갈수 있다.
만의 하나 작은 트집이라도 잡히면 그날은 이곳을 통과할 수 없게 된다.

"하나님, 저에게 아들을 주시면 그 아들을 평생 주님의 사람으로 삼겠습니다."

그녀의 간절할 기도는 그곳 실로에서 이루어졌다.

그리고는 다시 라마의 집으로 돌아오자 마자 드디어 하나님의 응답은 이루어졌다.

한나의 뱃속에 사무엘이 자라기 시작했고 거짓말 처럼 몇 년동안 임신하지 못한 슬픔의 탄식소리만 들리던 한나의 방에서 우렁찬 아들의 울음소리가 터져나와 라마의 마을을 들썩였던 것이다.

이스라엘의 폭격으로 주저 앉아 버린 아라파트 PLO의장의 사무실. 라말라인 지금도 곳곳에 이렇게 폭격과 공격의 흔적이 가슴아프게 딱정이 처럼 앉아 있다

라말타의 아이들은 이 슬픈 현실속에서 기래와 희망이라는 단어를 잊고 살아가고 있다.

그렇게 역사적인 곳이 라마였는데 지금의 그 하늘엔 화약냄새가 진동하고 피를 흘리며 죽어간 어린아들을 끌어안고 울부짖는 팔레스타인 여인들의 울음소리가 진동을 하고 있다.

# 전쟁과 법궤

세상에 자기 맘대로 안되는게 자식농사라고 하더니 이스라엘의 엘리 제사장이야 말로 정말 자식 때문에 속이 많이 상했을 것 같다. 사무엘이 태어날 당시, 그러니까 기원전 1100여년 경, 엘리에겐 홉니와 비느하스라는 두 아들이 있었는데 자신이 너무 늙자 이 두 아들들에게 제사장직을 이어받도록 했었다. 그런데 문제는 이 두 아들들이 제사장이라는 직분을 망각하고 온갖 망나니 짓은 다 했다는 것이다. 제물로 들어온 물건을 중간에서 횡령을 하지 않나 성막에 일을 하러 온 여인에게 돈을 주고 동침을 하고 심지어는 겁탈까지 했으니… 물론 이들의 이같은 행동들 때문에 하나님께서는 크게 분노를 하셨고 블레셋 민족을 통해 이스라엘에 전쟁을 불러 일으켰다.

이스라엘의 주변 국가였던 블레셋이 아벡이라는 곳에 진을 치고 있다가 틈을 타서 이스라엘을 쳐들어 온 것이다. 제사장들이 이렇게 정신을 잃고 도덕적 타락의 향연에 빠져 있으니 이스라엘 백성들은 오죽이나 했었을까? 아무런 준비없이 느닷없는 공격을 당한 이스라엘은 당연히 혼비백산 했고 그 전쟁은 불보듯 뻔하게 이스라엘 군사 4천명이 몰살 당하는 블레셋의 승리로 돌아간다.

그러고 보면 이스라엘과 블레셋은 참으로 질긴 인연인 것같다. 그때도 블레셋이 이스라엘을 호시탐탐 노렸다가 쳐들어 왔지만 나중에 다윗은 또 사울왕의 칼을 피해 블레셋으로 정치적 망명을 하는가 하면 지금은 블레셋에서 이름을 따온 팔레스타인과 끊임없는 분쟁을 하고 있으니 이 두민족간의 분쟁은 벌써 수천년동안 이어져 내려 오고 있는 셈이다.

어쨌든 블레셋과의 전쟁에서 4천명이나 되는 군사를 잃은 이스라엘 군인은 재빨리 엘리제사장에게 도움을 요청하게 된다. 그것은 바로 엘티가 지키고 있는 성막에서 하나님의 법궤를 전쟁터로 보내 달라는 것이다. 급기야 엘리의 두아들 홉니와 비느하스는 하나님의 법궤를 메고 전쟁터로 나가지단 불행하게 도 그 전쟁에서도 홉니와 비느하스는 이스라엘 군사 3만명과 함께 죽게되며 하 나님의 법궤가 블레셋 군사들에게 빼앗기는 엄청난 불행을 겪고 만다. 하나님 의 법궤를 빼앗긴 이스라엘 민족, 그 소식을 들은 엘리 제사장은 그만 너무 충 격을 받아 의자에서 떨어져 그 자리에서 즉사를 하게 되는데…

물론 여기까지는 사무엘상 1장에 보면 자세한 이야기가 나온다.

그러나 왜 이스라엘 군사는 전쟁터에서 전세가 불리해 지자 하나님의 법 궤를 보내달라고 한 것일까? 왜 이스라엘 군사는 블레셋 군사와 전투를 하러 갈 때는 그냥 나갔으며 첫 번째 전투에서 4천명이나 몰살당하자 그제서야 부 랴부랴 법궤를 찾았던 것일까? 도대체 전쟁과 하나님의 법궤는 과연 어떤 관 계가 있는 것일까? 전쟁터에서 이스라엘 군사들은 제사를 드리려 한 것일까?

우선 미국의 유명한 영화감독 스티븐 스필버그가 연출한 영화 '레이더스' 를 보자.

이 영화에 보면 2차대전이 한참 진행중이던 어느날, 미국의 정보요원들이 고고학자이자 탐험가인 존스박사(헤리슨 포드)를 찾아온다. 독일군들이 이집 트 카이로 근처에 있는 사막에서 고대 도시 타니스를 발굴해 냈다는 이야기를 하자 존스 박스는 깜짝 놀란다. 고대 도시 타니스란 모세의 십계명이 담긴 하 나님의 법궤가 솔로몬 왕 당시에 예루살렘에 있던 것을 이 고대도시 타니스로 옮겨오게 되었는데 하나님의 진노를 사게 되었는지 타니스는 1년동안 끊임없 이 몰아닥친 모래바람으로 인해 고대도시 타니스는 하나님의 법궤와 함께 파

스티븐 스필버그 감독의 영화 '레이더스'의 한 장면

법궤에서 나온 강한 빛을 받고 쓰러져 있는 사람들을 스케치한 '레이더스'의 한 장면

묻혀 버렸었다는 얘기다. 잃어버린 도시 타니스, 잃어버린 하나님의 법궤…

그래서 수많은 고고학자들은 그 타니스의 위치를 찾지 못해 애를 태웠는데 마침내 독일군들이 그 고대도시 타니스를 발굴했다는 소식을 고고학자인 존스 박사가 듣게 된 것이다. 그렇다면 왜 영화속의 독일군들은 전쟁의 와중에서도 고대도시 타니스를 발굴하려 했던 것일까? 마치 이사라엘 군사들이 블레셋 군사들에 의해서 수많은 병사가 몰살당하자 허겁지겁 법궤부터 찾았던 것 처럼…

그 해답을 존스 박사가 해 준다. 독일군이 타니스를 발굴하는 것은 바로 타니스의 어디엔가 묻혀 있을 하나님의 법궤 때문이라면서 한 장의 그림을 보여 주는데 그것은 바로 법궤의 모양새를 그려놓은 모습이다. 법궤의 모양이란 우리가 이제까지 여러 가지 지면을 통해서 익히 알고 있는 모습과 별반 다르지 않다. 그런데 그 영화속의 그림에서는 특이하게 보여지는 부분이 있는데 그것은 법궤의 한 지점에서 강력한 레이저 빔같은 광선이 뿜어져 나오고 있다는 점이다. 그래서 존스 박사는 이 법궤가 독일군의 손에 들어가면 그때는 엄청난 능력을 가진 핵무기가 독일군의 손에 들어가게 되는 셈이라고 한다. 정말 그런 것일까?

법궤와 레이저 빔…

정말 두 단어가 어울리지 않을 것 같은데 왜 존스박사는 그런 그림을 보여 주는 것일까?

그렇다면 법궤는 그저 단순한 고고학적 유물 정도의 차원이 아니라 뭔가 엄청난 능력을 갖고 있는 가공할 만한 장치란 말인가? 아니면 그저 영화속의 허무맹랑한 이야기일 뿐일까?

어쨌든 영화속의 이야기는 그저 상상에 의해 만들어진 이야기 만은 아니고 실제로 2차 대전 당시 독일의 히틀러는 수많은 고고학자를 동원해서 법궤를 찾는데 동원했다고도 한다.

자, 이쯤해서 법궤의 모양을 다시한번 상기해 보자.

법궤는 모두가 알다시피 모세가 시내산에서 하나님으로부터 받은 십계명 돌판을 담기 위해 모세가 직접 설계 했고 실제 제작은 브사렐과 오홀리압이라는 사람이 했는데 그 크기는 길이가 1미터 13센티미터, 폭이 68센티미터, 높이 68센티미터의 장방형 나무궤로 아카시아 나무가 그 주 재료로 사용되었다.

장방형 나무상자의 안팎을 순금으로 싸고 윗언저리엔 장식 금테를 둘렀으며 금고리 네 개를 주조하여 궤의 양쪽에 각각 두 개씩 달고 법궤를 메고 운반하기 위한 채를 아카시아 나무로 만들어 이것도 순금으로 싸고 법궤 양쪽에 단 고리에 꿰어 고정 시켰다. 다음에 속죄소를 마련한 뚜껑을 만들고 그 위에 금을 두들겨 만든 한쌍의 캘빔(성경엔 케룻이라고 표현됨)을 날개를 편 형태로 서로 마주 보게 세웠다. 켈빔이란 지혜의 천사를 말한다

불행하게도 법궤의 실제 모습을 직접 보고 그림으로 남겨놓은 흔적이 없어서 정확한 모습은 알수가 없지만 위와같은 묘사와 함께 이집트 룩소르(옛날의 테베)에서 발견된 투탕카멘의 무덤속의 나무 상자가 법궤의 모습과 비슷한 걸로 보아 아마 그런 형상이 아니었을까 생각한다.

더군다나 법궤를 직접 제작한 브사렐이라는 사람은 그당시 성막안에서 사용되는 많은 성물들을 제작하는 장인중에서도 손꼽히는 장인이었으며 오홀리압은 브사렐의 제자였다고 출애굽기 31장 2절에 적혀 있다. 브사렐은 단순한 장인정도의 차원이 아니라 워낙 정교하고 미적인 감각이 뛰어난 작업예를 들면, 금속세공, 주조술, 조각술, 보석세공과 목갈술 등에 대한 달란트를 하나님께로부터 직접 받은 사람이었기 때문에 법궤가 얼마나 아름답고 훌륭했을지는 상상하기 힘들 정도다.

　　물론 독일군이 법궤의 안팎에 둘러 싸인 금 때문에 법궤를 찾았던 것은 결코 아닐게다.

　　이번에는 영국의 논픽션 작가 그레이엄 행콕의"신의 암호"라는 책을 보자. 그레이엄 행콕은 자신의 저서에서 하나님의 법궤야 말로 단순한 상자나 보관

투탕카멘의 무덤에서 발견된 나무상자. 이 상자의 모양은 출애굽기에 등장하는 법궤의 구조와 비슷한 모습을 하고 있다

함이 아닌 엄청난 파괴력을 가진 방사선 무기, 또는 원자로의
원리를 그대로 간직한 최첨단 테크놀러지 라고 한다. 그래서
히틀러가 그렇게도 법궤를 찾았을지도 모르는 일이지만 어쨌
든 그레이엄 행콕이 그렇게 주장하는 이유를 보자.

법궤를 메고 가는 레위인들의 모습

첫 번째, 모세는 우리가 알고 있었던 민족 지도자나 하나
님의 부름심을 받은 것만이 아닌 과학자 이상의 전문지식을
가진 사람이었다는 것이다.

일단 모세는 이집트 최고 권력자의 딸의 아들로써 왕실
에서 성장을 하며 그당시 이집트의 최고학문을 개인교습 받
은 자였다. 그당시 이집트의 학문이라는 것은 지금으로부터 4
천년전 임에도 불구하고 아직까지 그 건축 방법이 미스터리로
남아있을 정도의 엄청난 규모의 피라밋들을 카이로 근처의
기자 뿐만 아니라 전역에 걸쳐 60여개를 만들었으며, 특히 이
집트의 고대 수도 테베의 룩소르엔 둘레가 10미터도 넘는 돌
기둥이 130여개나 세워져 있는 엄청난 규모의 카르낙 신전을
건설할 정도로 뛰어난 건축술을 보유하고 있었다. 이것은 단
순한 건축술로만 끝나는 문제가 아니다.

이런 건축물을 완공하기 위해선 측량학, 천문학, 지질학,
설계학, 문자, 도형학, 기하학, 화학등 다양한 학문이 총집결
된 것으로 봐야 한다.

따라서 모세는 그당시 최고로 발달된 문명의 한가운데서
최고 권력자의 아들로써 그 모든 학문을 배웠기 때문에 기본

고대 이집트인들이 사용한 석관의 모습. 이 석관엔 네 귀퉁이에 커다란 날개를 든 사람의 형상이 조각되어 있는데 이것이 바로 법궤의 뚜껑 부분에 있는 케롭의 모습과 비슷한 것이 아닐까 추측을 해 볼 수 있다

적으로 엄청난 양의 지식과 정보를 갖고 있는 사람이었음에 틀림 없다는 것이다.

두 번째, 모세가 공사장에서 이집트 감독관을 죽인 때가 40살, 그리고 그 이후 왕실을 뛰쳐 나와 호렙산에서 하나님의 명령을 받은 나이가 80살, 모세는 왕실에서 나와 약 40년동안 미디안에서 생활을 했다고 성경에선 전하는데 그렇다면 미디안이란 어딜까?

불행하게도 많은 성서학자들은 미디안의 정확한 위치를 아직도 잘 모르고 있다고 한다. 어떤 학자는 홍해의 맨윗쪽 부분인 아카바 만(현재는 이집트와 이스라엘과 요르단의 국경이 만나는 군사전략상 아주 요충지)의 오른쪽 부분, 다시말해서 요르단 아랫부분과 사우디 아라비아라고 주장하기도 하지만 그레이엄 행콕은 모세가 왕실에서 벗어나와 40년동안 생활한 곳을 이집트 시나이 반도 안에 있는 시내산에서 조금 더 북쪽에 위치한 세라빗 엘카뎀이라는 곳이었다고 주장을 한다.

세라빗 엘카뎀…

이곳은 과연 어떤 곳이었을까?

세라빗 엘카뎀은 모세가 하나님을 만난 호렙산에서 약 80km 떨어진 곳인데, 이곳은 기원전 1990년경부터 1190년경까지 구리와 터키옥의 채굴현장인 동시에 그것을 가공하는 중요한 생산 중심지였다. 모세는 이곳에서 이드로의 양떼를 먹이기 위해 산과 들로 돌아다니면서 이곳의 광물과 광석더미를 보며 무엇을 생각하고 있었을까?

최고의 인류문명을 번성하고 있는 왕실에서 배운 수많은 고급학문을 익힌 자가 그저 빈들에서 양떼를 먹이며 소일을 하고 있었을까? 그것도 40년씩이나…

그레이엄 행콕은 모세가 세라빗 엘카뎀이라고 하는 지역의 특수성 때문에라도 어쩔 수 없이 광물질에 대한 지식이 또 새롭게 익혀지게 되었을 것이고 그런 지식은 원래 갖고 있던 지식과 더불어 또 다른 지식을 만들어 냈을 것이라고 얘기를 한다.

그렇게 해서 설계되고 만든 것이 바로 법궤라는 얘기다.

고대 이집트에서 가장 번성했던 옛수도 룩소르에 있는 카르낙 신전엔 둘레가 10미터, 높이가 25미터가 넘는 엄청난 규모의 돌기둥들이 134개나 된다. 이렇듯 고대 이집트인들의 돌을 다루는 석재술과 건축술은 현대인이 보기에도 깜짝 놀랄 정도다. 더구나 섭씨 45도를 넘는 그곳의 평균 기온을 생각한다면 더욱 놀라지 않을 수 없다.

세 번째… 법궤가 보여준 무서운 능력이다

레위기 10장 1절에 보면 모세의 형이자 대제사장인 아론의 네 아들 중에 나답과 아비후가 쇠로된 향로를 들고 지성소 안으로 들어가자 갑자기 법궤에서 불길이 솟구쳐 나와 이들을 집어 삼켰다고 한다. 그저 십계명이 들어있는 법궤로만 알고 있었는데 거기서 불길이 솟구 쳐 나왔다는 것이다.

그리고 이스라엘 전승책에 의하면 법궤가 시나이 반도에서 요르단 땅으로 들어갈 때 요단강을 건너는 순간에선 법궤가 사람들의 손에 의해서가 아닌 자기 스스로 공중을 떠 요단강을 건너가 법궤를 메고 가는 사람들의 수고를 덜어주었다는 얘기도 있다.

한마디로 법궤가 때로는 중력을 거부하고 공중부양을 하는 초전도체 이

기도 한다는 것이다.

때로는 불길이 치솟기도 하고 때로는 공중부양도 하는 신비한 물체 법궤…

법궤의 이러한 능력을 바탕으로 이스라엘 민족은 광야의 수많은 전투에서 아주 톡톡한 도움을 받게 된다.

그중의 하나가 바로 여리고 성 함락 작전에서 였다.

모세의 여정을 찾아 탐사여행 중에 요르단의 사막 '와디룸'에 도착한 필자

# 이해할 수 없는 여행

이스라엘 백성들이 노예로 생활하던 고센땅을 떠나 자신들의 고향이었던 이스라엘로 돌아가기 위해선 반드시 거쳐야 하는 곳이 바로 시나이 반도이다.

시나이 반도는 동쪽으로는 이스라엘과 요르단과 사우디 아라비아가 서로 마주 보고 있는 아카바 만이 있고 서쪽으로는 홍해와 수에즈 운하가 있으며 북쪽으로는 지중해가 자리 잡고 있는 역 삼각형의 모양으로 면적은 약 6만 km2이나 된다.

그런데 이렇게 넓은 시나이 반도중에 쓸만한 땅은 거의 없다는 것이 문제다. 물론 북쪽의 지중해 변에는 사람이 좀 살고 있지만 그래도 강수량이 거의 없고 녹지가 없는 곳에서 사람이 산다는 것은 힘든일이 아닐 수 없다.

그런데 왜 이스라엘 백성들은 고센땅에서 나와 가나안 땅까지 가는데 시나이 반도를 통과하면서 한달이면 될 것을 40년씩이나 걸리게 된 것일까? 가나안 땅이란 오늘날 이스라엘을 가리키는 것이다. 아무리 길눈이 어둡고 방향 감각이 어두워도 그렇지 한달보다 480배나 더 오랜 세월동안 길에서 헤멨던 것일까? 상식적으로 생각을 해도 납득이 가지를 않는다.

물론 고센땅에서 나와 시나이 반도의 북쪽인 지중해를 끼고 다니는 길로 가는 것이 가장 빠른 지름길로 한달이면 충분히 가나안 땅에 도착할 수가 있다고 한다. 그러나 이스라엘 백성들은 그길을 택하지 않았다. 그곳엔 아무래도 이집트 사람들이 살고 있었고 또 검문소가 많아서 아무래도 장애물이 될 것 같아 시나이 반도의 남쪽으로 코스를 잡았던 것 같다. 아무리 그래도 그렇지 지름길로 가면 한달이면 될 것을 왜 40년씩이나 걸렸다는 것일까?

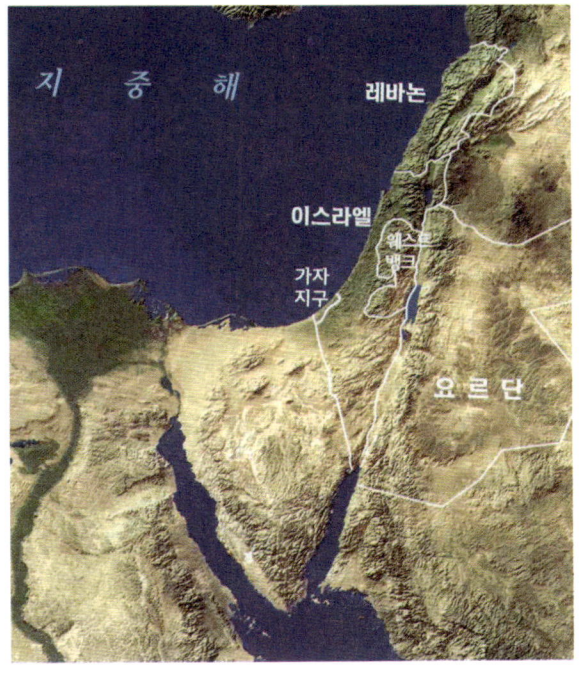

위성에서 바라본 시나이 반도
시나이 반도는 동쪽으로는 이스라엘과 요르단과 사우디 아라비아가 서로 마주 보고 있는 아카바 만이 있고 서쪽으로는 홍해와 수에즈 운하가 있으며 북쪽으로는 지중해가 자리 잡고 있는 역 삼각형의 모양으로 면적은 약 6만㎢나 된다.

　　그러나 그런 의문은 시나이 반도에 직접 가보면 어느정도 해결될 수 있게 된다.

　　시나이 반도의 토질은 결정암으로 말그대로 가도가도 끝없는 붉은색의 돌산의 행렬이라고 보면 된다. 고만고만한 돌산에 나무 한그루 풀한포기 없이 발걸음을 내딛을 때마다 흙먼지만 풀풀 날리는 삭막하기 이를데 없는 곳인데 무슨 특이한 지형지물이 있어야 그 봉우리를 기준 삼아 좌로 가던지 우로 가던지 하게 될 것이 아닌가? 여긴 도통 그럴만한 것이 없으니 일단 시나이 반도에 발을 들여놓는 순간 해안가를 따라가지 않고 돌산 계곡으로 들어서게되면 40년 만에 그곳을 탈출하게 된 것만으로도 정말 천만 다행이지 않을까 싶다.

한낮의 뜨거운 태양열은 땅바닥 전체를 가열하다 못해 흐믈 거리게 할 정도이고 어디 들어가서 태양빛을 가릴 만한 곳도 전혀 찾아 볼 수가 없다. 도대체 이런 곳에서 어떻게 40년씩이나 버틸 수가 있을까 하는 생각이 저절로 든다. 그러니 이스라엘 백성들이 그렇게 모세를 원망하고 살려 달라고 우상을 만들고 했던 것이 아닌가 싶다.

자, 이런 곳에서 마침내 몇 명의 무리들이 모세에게 저항을 하기 시작한다. 정확하게 얘기하면 250명인데 그것도 이집트에서 노예생활을 할 때 다른 일반인들처럼 막노동을 하는 노예급이 아닌 지도급인사라고 하던 족장들이다.

자기들도 이집트에선 나름대로 이스라엘 백성들을 지도하던 사람들인데

가도 가도 끝없이 이어지는 붉은 돌산으로 이루어진 시나이 반도. 풀 한포기 물 한모금 없는 이 불모지의 땅에 들어가면 그 누군들 이곳에서 방향감각을 잃지 않을 수 없게 된다.

왜 지금 상황에선 모세와 아론만이 자신들의 지도자 역할을 하면서 하나님의 명령을 전달하는 독점권을 갖느냐고 일종의 항명을 시도한 것이다.

하기야 끝없는 광야생활, 수십만명이 동시에 움직이면서 하는 단체생활, 거기에다 먹을 것이 넉넉치 않고 물은 턱없이 부족한 상태에서 아기는 울어대고 환자는 늘어나고 노인들은 못 걷겠다고 주저 앉고 더군다나 이런 생활이 언제쯤 끝나게 될지 모르는 막연한 상황속에서 스트레스는 쌓여가고 쾌적지수는 한없이 떨어지게 되니 자연히 쌓이는 것은 불평 불만이 아닐까?

그렇다고 해서 모세가 매일아침 마다 지도급 인사들을 한자리에 불러 모아서 오늘은 어디 어디로 해서 이동할 예정이며 앞으로 가나안땅어 도착하기 며칠전이라는 브리핑을 해 주는 것도 아니니 그들의 불안함은 마침내 항명으로 불거저 나온 것일 게다.

그들은 모세에게 찾아가 모세만이 가까이 가는 법궤에 자신들도 가까이 갈 수 있게 해달라고 부탁을 했다. 왜 다 똑같은 하나님의 백성인데 유독 당신만 법궤에 갈 수 있단 말인가? 우리도 다 똑같이 거룩한 사람이니 우리 또한 법궤에 가까이 갈 수 있게 해 달라…

한마디로 그들은 아직도 법궤 무서운 줄을 몰랐던 것이다.

그러자 모세는 이런 제안을 하게 된다.

내일 아침 향로에 불과 향을 담아 법궤 앞으로 오라 나와 아론도 함께 향로를 들고 법궤 앞으로 갈 것이다. 그럼 과연 하나님은 누가 거룩한 사람인지 구별해 주실 것이다.

말하자면 법궤앞에 가서 하나님의 선택을 받자는 얘기다. 이 얘기는 신명기 16장에 아주 자세하게 적혀져 있다.

다음날 아침 250명은 각자 하나씩의 향로를 들고 나타났다. 물론 모세와 아론도 향로를 들고 나왔다. 이제 하나님은 어떤식으로 거룩한자를 선택하시려는 것일까?

먼저 250명이 모두 자기의 향로를 하나씩 들고 법궤에 가까이 가는 순간 법궤에선 아주 강한 불길이 나와 그 자리에서 250명이 모두 몰살을 하고 만다. 아주 순식간에 일어난 일이다. 물론 그 순간 모세와 아론은 멀찌감치 떨어져서 땅에 머리를 대고 엎드려 있었다.

도대체 왜 이런 일이 일어난 것일까?

이 사건의 진실을 이해할려면 레위기 10장에 나오는 아론의 두아들인 나답과 아비후가 향로를 들고 법궤 앞으로 가까이 가자 마자 불에 타 죽은 사건을 생각해 봐야 한다. 아론의 두 아들이 들고 있었던 향로와 250명이 들고 있었던 향로는 모두 놋향로였다. 놋이란 구리와 아연을 섞어서 만든 금속물이었다. 왜 법궤는 이 금속물 앞에서 불길을 일으킨 것일까? 화확반응을 일으킨 것은 아닐까? 나중에 솔로몬은 향로를 금으로 바꾸긴 했지만…

어쨌든 법궤는 놋 앞에서 강한 반응을 일으켜서 가까이에 있던 모든 사람을 죽게한 것이다. 법궤와 놋의 관계는 과연 무엇일까?

여기서 신의 암호라는 책을 쓴 그레이엄 핸콕이 이야기를 다시한번 들어보자.

법궤 속에는 모세가 시내산에서 하나님께로부터 받아온 십계명 돌판이 들어 있었는데 그 돌판은 단순한 돌이 아니라 사파이어와 같은 돌로써 투명했으며 단단하면서도 유연하고 길이가 여섯뼘 정도의 크기로 꽤나 무거운 광물이었다는 것이다. 그 돌은 스스로 엄청난 화확반응을 일으키는 희귀한 광물질이었는데 아마도 방사선이 방출되는 것이 아니었을까? 그래서 그 돌판을 담아두게 될 법궤의 겉과 밖을 모두 금으로 둘러야 했던 것이고 아론의 두 아들과

250명의 족장들이 놋쇠를 가까이 하자 화학반응을 일으켰다는 것이다.

정말 그런 것일까?

법궤의 뛰어난 활약상을 볼 수 있는 것이 바로 여리고성 함락작전이었는데 이곳은 지구상에서 가장 오래된 도시로 알려져 있다. 이미 8천년 전에 높이 7.5미터 두께 6미터나 되는 성벽과 망루를 만들었고 도로는 돌을 깐 포장도로 였다. 그때 만들어진 성벽과 망루가 아직도 보존되어 있을 정도니 어느 정도 튼튼했는지는 짐작할 수 있을 것이다. 한마디로 그 어떤 파성추로 성을 부셔도 부서지지 않는 난공불락의 성이었다는 얘기다. 더군다나 여리고는 그당시에도 예루살렘과 요단강 건너의 암몬까지 연결하는 도로의 중간 지점이었기 때문에 중간 연결도시로 꽤나 많은 사람들이 살았던 곳이다.

법궤 앞에서 제사를 드리는 제사장의 모습을 그린 상상도

그래서 그 성을 쳐 부순다는 것은 도저히 상상할 수도 없는 일이고 있을 수도 없는 일이었다. 그런데 이스라엘 백성들은 그 성을 돌멩이 하나 던지지 않고 벽돌하나 부수지 않고 무너뜨릴 수 있었으니 그게 바로 법궤때문이었다는 것이다.

여호수아 6장에 보면 이 내용이 자세히 적혀 있는데 어쨌든 이스라엘 백성들은 무장군인이 앞서 행진을 하고 그 뒤에 법궤와 이스라엘 백성들이 따라서 성을 돌다가 칠 일째 되는 날 일곱 바퀴째에 드디어 법궤는 그 놀라운 능력을 발휘해서 난공불락의 성 여리고를 순식간에 무너뜨리고 만 것이다.

이 가공할 만한 능력의 법궤에는 도대체 어떤 원리와 비밀이 숨겨져 있는 것일까?

　그래서 수많은 고고학자들은 그 법궤의 비밀을 알고 싶어서 안달을 하는 것이고 그 소재를 찾는데 평생을 보내고 있다. 오죽하면 영화 레이더스에서 처럼 독일군까지 법궤를 찾는데 혈안이 되었을까? 하지만 그 법궤가 지금은 어디에 있는지를 아무도 모르고 있다.

　물론 몇몇 고고학자들이 나름대로의 근거를 내세우며 아프리카의 이디오피아에 있다고 주장을 하기도 하고 로마에 있다는 주장, 예루살렘에 있다는 주장, 요르단의 느보산에 있다는 주장등을 펼치고 있지만 아직도 그 법궤를 보았다는 사람은 없다.

　있다면 단 한 군데 아프리카의 이디오피아…

　그렇다면 왜 법궤는 이디오피아까지 가게 되었으며 법궤를 보았다는 자들

여리고에서 발견된 여리고 성벽. 여리고는 현재까지 발굴된 고대 도시중에서 가장 오래된 도시로 알려져 있다. 현재는 팔레스타인 자치지구로 되어 있다.

은 누구일까? 그얘긴 다음에 하기로 하자. 얘기가 너무 길어지니까…

다시 사무엘상 4장으로 돌아가 보자.

블레셋과의 전투에서 진 이스라엘 군사들은 부랴부랴 실로에 있던 법궤를 가져오게 했고 실로에서 법궤를 지키던 엘리 제사장의 망나니 두 아들 홉니와 비느하스도 따라오게 되었다.

전장의 최전선까지 도착한 법궤를 보자 이스라엘 군사들은 너무 좋아 소리를 질렀고 이 사실을 알게된 블레셋 군사들은 두려워 하며 사기를 잃고 만다. 왜냐하면 법궤가 보통 상자가 아니라 엄청난 능력을 발휘하는 신비의 법궤라는 걸 알고 있기 때문이다. 그러나 모두 다 알다시피 그 전투에서 이스라엘 군사들은 불행하게도 법궤를 블레셋 군사들에게 빼앗기고 홉니와 비느하스는 법궤 옆에서 지키고 있다가 칼에 찔려 죽고 만다.

한편, 법궤가 블레셋 군사들에게 넘어갔다는 엄청난 소식을 실로의 성막 앞에서 노심초사 기다리던 엘리제사장의 귀에 들어가자 엘리 제사장은 너무 놀란 나머지 의자에서 넘어져 목이 부러져 그 자리에서 즉사하는 사고까지 발생하고 만다.

그렇다면 블레셋 군사들의 손으로 넘어간 법궤는 이제 블레셋 군사의 것이 될 수 있을까?

2차대전 때 히틀러가 그렇게도 그 법궤를 찾아 헤맸는데 정말 히틀러가 그 법궤를 찾았다 한들 법궤의 놀라운 능력을 활용할 수 있었을까? 수천년전의 히틀러인 블레셋 군사들은 법궤를 전리품으로 획득한 이후에 과연 어떻게 되었을까?

# 블레셋은 누구일까?

사무엘상 4장 5장에 보면 이스라엘 군사들은 블레셋과의 전투에서 부랴 부랴 실로에 있던 법궤를 가져갔음에도 불구하고 블레셋 군사들에게 대패를 하고 심지어 법궤까지 빼앗기는 치욕을 당하고 마는 사건들이 기록되어 있다.

겁도 없이 법궤를 빼앗아 간 블레셋 군사들은 나중에 자신들의 신인 다곤 신전 안에 법궤를 함께 두었는데 이상하게도 하룻밤만 자고 나면 자신들의 신인 다곤상이 법궤 앞에 스러져 있어 바로 세워 놓으면 다음날 다시 쓰러져 있고 나중엔 다곤상의 머리와 손목이 절단된 채 나뒹굴기까지 한다.

도대체 왜 다곤상은 법궤앞에서 맥을 못 추는 것일까? 왜 법궤 앞에서 뭔가에 이끌리듯 중심을 잃고 쓰러졌으며 심지어는 머리와 손목까지 절단될 정도 였을까?

우리는 여기서 다곤상이 무엇으로 만들어졌는지 알 필요가 있다. 물론 성서 어디에도 다곤상이 무엇으로 만들어졌다는 얘기는 없다. 하지만 그당시의 블레셋 사람들에 대한 여러 가지 정황을 살펴 보면 어느 정도 알 수가 있을 것 같다.

잠시 얘기가 옆으로 새는 것 같지만 꼭 짚고 넘어가야 할 부분이 있다.

도대체 블레셋 사람은 어떤 사람들일까? 어떤 사람들이길래 이스라엘과 싸워서 처음엔 4천명이 죽이고 두 번째 싸움에선 3천명이나 죽일 수 있었을까?

한마디로 말해서 블레셋은 그당시 이스라엘에게는 없는 철을 갖고 있는 민족이었다. 철과 구리를 채굴하고 제련하는 기술을 갖고 있었으며 그 철을 이용해 철갑옷과 철창, 철칼을 만든 뛰어난 민족이었던 것이다.

이런 사실은 사무엘상 17장에 보면 블레셋 군사 골리앗의 복장이 '머리에는 놋투구를 썼고, 몸에는 어린갑을 입었으니 그 중수가 놋 오천 세겔이며 그 다리에는 놋경갑을 찼고 어깨 사이에는 놋단창을 메었으니 그 창자루는 베틀채 같고 창날은 철 육백 세겔이며…' 라고 방어용 무기와 공격용 무기가 온통 놋으로 되어 있다는 것을 알 수가 있다. 뿐만 아니라 블레셋 사람들은 법궤를 이스라엘로 돌려줄 때 속건제로 금쥐 다섯 마리를 만든 것으로 보아 금세공술 또한 뛰어났다는 것을 알 수가 있다.

그에 비하면 이스라엘은 사무엘상 13장 20절에 '이스라엘 사람이 각기 보습이나 삽이나 도끼나 괭이를 벼리려면 블레셋 사람에게로 내려갔는데…' 라는 것으로 보아 철을 제련할 능력이 없었던 것으로 보인다.

그렇다면 철과 놋, 그리고 금을 다루고 세공할 줄 아는 민족인 블레셋이 자신들의 신인 다곤상을 만들 때 진흙을 빚어 만들었을까? 아니면 돌을 깎아 만들었을까? 그것은 분명 놋이던지 아니면 금이었으리라… 하지만 금으로 거대한 신상을 만든 다는 것은 어려운 일이고 분명 놋으로 만든 신상이거나 놋으로 만든 다음 금을 입힌 신상이었으리라 유추해 보는 것이다.

그리고 민수기 16장의 사건과 연관지어 생각을 해 볼 필요가 있다.

그당시 모세에게 대항하여 법궤앞에서 향불을 피웠던 고라와 250명의 사람들이 놋향로를 들고 법궤앞에 갔다가 몰살을 당했던 이야기며 레위기 10장의 나답과 아비후 역시 놋향로를 들고 법궤앞으로 갔다가 죽었던 사건과는 관련이 없는 것일까?

이렇게 전쟁에서 수많은 이스라엘 군사들을 죽이고 승리를 하는 대신에 그 전리품으로 빼앗은 법궤로 인해 고생을 하다 결국은 속건제와 함께 이스라엘에게 돌려 주게 되는 블레셋 사람들은 과연 누구일까?

　　사실 블레셋은 이스라엘과 엘리 제사장 당시 법궤를 빼앗아간 이후부터 현재까지도 원수지간이나 다름없는 주적관계를 유지해 오고 있다고 봐도 틀린 말은 아닐 것이다.

　　블레셋이 법궤와 함께 속건제로 금쥐를 다섯 개 만들어서 이스라엘에게로 보내졌는데 그 다섯이라는 숫자는 그당시 블레셋이 다섯 개의 도시를 갖고 있었으며 그 방백의 수효대로 만들었기 때문이라고 하는데 그 방백이 아스돗, 가사, 아스글론, 가드, 에글론이라고 사무엘상 6장 17절에 기록되어 있다. 그렇다면 이 지역은 현재 어디를 말하는 것일까?

　　블레셋은 공교롭게도 현재 모두 이스라엘 땅 안에 있다. 이스라엘이 블레셋에게 법궤를 빼앗길 정도로 대패한 에벤에셀이라고 하는 지역은 현재 이스라엘의 국제공항이 있는 주 경제도시 텔아비브에서 북동쪽으로 멀리 떨어지지 않는 곳을 말하는 것이며 아스돗 역시 텔아비브에서 해안가로 4번 국도를 따라 내려오다 보면 보이는 해안도시 ASHDOD을 만나게 되는데 이곳이 바로 아스돗이다. 그리고 다시 그곳에서 4번국도를 계속해서 타고 내려오다 보면 만나는 ASHKELON이라는 작은 마을을 만나게 되는데 이곳이 바로 아스글론이다.

　　그렇다면 가사는 어떨까? 가사는 그 아스글론에서 역시 4번 국도를 타고 해안가를 타고 가다보면 거대한 철조망을 만나게 되는데 거기서는 더 이상 진입할 수가 없다. 그곳이 바로 현재 팔레스타인 자치지구인 가자(GAZA)지역이기 때문이다.

　　이 가자 지구에선 이스라엘의 전투기 공격 등으로 많은 팔레스타인 사람

들이 죽거나 다치는 사건이 자주 일어나는데 이곳이야 말로
이스라엘과 팔레스타인 사이에 가장 치열한 전투와 대립이
끊이지 않는 지역으로 우리의 뉴스와 신문에 자주 등장하는
곳이다.

시위중인 가자지구 시내. 가자지역
은 지금도 이스라엘과 끊임없는 대
치상태로 분쟁이 끊이지 않는 곳이
되어 있다.

　　현재 이곳은 완벽한 팔레스타인 자치지역으로 아무리 외
국인이라 할 지라도 이스라엘 땅을 통해 이곳을 들어가는 것
은 쉽지가 않으며 이 지역안에 사는 팔레스타인들이 외부로
나와 일을 하기 위해선 매일아침 몇시간씩 줄을 서서 기다렸
다가 허가를 받아야 할 만큼 출입이 까다로운 곳이다. 한마디
로 가자지역은 하나의 거대한 수용소나 다름이 없는 곳이다.

　　이곳이 바로 블레셋 민족의 주요 도시였으며 삼손이 데릴
라에 의해 힘의 원천에 대한 비밀을 알려준 다음 끌려갔다가
눈이 뽑히고 신전을 무너뜨렸던 현장이었다. 그당시 삼손이
무너뜨린 신전역시 다곤신전이었다.


　　이 처럼 블레셋은 예루살렘이나 헤브론 같은 이스라엘의
주요도시 보다도 훨씬 더 기름진 땅이었다. 이들 지역은 언덕
과 골짜기가 많아 농사짓기엔 적절치 않았던 이스라엘의 내륙
땅과는 달리 지중해에서 불어오는 따뜻한 바람과 끝없이 펼
쳐지는 평지에서 나름대로 잘먹고 잘 살 수 있는 곳이었다.

　　그럼에도 불구하고 이들은 이스라엘 백성들에겐 없던 철
을 채광하고 제련하는 기술이 있어 그것으로 무기를 만들었
고 끝내 내륙을 향한 도전과 정복욕을 감추지 못한 채 이스라

현재 이스라엘의 서해안 지역 지도. 지도의 왼쪽 바닷가 지역에 보면 텔아비브와 그 밑으로 아스돗(ASHDOD), 아스글론(ASH-KELON), 가자(GAZA) 지역이 아직도 옛날의 명칭을 그대로 사용하는 것을 볼 수 있다.

엘을 향해 덤벼 들었던 것이다.

하기야 그당시만 해도 블레셋은 방백들을 불러 모아 회의를 할 정도로 조직이 잘 갖추어져 있었지만 이스라엘은 왕도 없는 조직력 부재의 상황이었기 때문에 더욱더 블레셋과의 전쟁에서 승산이 없어 보였는지도 모른다.

그 이후로 이스라엘과 블레셋은 끊임없이 싸우고 또 싸우게 되는데 현재 이스라엘과 싸우고 있는 팔레스타인 민족의 팔레스타인(Palestein)의 어원이 블레셋(Philistines)이란 사실을 알면 참으로 오랜싸움을 하고 있다는 것을 알 수가 있다.

그옛날 가사에서 눈을 뽑힌채 신전을 무너뜨려 블레셋 사람들을 죽게 했던 삼손, 그리고 현재의 가자에서는 전투기와 탱크로 팔레스타인 사람들을 죽이고 있는 이스라엘 군대…

수천년 전부터 시작된 이스라엘과 블레셋의 싸움은 아직도 끝나지 않고 있는 셈이다.

단지 바뀐 것이 있다면 그옛날 블레셋 군사들은 이스라엘 보다 훨씬 월등한 군사력을 갖고 있었지만 지금의 팔레스타인은 수백대의 전투기를 갖고 있는 이스라엘에 비해서 단 한 대의 헬기밖에 없다는 것이다.

빼어난 풍광으로 전세계의 관광객이 찾아오는 옛 블레셋의 국가 아스돗과 아스글론을 홍보하는 전단지

# 돌아온 법궤 그러나…

　블레셋은 이스라엘과의 아벡 전투에서 이스라엘 군사 3만명을 죽이는 것은 물론 엘리 제사장의 두 아들이 메고 온 법궤마저 빼앗아 가는 대승리를 거두지만 결국 7개월 만에 법궤를 이스라엘로 돌려 주는 해프닝이 벌어진다. 그런데 그 과정이 아주 드라마틱하다.

　그렇게도 강력한 무기인 줄만 알았던 법궤가 쉽게 자기손으로 들어온 블레셋 군사들은 먼저 블레셋의 다섯 도시중의 하나인 아스돗의 다곤신전으로 가져간다. 그것은 블레셋 사람들도 벌써부터 법궤의 놀라운 능력을 알고 있었다는 것이며 신전으로 가져와 다곤과 함께 자신들의 신으로 모실려고 했기 때문이다. 상상을 해 보자. 다곤신이란 원래 배꼽위는 사람이고 그 아래는 물고기의 형상인데 그 신상과 법궤가 함께 있는 장면을…

　그런데 문제가 생겼다. 법궤가 아스돗 도시로 들어오자 마자 도시 전체가 난리가 난 것이다. 어디선가 갑자기 들쥐들이 나타나 도시를 점령하기 시작했고 그 들쥐들은 집안으로, 옷속으로 뛰어 들어와 모든 먹거리를 바닥내는가 하면 사람의 몸을 물기도 하고 여기저기 배설물을 쏟아내기 시작한 것이다.

　물론 전에도 아스돗에 들쥐가 없었던 것은 아니다. 물이 귀하고 건조한 다른 지역보다는 바닷가 쪽인데다가 비교적 녹지가 많았고 밭농사가 많았던 아스돗이었기에 들쥐가 가끔씩은 나타났었다.

　그런데 이번엔 상황이 틀리다. 사람반 들쥐반 정도가 아니라 아스돗은 이제 들쥐의 도시가 되어 버린 것이다. 그리고 마침내 그 들쥐들이 사람들에게 무서운 질병을 옮겨 주었다. 아스돗 사람들이 전부 이질과 설사라는 무서운 병에 걸려 손 쓸틈도 없이 죽어갔는데 그때의 상황을 역사가 요세푸스는 '사람이 죽어가면서 먹은 음식과 병으로 부패된 것을 토해 내면서 나중엔 뱃속의 모든 내장을 입으로 토해내다가 죽어간다.'라고 표현했다.

그러면 또 다시 쥐떼들이 나타나 그 토해낸 음식물과 내장들을 먹어치우니 한마디로 말해 아스돗은 여기저기 고통과 신음의 소리가 진동하고 시체 썩는 냄새가 가득한 지옥의 도시가 되어 버린 것이다.

이 얼마나 끔찍한 재앙인가?

그러자 사람들은 난데없는 재앙의 원인이 바로 법궤라고 생각을 하게 되었고 마침내 그 법궤를 아스돗에서 가장 가까운 아스글론이라는 도시로 옮기기로 결정을 하게 된다. 그때까지 법궤의 재앙에 대해서 소식을 듣지 못한 아스글론 사람들은 법궤가 옮겨온다는 말을 듣고 오히려 좋아했으니 아스돗 사람들에겐 다행스러운 일이었다.

아스돗에서 아스글론까지 15km 정도밖에 떨어지지 않은 가까운 곳이었음에도 불구하고 아스돗의 재앙에 관한 소문이 미치기도 전에 아스글론으로 법궤를 옮기자고 결정하고 아스글론은 또 그런 결정을 받아 들인 것으로 보아 아주 삽시간에 일어난 일인 듯 싶다.

하지만 아스글론에서도 똑같은 일이 벌어지고 말았다. 아스돗 보다 더했으면 더 했지 덜 하지는 않았으니까 말이다. 그래서 이번에는 법궤를 아스글론에서 19km 떨어진 가자로 옮기고 그 다음엔 가드로 그담에 에들론으로… 결국 법궤는 블레셋의 다섯방백을 모두 순회를 하면서 다섯도시를 완전히 쑥대밭으로 만들어 놓은 셈이다. 이제 블레셋 사람들은 법궤라면 한결같이 진절머리가 날 정도였고 그렇다고 해서 두들겨 부술수도 없는 애물단지가 된 것이다.

결국 블레셋의 다섯 방백이 모여 긴급대책을 가지게 된다.

갈릴리 호수 근처에 있는 가
버나움 유적지에서 발견된
것으로 법궤가 수레에 실려
가는 것을 표현한 조각품이
다

　자, 이 법궤를 이제 어떻게 하면 좋을까? 이 법궤 때문에 온 블레셋이 난
리인데…

　그러자 아직도 정신을 못 차리는 몇몇 사람들은 지금의 이런 재앙이 꼭 법
궤 때문만은 아닐거라는 정신없는 소리를 했다. 단지 우연의 일치라나? 법궤
는 그럴만한 능력이 없는 것이다. 만약 그렇게 놀라운 능력이 있는 법궤라면
왜 하나님이 자기 민족의 손에서 빼앗기도록 내버려 두었겠냐는 얘기다. 그들
이 생각하기엔 충분히 그럴 수도 있겠지. 차라리 법궤를 없애려고 노력하는 것
보다 그 시간에 한 마리라도 더 들쥐를 잡아 없애는 게 낫겠다고 실리적인 주
장을 펴는 사람도 있었다.

　그러나 블레셋 사람들도 그 옛날 모세가 이집트의 바로왕 앞에서 약속했
던 10가지 재앙의 소문을 들어 익히 알고 있었다. 물이 피로 변하고 메뚜기 떼
가 습격을 하고 결국엔 수많은 사람들이 죽어나가는 무서운 재앙이 이제 블레
셋 차례로 돌아온 것일지도 모른다고 주장하는 사람도 있었다.

그 무시무시한 열가지 재앙, 그 당시 세계 최고의 권력자인 바로왕 마저 두 손 두발 다 들게 했다는 하나님의 재앙이 블레셋 민족에게 임하게 된다면…

블레셋 방백들은 갈팡질팡했다. 도대체 어떻게 해야 하는가? 저 법궤를…

그러자 드디어 한가지 묘안이 나오는데 그것이 아주 재밌고 특이하다.

먼저 아스돗, 에스글론, 가자, 가드, 에글론 다섯 도시에서 하나씩 금으로 들쥐모양을 만들어 오자는 것이다. 물론 그 금은 그동안 하나님의 진노를 사게해서 죄송하다는 의미가 되는 것이고 금으로 쥐모양을 만드는 것은 어서빨리 쥐들을 없애 주시고 병을 낳게 해달라는 부탁의 의미가 된다.

금으로 쥐를 만드는데 얼마나 시간이 걸리는지는 모르겠지만 좌우간 그 사이에 수레를 하나 빨리 새로 만들고 그 수레에 법궤를 실은 다음 급하게 만들어 온 금쥐 다섯 개를 자루에 담아 법궤 위에 올려 놓았다.

그런다음 어미 젖소 두 마리를 데려다가 이 수레를 끌게 하는 것이다.


삼거리에서 법궤를 실은 수레를 젖소 두 마리가 자기들끼리 알아서 수레를 끌고 가게 하는데 만약에 젖소가 이스라엘 쪽으로 가게 되면 그것은 하나님의 법궤 때문에 자기들이 재앙을 당한 것이므로 그냥 법궤를 실은 수레가 이스라엘로 가게 내 버려 둘 것이고 만약에 법궤를 실은 수레가 다른 길로 가면 원인이 딴데 있는 것으로 생각하기로 한 것이다.

드디어 법궤를 실은 수레가 젖소 두마리에 의해서 출발하기 시작했고 다섯방백들은 멀찌감치서 이 수레의 행방을 숨을 죽이고 지켜보고 있었다.

과연 수레는 어느쪽으로 갈 것인가…

그러나 왠일인지 젖소가 도통 움직일 생각을 하지 않았다. 젖소의 새끼들이 어느틈엔가 나타나 어미소의 젖을 빨고 있으니 젖소가 앞으로 나아갈 생각을 전혀 하지를 않는 것이다. 그래서 방백들은 젖소의 새끼들을 끌어다가 집에 묶어 두고 다시 젖소가 움직이기를 기다리는데 드디어 젖소가 움직이기 시작했고 수레의 바퀴가 돌아가기 시작했다.

그런데 그 젖소의 발길은 이스라엘, 더 정확히 얘기하자면 벳세메스 라는 곳으로 이동하기 시작한 것이다. 방백들은 젖소의 심기를 건드리지 않으려고 역시 멀찌감치서 이 수레의 뒤를 따라가기 시작했고 젖소는 드디어 벳세메스 마을에 도착해서 큰 공터로 가더니 움직이지를 않는 것이 아닌가?

이때가 바로 여름이었는데 벳세메스 마을의 이스라엘 사람들이 때마침 곡식을 수확하기 위해 나왔다가 7개월 전에 블레셋에게 빼앗겼던 법궤가 젖소 두 마리가 이끄는 수레에 실려 오는 것을 발견한 것이다.

이건 또 뭔 난리인가? 아니면 뭔 축복인가? 도저히 보지 않고는 믿을 수 없는 장면을 목격한 벳세메스 사람들은 이거야 말로 하나님께서 이스라엘을 사랑하고 축복하는 증거라며 모두 모여서 기뻐했고 그 수레에서 법궤를 내린 다음 수레를 부숴 불에 태워버렸고 젖소 두 마리를 잡아 하나님께 감사의 제사를 드린 것이다. 여기까진 아주 좋았다.

그 장면을 역시 여기까지 따라와 몰래 숨어서 지켜 보던 블레셋의 방백들은 그제서야 안심을 하고 돌아갔는데 문제는 또 여기서도 발생한 것이다.

멋도 모르고 모여 들었던 벳세메스 사람들이 아무 생각없이 법궤의 뚜껑을 열어 보는 순간 그 자리에서 즉사를 했는데 그 죽은 사람의 숫자가 무려 70명이나 된 것이다. 아마도 하나님께서는 전혀 준비되지도 않고 단순한 호기심만으로 법궤를 들여다 보는 것을 원치 않으셨던가 보다. 어쨌든 벳세메스는 70명이나 떼죽음을 당하여 온 마을이 줄초상을 치루게 되는 슬픈일을 당하고 만 것이다. 이제 공은 블레셋에서 이스라엘로 넘어온 셈이다. 과연 법궤를 어디에 두어야 할 것인가? 원칙적으로 얘기하자면 법궤가 원래 있던 실로로 가져가야 하지만 실로는 이미 7개월 전에 블레셋에 의해 불바다가 되어 지금은 완전히 폐허가 되어 버렸으니 실로로 가져갈 수도 없는 일이다. 결국 그들은 벳세메스에서 가까운 기럇여아림으로 옮겨갈 것을 결정하고 그 마을의 아비나답이라는 사람의 집에 법궤를 보관하기로 결정한다.

그렇다면 아비나답은 과연 뭘 하는 사람이길래 이 사람의 집에 법궤를 보관하기로 한 것일까? 아무리 자료를 뒤져 봐도 아비나답에 대해서 자세히 기록되어 있지를 않으니 도무지 그 원인을 알 수가 없다. 단지 아비나답이 그 마을에서 가장 경건하게 사는 사람뿐이라는 사실과 그의 아들들이 그 법궤를 관리하게 되었다는 말 이외에는…

어쨌든 그때부터 다윗이 사울왕의 뒤를 이어 이스라엘의 왕이 된 다음 예루살렘으로 법궤를 옮겨오기 전까지 20년 동안이나 아비나답의 집에서 관리되었다.

참으로 우여곡절' 끝에 이스라엘로 돌아온 법궤…

이스라엘 군사들은 하나님의 법궤를 단지 강력한 살상 무기용으로만 사용할려는 잘못된 생각으로 엉뚱한 땅을 7개월이나 돌아다니면서 그곳 사람들을 공포에 떨게 했던 것이다.

기럇여야림은 오늘날 예루살렘에서 약 15km 떨어져 있는 아쿠고쉬라 불리운다.

# 미스바의 기적

기릿여야림으로 법궤가 돌아오긴 했지만 여전히 이스라엘은 블레셋의 손아귀에서 벗어나지를 못했다. 블레셋은 이스라엘 백성들을 억압과 감시를 했으며 이스라엘 백성들의 신앙도 예전처럼 회복되지를 않았다.

하기야 엘리제사장은 죽었지, 법궤가 있던 실로는 불바다가 되어 폐허처럼 되버렸지, 법궤는 한차례 블레셋에 빼앗겼다가 돌아왔지, 이스라엘은 블레셋과의 전쟁에서 지고 지금은 그들의 식민지가 되었지, 어느것 하나 이스라엘

미스바 언덕은 적에게 쉽게 노출되는 단점 때문에 전략상으로는 아무런 도움이 되지 않는 지역이다. 이곳에 수많은 사람들이 모여있으면 오히려 적의 공격 대상이 될 수 밖에 없는 곳인데도 사무엘은 이곳에 이스라엘 백성들을 불러 모았다.

백성들에게 미래에 대한 확신도 줄 수 없는 상황이었다.

비록 나중에 돌아오긴 했지만 그렇게 믿었던 법궤마져 블레셋 군사들의 손에 빼앗겼을 정도니 도대체 뭘 믿으며 살아야 하는 것일까? 아마도 이렇게 생각했나 보다.

그래서 그들은 여호와 하나님을 믿는 것만으로도 부족해서 바알과 아스다롯 신까지 동시에 섬겼던 것이다.

아스글론에서 출토된 아스다롯(위쪽)고·바알신상의 모습

바알과 아스다롯은 부부관계라고 할 수 있는데 바알은 남편, 아스다롯은 부인격으로 볼 수가 있다. 바알은 농경과 가축과 다산(多産)을 관장하는 신으로 팔레스타인 지방은 워낙 강우량도 적은데다가 강이나 샘이 적어 바알신을 향한 이스라엘 사람들의 갈망은 마치 아메바처럼 쉽게 끊어지지가 않았던가 보다.

그래서 사무엘상 7장에 보면 사무엘이 나서서 바알신을 내 버리자고까지 외쳐대지만 이스라엘 백성들의 맘속 깊은 곳엔 바알신에 대한 망령은 사그러들지를 않은 불씨처럼 잠재해 있었다. 그러다가 결국 나중에 페니키아의 공주이자 아합왕의 부인이었던 이세벨은 이스라엘에서 여호와 신앙을 없애고 바알신을 공식적인 신으로 섬길려고 까지 했다가 엘리야한테 된통 혼나기도 하지 않았던가? 또 예레미야 19장 5절에 보면 자기들이 낳은 자식까지 불에 태워 바알신에 바치는 일이 생길 정도까지 됐으니 정말 바알신의 망령이 어느 정도 질긴지를 가늠해 볼 수가 있게 된다.

어쨌든 법궤가 돌아온 뒤에 사무엘은 이스라엘 백성들에

게 과감히 나서서 외치기 시작한다.

"우리가 블레셋 사람들에게 억압을 받고 고통을 당하며 살고 있는 것도 답답한 일인데 바알과 아스다롯까지 섬기고 있으니 하나님께서 이스라엘 백성들을 해방시켜 줄 리가 있겠습니까?

진정으로 우리가 하나님을 사랑하고 자유를 얻기 원한다면 마음만으로는 절대 안되고 행동으로 보여 주어야 합니다. 그것은 바로 바알과 아스다롯 신상을 모두 엎어 버리고 하나님 앞에 나오는 것입니다.

그러면 하나님께서 우리를 블레셋의 손아귀에서 구원해 주실 것입니다!"

워낙에 달변이었던 사무엘의 이같은 말에 이스라엘 백성들은 모두 감동하며 박수를 치면서 사무엘이 하자는 대로 모두 따라하겠다고 약속까지 한다.

마침내 사무엘은 그 구체적인 행동지침까지 알려 주는데…

"여러분, 우리 모두 여기서 이러고 있을 것이 아니라 미스바로 모입시다. 그곳에서 우리는 금식을 하며 그동안 이방신을 섬겼던 잘못을 하나님께 고백하고 회개의 기도를 드립시다. 나 역시 하나님께 우리 모두를 구원해 달라고 기도를 드리겠습니다."

사무엘의 이같은 말은 갈길을 못찾아 헤메고 방황하던 이스라엘 백성들에겐 한줄기 빛과 같은 반가운 소리였고 앞길을 인도하는 모세와도 같은 소리였으리라.

이스라엘 백성들은 먼저 뿔뿔이 흩어져 신당에 있던 바알신상과 아스다롯신상을 꺼집어 내어 땅바닥으로 패대기를 치고 팔과 다리들을 부러뜨리기 시작했다. 그리고는 땅을 파서 그곳에 묻고 곧바로 미스바로 향했는데 그 현장에 없었던 사람들은 나중에 그들의 발걸음에 합세를 하면서 소문이 퍼져 나중엔 미스바에 사람들이 발딛을 틈도 없이 바글바글 모여 든 것이다.

이렇게 이스라엘 백성들이 동시에 파도처럼 미스바에서 몰려 드는 것이 어디 조용히 될 일인가? 기럇여아림에서 이스라엘 백성들의 동태를 감시하던 몇몇 정탐꾼이 이런 사실을 블레셋의 방백에게 보고를 하자 블레셋 군사들은 왠지 모를 공포감을 갖게 된다. 혹시라도 이스라엘 백성들이 미스바에 모여 의견을 모으고 그곳에서 뭔가 반란을 일으키면 어떻게 될 것인가? 기껏 실로도 빼앗고 어느정도 이스라엘 백성들을 다스리기 적당한 시점 에까지 왔는데 이제와서 이스라엘 백성들이 블레셋을 향해 반격이라도 한다면…

그렇게 생각한 블레셋은 이번에야 말로 이스라엘의 사기를 완벽히 꺾어 혹시라도 남아있을지도 모를 그 뿌리를 뽑아버릴 기회라고 생각을 하며 본때를 보여 주겠다고 생각하게 된다.

블레셋이 그렇게 생각할 만한 것이 이전에도 이스라엘과의 전투에서 얼마나 많은 이스라엘 군사를 죽였으며 그 이면에는 자기들만의 완벽하고 뛰어난 성능의 무기들이 있었기 때문이 아닐까? 더군다나 미스바에 모인 이스라엘 백성들은 어짜피 전투를 하기 위해 모이는 것도 아니고 더군다나 정탐꾼에 의하면 금식까지 한다니 이처럼 제압하기 좋은 기회가 또 어디있을까?

그런 사실도 모르고 이스라엘 백성들은 미스바에 모여 금식을 하며 눈물의 회개 기도를 시작하게 된다. 그동안 법궤를 빼앗겼던 것하며 실로가 불에 타고 제사장이 죽고…백성들은 오합지졸에 이방신까지 섬기는 일까지 저질렀던 자신들의 죄가 어디 한두시간의 회개로 끝날일인가?

그렇게 얼마나 기도를 했을까?

그때였다.

저 멀리서 블레셋 군사들이 그 날카로운 무기를 높이 들고 더열을 갖추어 발을 맞춰 척척 거리며 흙먼지와 함께 미스바를 향해 다가오는 것이 이스라엘 백성들의 눈에 띈 것이다.

뜨거운 태양열 때문에 이미 갈증과 허기로 지친 이스라엘 백성들, 거기다가 하나님께 회개의 기도를 하며 소리까지 질러대느라 블레셋 군사들이 이렇게까지 가깝게 다가온 줄도 몰랐었다는 사실에 너무나 놀란 이스라엘 백성들은 당황하지 않을 수 없었다.

어느새 기도하던 사람들이 모두 혼란에 빠졌고 몇몇사람들은 공포에 떨며 도망갈 준비까지 하고 있었다. 그곳에서 기도하던 어떤 이들 중에는 가족들이 몇 년전 블레셋과의 전투에서 죽은 사람들도 있으며 심지어는 그때 당시에 블레셋 군사에 의해 팔다리가 잘려진 채 아직까지 아픔을 이겨내지 못하는 사람도 있었으니 그들의 공포가 오죽이나 했겠는가?

결국 몇몇 사람들이 사무엘을 찾았다.

"당신이 이곳에 모여 기도하자고 해서 모였는데 이게 웬 난립니까? 지금 블레셋 군사가 우리를 죽이려고 오고 있다잖소. 우리는 지금 아무것도 먹지를 못해 싸울 힘도 없고 무기는 커녕 아무것도 없는 알몸이나 다름 없는데 어찌 싸울 수 있겠소? 하나님께 회개한 대가로 이대로 블레셋의 칼에 죽어야 하겠소? 당신이 좀 어떻게 해 보시오."

그러는 동안에도 블레셋 군사들의 발걸음 소리는 더욱 크게 들려오고 흙먼지는 점점 가깝게 날려오고 있었다. 공포에 질린 이스라엘 백성들은 웅성거리기 시작했고 사람들은 사무엘의 입만을 바라보고 있었다. 한마디로 일촉즉발의 순간이었다.

그러자 사무엘이 드디어 손을 들어 기도를 한다.

"하나님, 이스라엘 백성의 땅을 치며 울부짖었던 회개의 기도소리를 듣지 않으셨습니까? 이들이 그동안 섬기던 바알과 아스다롯을 꺼집어 내어 내팽개

치고 땅에 묻는 걸 보지 않으셨습니까? 이들이 이렇게 회개하며 기도하는데 이제는 블레셋의 공포에서 벗어나게 해 주셔야 하지 않겠습니까? 하나님, 하나님만을 섬기겠다고 맹세하고 순종하는 이스라엘 백성을 삼켜버리겠다고 다가오는 저 블레셋 군사들을 하나님께서 막아 주시옵소서!"

이마에서 땀이 흐를 정도의 간절하고 짧은 사무엘의 기도소리가 막 끝날 무렵이었다.

블레셋의 군사들은 이제 창을 던져 충분히 이스라엘 백성들의 심장에 꽂을 수 있는 거리까지 다가왔고 이스라엘 백성들의 얼굴빛은 공포에 질려 거의 검은색으로 변해가는 순간이었다.

그때 갑자기 온 세상을 뒤흔들 것 같은 굉음이 들리면서 땅이 흔들리는데 사무엘이 서 있던 자리에서부터 시작된 그 흔들림이 미스바 전체를 뒤 흔들면서 작은 요동을 치더니 결국엔 블레셋 군사가 있는 곳까지 흔들림이 이어졌다.

그리고 결국엔 블레셋 군사들이 있는 곳에선 그 흔들림이 커다란 계곡을 만들면서 땅이 갈라지는 것이 아닌가? 너무도 놀란 이스라엘 백성들은 그 자리에 주저 앉아 블레셋 군사들을 지켜 보는데 블레셋 군사들은 첨엔 땅의 흔들림에 넘어지지 않으려고 발버둥을 치다가 나중엔 갈라진 땅속으로 하나씩 둘씩 빨려 들어가는 것이었다.

아직까지 땅속으로 빨려 들어가지 않은 블레셋 군사들은 너무도 놀라 무기를 버리고 도망을 가는데 그때 갑자기 마른 하늘에서 고막이 터질 정도의 소리를 내며 벼락이 내려쳐 그들을 모두 불태워 없애 버리는 것이었다.

도대체 이게 무슨 일일까?

조금전까지만 해도 기세등등히 다가오던 블레셋 군사들 중에 수많은 사람들이 땅속으로 파묻히고 또 수많은 사람들은 번개에 맞아 그 자리에서 불에 타고 나머지는 모두 도망가버렸으니…

이 장면을 모두 놀라움에 지켜 보던 이스라엘 백성들은 그제서야 하나님께서 자신들의 기도와 사무엘의 기도를 들어 주셨음을 알고 정신을 가다듬으며 블레셋 군사가 버리고 간 무기를 주워 들어 블레셋을 향해 돌진을 하기 시작했다.

한번 기울어진 전세는 회복 될 수가 없는 법, 블레셋은 도망에 도망을 하고 아무 준비도 하지 않았던 이스라엘 백성들은 단지 사기와 기쁨 하나로 블레셋의 주요 도시였던 가드와 에글론까지 빼앗는 전과를 올리게 된다.

블레셋에게 법궤까지 빼앗기며 치욕을 당해야만 했던 이스라엘 백성들이 하나님앞에 나아와 진정코 회개하며 순종을 다짐했을 때 하나님은 보란 듯이 그 현장에서 블레셋을 쫓아내는 축복을 내려 주신 것이다.

사무엘은 이제 누가 뭐래도 부인할 수 없는 국민적인 영웅이 되었다.

이 드라마틱하고 기가막힌 이야기는 사무엘상 7장에 기록된 이야기들이다. 그러나 이런 사무엘에게도 뒷통수를 치는 사람이 있었다.

# 발목을 잡은 사람

지금으로 부터 3000년 전의 브엘세바는 헤브론이나 사무엘이 살던 라마에 비해 척박하기 이를데 없는 땅이었다.

사무엘상 3장 20절에 '단에서 브엘세바까지'라는 말이 있듯이 브엘세바는 이스라엘의 제일 남쪽 지방이었는데 그 밑에는 네게브 사막이 펼쳐진다.

따라서 브엘세바는 네게브 사막에서 들어오는 유목민들과 북쪽의 헤브론 산지, 서쪽으로는 해안 평야, 동쪽으로는 에돔사람들이 만날 수 있는 교차로 역할을 했었기 때문에 척박한 땅 치고는 꽤나 많은 사람들이 북적 거리며 살던 지방도시였다.

서로 문화가 다른 사람들이 만나는 곳, 장거리 여행자들이 모이는 곳, 그리고 각 지방에서 모인 장사꾼들이 모이는 곳이다 보니 자연히 싸움도 많고 시비도 많이 붙게 마련이다.

그 브엘세바에서 있었던 일이다.

한 남자가 브엘세바에서 벌어지는 모든 사건의 송사를 주관하는 재판장을 찾아와서 울먹였다

"무슨 일인데 그렇게 울기만 하고 말을 하지 못하는 거요?"

"너무도 억울해서 말이 안 나올 지경입니다."

"얘기를 해 보시오. 내가 전후사정을 들어보고 현명한 판단을 하리다."

"사실은 제가 우리마을에서 가장 부잣집의 양떼를 대신 키우고 있는 사람입니다. 그 양떼 주인은 저에게 양떼를 잘 키우면 보수를 준다고 했는데 벌써

3년이 지나도록 보수는 한푼도 주지 않는 것은 물론이고 제가 양떼를 잘못 키우고 있다며 원망만 하고 있습니다.

제에겐 몸이 아픈 아들이 있습니다. 하루빨리 보수를 받아 아들의 병을 고쳐 주고 싶지만 현재는 당장 먹을 끼니도 없어 온 식구들이 굶주리고 있는 실정입니다. 제발 그 부자를 만나 제가 일한 정당한 보수를 받을 수 있도록 도와 주십시오."

누가 봐도 분명히 이 남자는 현재 억울한 상태이며 뭔가가 잘못되었다는 것을 알 수 있는 사건이었다. 재판장은 자리에서 벌떡 일어나 소리를 질렀다.

"아니 그런 나쁜 사람같으니라고… 알겠소. 내가 그 부자를 만나 당장 보수를 받아내겠소. 당신은 내일 다시 나를 찾아오시오. 내가 보수를 받아 주리다."

그리고 그 재판장은 문제의 그 부자를 찾아가 만났다.

그런데 이게 어찌된 일인가? 그 재판장은 부자가 마련한 저녁식사 자리에 참석을 하고 그가 따라 주는 술을 마셨고 집으로 돌아올 땐 부자가 주는 두둑한 촌지까지 받은 것이다.

다음날 아침 그 남자가 다시 재판장을 찾아왔다.

남자는 재판장의 입만을 바라 보고 있었고 드디어 재판장이 입을 열었다.

"내가 어제 그 부자를 만나봤소.. 그런데 당신의 잘못이 많더군. 당신은 보수를 받기는커녕 당신의 아들까지 부자를 위해 일을 하도록 하시오."

"아니 재판장님, 그게 무슨 말씀이십니까? 제 아들은 지금 아프다니까요.”

“재판은 끝났소. 어서 돌아가서 아들과 함께 일을 하시오”

재판장은 그렇게 말도 안되는 판결을 내린 채 총총히 사라졌다.

세상에 이럴 수가…

남자는 울면서 집으로 돌아와야만 했다.

그 소식을 들은 동네 사람들은 말도 안돼는 이 재판에 분노를 했고 결국은 라마에 있는 사무엘을 찾아가기로 했다.

브엘세바에서 라마까지는 적어도 일주일 정도는 걸어가야 할 정도로 먼 거리였지만 지금 그들은 그정도의 거리가 문제가 아니었다. 그들에겐 비단 이번 재판만이 불만이 있는게 아니었기 때문이었다.


사무엘은 미스바에서 블레셋 군대를 대패시키고 나서 평화로워진 이스라엘 땅을 다스렸는데 그는 각 지방에 도시를 하나씩 정해 놓고 일년에 두 번씩 자기가 그 도시를 직접 찾아갔다. 그러면 그 마을 사람들은 문제거리를 미리 준비했다가 사무엘이 도착하면 줄을 서서 하나씩 현명한 재판을 받아 문제를 해결하곤 했었다.

그런데 지금은 사무엘이 나이가 들어 지방을 돌아다니지 않고 라마에만 머물고 있는 상태였었다. 일주일씩이나 걸리는 그 먼거리를 뜨거운 뙤약볕을 이겨내며 걸어간 그들은 마침내 사무엘을 만났고 그간의 상황을 설명했다. 당연히 사무엘은 그 이야기를 듣고 어이없어 했다.

“도대체 누가 그런 재판을 했단 말이오? 하나님이 내려다 보고 있는 이 나라에서 그런 말도 안되는 재판을 한다는 것은 있을 수 없는 일이오? 대체 누가 그랬소!”

순간 잠시 정적이 돌았다. 사무엘이 분노가 너무도 컸고 그 정적을 깨며 말을 꺼내기가 주저스러운 상황이었다

그러나 그 남자는 용기를 내서 큰소리로 대답을 했다.

"그 사람은 바로 아비야입니다."

순간 사무엘은 정신을 잃은 듯 비틀거리며 주저 앉았다.

아비야는 바로 사무엘 자신의 둘째 아들이었기 때문이었다.

"당신의 아들인 아비야는 현재 브엘세바에서 이렇게 말도 안되는 재판을 일삼고 있습니다. 뿐만 아니라 밤마다 술에 취해 거리에서 비틀거리고 죄지은 자들의 돈을 받아 사치스러운 생활을 하고 있어 많은 백성들의 원성을 듣고 있다는 걸 어찌 선지자께서 모르신단 말입니까? 선시자께서 진정코 하나님을 두려워 하신다면 어서 빨리 아비야의 사사직을 폐하셔야 합니다."

남자의 절박한 절규는 한마디 한마디가 사무엘의 가슴에 비수처럼 꽂혔다.

"오 하나님…"

사무엘은 아직까지 진정되지 않아 쿵쾅대는 심장소리를 감추며 눈을 감고 하나님을 조용히 불렀다.

앞서 설명했던 것처럼 사무엘은 나이가 너무 들어 전국을 돌아 다닐 기력이 없어지자 두 아들인 요엘과 아비야에게 브엘세바를 맡아 다스리게 했으며 사무엘이 해왔던 것처럼 그 마을의 모든 송사를 맡아 현명하게 재판라고 권한을 허락해 주었던 것이다.

그런데 요엘과 아비야는 아버지 사무엘의 그런 바램을 헌신짝 버리듯 무시해 버렸다. 그들은 하나님을 두려워 하기 보다도 자기의 권한을 이용해 온갖 사치와 향락을 즐겼으며 현명한 재판은커녕 모든 비리의 핵심인물이 되었던 것

이다. 마치 예전에 엘리 제사장의 두 아들인 홉니와 비느하스가 그랬던 것처럼 말이다.

도대체 이를 어쩐단 말인가? 세상에 자기맘처럼 안되는게 바로 자식농사라고 하더니 그 얘기가 자신에게 해당될 줄은 정말 꿈에도 생각하지 못했던 일이었다.

어려서부터 믿음 좋은 어머니 밑에서 자라나 엘리제사장과 함께 성막을 지키며 오로지 하나님만을 왕으로 섬기고 살아온 선지자 사무엘의 인생행로는 이제 생각치도 못했던 엉뚱한 곳에서 발목이 잡히고 만 것이다.

안그래도 미스바의 기적같은 승전 때문에 이스라엘 백성들의 존경을 한몸에 받으며 편안하게 노후를 보내다가 하나님께 불려 올라갈 수도 있는 그의 늙으막 인생을 두 아들에 의해 올가미를 뒤집어 쓰게 된 것이다.

사무엘은 가슴이 답답해 졌다.

사무엘도 이번 일이 있기 전부터 두 아들에 관한 소문을 익히 듣고 있었기

브엘세바에 있는 재래식 시장. 이곳에서 만나는 사람들은 아 가도 사무엘의 아들 아비야의 후손들일지도 모른다.

때문에 아들 생각만하면 가슴이 미어져 밥도 먹지 못하고 잠도 이루지 못하고 있었던 차였다. 그런데 이젠 이렇게 백성들이 자신을 찾아와 하소연을 할 정도가 되었으니 이 무슨 망신이란 말인가?

그러나… 아무런 말을 잇지 못하는 사무엘에게 그들은 더한 요구를 하게 된다.

"사무엘 선지자시여, 이젠 당신의 아들도 믿을 수가 없습니다."

"그럼 내가 어찌하면 좋겠소?"

사무엘이 물었다.

"우리에게 왕을 주십시오."

사무엘은 인상이 일그러지며 속으로 되내인다.

"왕이라니…왕이라니…"

사실 이스라엘 백성들은 왕을 간절히 바라고 있었던 것이 사실이다.

비록 미스바에서 블레셋이 패배하고 돌아갔긴 했지만 언젠가 또 다시 처들어 올지도 모른다는 불안감이 그들을 늘 괴롭혔고 블레셋이 강한 이유는 강력한 중앙 집중의 권력 체제가 있었기 때문이라고 생각을 했던 것이다.

그래서 이제 이스라엘도 블레셋 처럼 뭔가 강력한 중앙 집중의 권력이 있어야 하지 않겠느냐고 생각했던 것이다. 쉽게 얘기하자면 멸망하지 않으려면 국가의 체제를 갖춰야 한다는 것이다.

점점 거세지기만 하는 주변 국가의 공세에 맞서기 위해선 이스라엘도 이젠 왕이 필요하다고 생각하는 것도 무리는 아니었다. 하지만 사무엘의 생각은 달랐다.

이스라엘은 애당초 인종이나 경제, 정치등의 인간적인 요소에 의해서가 아닌 언약 공동체의 하나님이신 여호와와의 관계에 의해서 결속되었던 것이기 때문이다.

따라서 이스라엘은 국가가 아니라 백성이었다. 하나님의 백성…

물론 이스라엘의 12지파 동맹은 특히 위기에 정치적인 결속의 성격을 띄었지만 그것역시 근본적으로 조직의 바탕은 종교적인 계약이었던 것이다.

그런데 지금 이들이 찾아와서 왕을 세워 달라는 것은 국가를 만들자는 얘기고 그것은 곧 '하나님의 백성'으로서 이스라엘 고유의 정체성을 파괴할 위협일 뿐만 아니라, 이스라엘이 국가의 형태를 취하게 된다는 것은 다른 국가와 별 다름없는 존재가 되는 것을 의미하는 것이다.

어디 그것 뿐인가?

국가는 그에 걸맞는 조직을 구성하여야 하며 그에 따른 일꾼들을 강제로 징용시켜야 하며 백성들에게 세금을 거둬 들여야 한다

이스라엘은 지금 큰 시험대에 올라서게 되는 것이다. 과연 국가를 만들어야 하는 것일까? 그렇다고 해서 사무엘은 왕정시대의 문제점을 들어 백성들의 요구를 무조건 묵살할 수도 없는 노릇이었다. 왜냐하면 자신의 두 아들 때문에 불거진 문제였기 때문이다.

사무엘은 그들을 설득을 하기 시작했다.

"생각을 해 보시오. 왕을 세우게 되면 해결해야 할 일이 한 두가지가 아니오. 우선 당신들의 아들이 왕의 마차를 끄는 일을 해야 합니다. 어떤 이들은 기병으로, 어떤 이들은 경호병으로, 어떤 이들은 소식을 전하는 전령으로, 또 어떤이들은 무기를 만드는 일꾼으로 일을 해야 하지 않겠소? 뿐만 아니라 어떤 이들은 왕의 토지를 경작하는 농부와 관리인으로, 어떤 이들은 노예처럼 왕

이 시키는 일을 하지 않으면 안되오. 그것만이 아니오. 남자들만이 아니라 여자들은 어떤 여자들은 왕실의 부엌에서 일을 해야하며, 온갖 왕의 수종을 들어야 하오. 그들은 모두 왕이 휘두르는 채찍이 무서워 시키는 일을 해야만 합니다. 이게 노예와 다를 바가 뭐가 있겠소? 백성들은 그 사람들이 옷을 입고 먹기 위해서 세금을 내야 하오. 그럴려면 여러분의 재산을 빼앗아 자기 내시들과 경호원들에게 나누어 주어야 하며 왕의 종들이 될 것입니다. 이 모든걸 감당할 수 있겠소? 그때 후회한들 아무 소용이 없소."

브엘세바에 있는 아브라함의 우물. 아브라함의 종들과 아비멜렉의 종들 사이에서 이 우물을 두고 서로 다툼을 벌인적이 있었다.

사무엘의 이런 말들은 틀린 것이 하나도 없었다. 왕이 생기게 되껀 당연히 불을 보듯 뻔하게 일어날 수 있는 일이었기 때문이다.

그러나 사람들은 자기들의 주장을 굽히지 않았다. 이미 브엘세바에서 라마까지 사무엘을 찾아올 때는 어떤일이 있어도 자신들의 바램을 관철시키겠다는 의지를 강력하게 갖고 있었던 것이다.

"그래도 왕을 세워 주십시오.

우리는 더 이상 불안에 떨 수도 없으며 우리끼리 서로 치고 박고 싸우며 살고 싶지가 않습니다.

제발 왕을 세워 주십시오."

사무엘은 하나님께 기도를 했다.

"어찌하면 좋습니까? 하나님."

"할 수 없지 않느냐? 그들이 원하는대로 왕을 뽑아 주어라."

이제 사무엘은 어쩔 수 없이 왕을 선택해야만 한다.

자기 아들이 아닌 제 3의 인물을 앞세워 왕을 세워야 하는 것이다.

이스라엘의 첫번째 왕을…

이제 이스라엘 백성은 급격한 변혁의 물결을 그대로 맞이해야단 한다.

이스라엘은 이제 사사시대로부터 왕정시대로의 전환이라는 아주 중요한 시점에 봉착하고 만 것이다.


이 모든일이 일어난 것은 지금으로부터 약 3천년 전인 BC 1020년이었다.

# 광야에서 온 두 남자

두 남자가 며칠째 광야를 헤메고 있었다.

가나안 지방의 광야란 한낮엔 엄청 뜨겁다가도 또 밤중엔 엄청 추워지는 특징을 갖고 있다. 더군다나 한여름엔 비가 전혀 오지를 않아 땅바닥이 푸석 푸석하고 여기저기 간간이 보이는 이름모를 풀들과 크고 작은 돌들만이 널려 져 있어 사람이 걷기엔 그야말로 최악의 상태라고 할 수 있다.

그런데 그런 광야를 두 남자가 며칠 째 헤메고 있는 것이다.

이들의 등뒤에 메달려 있는 작은 바구니엔 먹을 것이 떨어져 허기까지 밀 려왔고 마실 물도 모자라 이들의 목은 벌써 타들어가고 있었고 특별히 약속을 한 것은 아니었지만 두 사람은 서로 말을 하지도 않고 있을 정도였다.

어딘가를 열심히 둘러 보는 것으로 보아 뭔가를 찾고는 있는 것 같지만 그 렇다고 해서 길을 잃은 것 같지는 않아 보이는데…

그렇다면 이들은 왜 이렇게 광야를 헤메고 있는 것일까?

그리고 이들은 과연 누구일까?

이들의 행동을 보아 광야가 그다지 낯설어 보이지도 않는데 왜 그들은 광 야에서 이렇게 며칠 째 헤메고 있는 것일까?

이 중에 한남자가 바로 이스라엘의 첫 번째 왕이 될 사울이었고 또 한사람 은 그의 집에서 일을 하는 일꾼이었다.

이들은 집에서 키우다가 잃어버린 나귀 몇마리를 찾기 위해 광야를 헤메 고 있었는데 사실 사울의 집안은 나귀 몇 마리쯤 잃어버렸다고 해서 며칠동안 집안의 주인과 일꾼이 나서서 광야를 헤매야 할 정도로 형편이 어려운 집은 아니었다. 더군다나 이때 사울의 나이가 이미 마흔살이었고 요나단이라는 아들이 있었을 때였기 때문에 그리 사리분별력이 떨어지는 사람도 아니었다고 볼 수 있다.

그런데 이번엔 참으로 이상한 일이었다. 예전엔 집에서 키우는 나귀가 이렇게 소리 소문없이 사라진 적이 없었고 또 사라진다 해도 집 주변의 들판에서 얼마안있어 발견되곤 했었는데 이번에는 도무지 나귀 한 마리가 어디로 사라졌는지 그 행방을 모르게 되었다는 것이다.

더군다나 사울은 그렇다 치더라도 그와 함께 따라 나온 일꾼은 또 얼마나 미치고 팔짝 뛸 일인가? 가나안 광야라면 그래도 자기 손바닥 들여다 보듯이 빤히 들여다 보이는 그런곳인데도 왠일인지 가도 가도 거기가 거기 같고 도무지 어느쪽으로 가야 하는지 알 수가 없다는 것이다.

나귀가 숨어있을 만한 곳은 죄다 뒤져 봤지만 며칠 째 헛수고만 하고 있으니 주인 앞에서 영 체면이 말이 아닌 상태가 되었다. 이럴거면 차라리 혼자 나올걸 왜 주인집 아들인 사울까지 따라 나왔단 말인가?

사울도 그렇다. 아니 나귀 한 마리 없어진 걸 갖고 왜 사울의 아버지는 굳이 아들보고 직접 나가서 나귀를 찾아 오라고 한 것일까?

"도대체 내가 여기서 왜 이러고 있는 것이지?"

사울은 자신이 지금 광야를 헤메고 있는 그 자체만으로는 여러 가지 의문이 들 수밖에 없다.

그러나 광야에서 헤메는 사울의 모습은 단순한 갈팡질팡의 모습이 아니라 이스라엘 민족의 첫 번째 왕 사울을 선택하기 위한 하나님의 계획이 본격적으로 시작되는 그래서 사울의 성서적 등장이 이렇게 시작되는 아주 의미심장

유대광야에서 나귀를 타고 가는 어린 꼬마. 유대광야에서 나귀는 중요한 운송수단이자 중요한 재산중에 하나였다. 아마도 사울 역시 이런 나귀를 찾기 위해 유대광야를 헤메고 다녔을지도 모른다

한 장면이 되는 것이다.

두 사람이 사무엘의 집이 있는 라마 근처의 광야에 도착했을 때였다

사울이 바닥에 아무렇게나 주저앉으며 옆에 서 있는 일꾼에게 말했다.

"이봐, 이젠 집으로 돌아가야 할 것 같아. 집에서 너무 멀리 나온 것 같고 더군다나 우리에겐 먹을 것이 떨어지지 않았나. 난 너무 힘들어…"

"그래도 여기까지 왔는데 나귀도 못찾고 빈손으로 돌아가면…"

"지금 나귀가 문제가 아닌 것 같아. 나귀를 찾기 전에 우리가 먼저 죽을 것 같애. 더군다나 아버지가 우리를 너무 걱정하지 않으실까?"

그러나 일꾼은 사울과 입장이 달랐다.

사울의 집에서 일을 하는 일꾼으로서는 나귀를 잘 관리하지 못해 잃어버린 것도 문제지만 기껏 며칠씩 집을 나와 헤메다가 나귀도 찾지 못하고 빈손으로 돌아간다는 것은 일꾼으로서 여간 큰 문제가 되지 않을 수가 없었기 때문이었다.

그때 일꾼은 사울에게 말을 건넸다. 아주 조심스럽게…

"저…"

"왜 그러지? 말을 해봐. 아까부터 뭔가를 얘기하고 싶은 것 같은데… 무슨 얘기야?"

"사무엘 선지자를 찾아 보는 게 어떨까요? 생각을 해 보니까 여기는 사무엘 선지자의 집에서 가까운 곳인데…"

"사무엘 선지자? 그분을 찾아가서 뭘 어떡하자구?"

"그분에게 우리의 나귀가 어디쯤 있는지 물어 보면 어떨까요? 그분은 하나님의 사람으로 모르는 것이 없다고 합니다. 그렇다면 우리의 나귀가 어디쯤 있는지 아시지 않을까요? 그분이라면 우리를 도와 주실지도 모르잖아요"

사실 일꾼은 진작부터 사울에게 사무엘을 찾아가 볼 것을 권유하고 싶었다. 그러나 그때는 워낙 사무엘이 있는 라마에서 멀리 떨어져 있었기 때문에 입에서 말이 떨어지지 않았지만 지금은 멀리 라마성읍이 보이는 곳이 아닌가?

그렇다면 믿져야 본전이라고 여기까지 왔는데 사무엘한번 만나 보고 물어보는 것이 뭐 그리 어려운 일은 아니지 않는가? 물론 사무엘을 만날 수 있어야 하겠지만…


"사무엘 선지자라면 나도 잘 알고 있지만 지금 집에 계실까? 내가 알기로는 여기 저기를 돌아다니시면서 재판을 해 주시고 어려운 문제를 해결해 주신다고 했는데…"

"요즘은 나이가 너무 많이드셔서 직접하지를 않고 두 아들이 대신한다고 들었습니다. 그러니까 집에 계실꺼예요."

이스라엘에서 현재 사용 중인 동전 세켈은 전세계에서 가장 오랫동안 화폐단위로 사용되고 있다

"좋아 우리가 그분을 만난다고 하자. 그럼 우린 사무엘 선지자에게 무얼 드리지? 우리에겐 지금 아무것도 없잖아. 먹을 것도 없는 거지와 다를바 없는데…"

사울은 그당시 사무엘의 두 아들이 돈을 받아야만 기도를 해주고 돈을 받은 사람에게만 유리한 재판을 해 준다는 소문을 이미 듣고 있는 터였기 때문에 사무엘에게도 뭔가를 주어야만 하는 줄 알고 있었던 것이다.

"주인님, 사실 저에게 4분의 1세겔이 있습니다. 이걸 드리면 되지 않을까요?"

일꾼은 주머니에서 주섬주섬 돈을 꺼내 사울에게 보여주었다.

"좋아, 그럼 가서 물어보자"

두 사람은 마지막 기력을 다해 멀리 보이는 라마 성읍까지 걸어갔다. 라마 성읍은 그당시의 모든 성읍들이 그랬던 것처럼 상당히 높은 곳에 위치하고 있었다.

그것은 전쟁이 났을 때 높은 지역에 위치하고 있는 것이 적의 공격에 쉽게 방어를 할 수 있기 때문이었다.

이런 지역에 있는 성읍은 전투에서 유리할지는 몰라도 문제가 있다. 바로 식수문제다. 높다 보니까 식수를 구할길이 없고 자연히 식수를 구하려면 성읍을 나와 아랫쪽으로 내려와야만 식수를 길을 수가 있고 또 다시 무거운 물동이를 이고 성읍까지 걸어올라가야 하는 수고가 필요했다.

사울과 그의 일꾼이 라마 성읍을 향해 열심히 올라가다가 때마침 물을 길러 내려오는 처녀들과 마주쳤다.

"혹시 이 라마성읍에 사무엘 선지자라고 계시죠?"

그러자 처녀들이 대답을 했다.

"그럼요. 지금 마침 집에 계신데 아마 잠시후면 뒷산으로 가실껄요?

오늘은 성읍사람들이 뒷산에 모여 하나님께 제사를 드린후에 음식을 나누면서 잔치를 하는 날입니다. 아직까지 제사를 안 드리는 것으로 보아 사무엘 선지자가 도착하지 않았다는 뜻이죠.

빨리 가보세요. 그럼 사무엘 선지자를 만나실 수 있을 거예요"

이 처녀들은 며칠째 광야에서 고생을 한탓에 꺼칠하고 지저분해 보이는 두 남자에게 자세히 설명을 하며 뒷산까지 가리켜 주고는 총총히 걸어내려갔다. 사울과 일꾼은 다시 헉헉거리며 성읍을 향해 걸어올라갔고 이제 막 성읍문을 들어서려는 순간이었다.

누군가 성문을 나오다가 사울과 스쳐지나갔다.

그때까지 사실 사울과 일꾼 두 남자는 밑에서부터 성읍문만을 바라보며 올라왔기 때문에 그동안 몇사람이 성읍문을 향해 빠져나와 부지런히 뒷산쪽으로 바쁘게 올라가는 것을 봐 왔다. 그래서 지금 이 순간 성읍문을 빠져나가는 사람이 그다지 새로울 일이 없었다. 그저 뒷산의 제사 드리는 곳으로 향하는 사람중에 하나거니 생각을 해도 큰 문제가 아니었다.

그런데 참 이상한 일이었다. 하필이면 지금 이순간 사울의 옷깃을 스치며 지나는 이 사람에게 사울은 왠지 말을 걸고 싶어졌다.

"저, 말 좀 묻겠습니다."

사울의 말을 듣고 그 남자가 멈춰섰다. 성읍을 향해 불어오는 바람이 사울의 턱수염을 가볍게 날렸고 멈춰선 상대방의 옷깃도 흩날렸다.

남자가 멈춰서서 서서히 몸을 돌려 사울을 바라봤다. 그 남자는 민망스러울 정도로 사울을 뚫어져라 쳐다봤다. 깊이 패인 눈과 검게 그을린 피부, 그리고 힌눈썹과 흰수염의 노인이었다.

"이곳에 사무엘 선지자가 사신다고 말을 들었는데 그 분 집이 어디쯤인지 아시면 말씀해 주시겠습니까?"

사울은 아주 정중하게 예의를 갖추어 물었다. 상대방이 나이가 들어 보이는 노인이었기 때문이었다. 그러나 그 노인은 아무런 대답을 하지 않고 물끄러미 사울을 쳐다보기만 한다.

사울은 다시한번 묻기로 했다.

"저 어르신…"

"사무엘 선지자를 찾는다고 했소?"

노인이 사울의 말을 가로막았다.

"그렇습니다."

"그럼 당신은 베냐민 지파의…"

"어떻게 아셨습니까? 저는 베냐민 지파의 기스라는 분이 제 아버지시고 아비엘이란 분이 저의 할아버지시죠"

그러자 그 노인은 하늘을 지그시 올려다 보았다. 이미 그 노인의 눈에는 왠지 모를 눈물이 맺혀 있었고 속으로 중얼거렸다.

"오 하나님… 이분이 하나님께서 말씀하신 이스라엘의 첫 번째 왕이시군요. 이 나라 이 민족을 대표할 이스라엘의 첫 번째 왕…"

그 노인은 한참이나 하늘을 바라보며 양볼에 눈물을 흘러 내려 보내더니 옷깃으로 볼을 닦아내고는 다시 사울을 쳐다보며 낮은 소리로 말했다.

라마에 있는 한 유적지. 옛 이스라엘의 성들은 전쟁이 났을 경우 적의 공격에 대비하고 한낮의 높은 기온을 피하기 위해 이렇게 높은 곳에 위치해있다.

"이보시오. 내가 바로 당신이 찾는 사무엘이오"

사무엘은 사울의 손을 잡고 한참이나 놓지를 못하고 있었다. 어젯밤 하나님께서 사무엘에게 말씀하신 일들을 기억해 내고 있었던 것이다.

"사무엘아, 내일 이맘때면 내가 베냐민 지파 사람 하나를 너에게 보낼 것이다. 너는 그 사람에게 기름을 부어 내 백성 이스라엘의 왕으로 삼아라! 그는 블레셋 족속의 압박으로부터 내 백성을 해방시킬 사람이다. 내 백성의 울부짖는 소리가 너무도 간절하여 이제 내가 그들을 해방시켜 주려 한다"

사무엘은 하나님께서 약속하신 이스라엘의 첫 번째 왕이 스스로 찾아와 성읍문앞에서 만나게 된 것이 너무나 감격스러워 말도 못할 지경이었다.

　　사울은 이제 자신의 운명은 물론 이스라엘의 운명을 뒤바꿔 놓을 엄청난 순간의 시발점에 자신이 지금 서 있는 것을 그 때까지도 예감하지 못하고 있었다.

　　아직까지 그의 머리속엔 오로지 잃어버린 나귀를 찾겠다는 생각뿐이었기 때문이었다.

# 첫 번째 왕

사울이 사무엘에 이끌려 라마의 뒷산에 있는 산당까지 올라갔을 때 이미 그 안에는 벌써 30명이 앉아 사무엘을 기다리고 있었다.

산당이란 높은 산위에 위치한 곳으로 그곳에서 하나님께 제사를 드리기도 했었는데 산당을 높은 곳에 자리잡은 이유는 좀 더 하나님과 가까우면서 산아래에 사는 백성들과는 격리된 곳에서 제사를 드리기 원해서 그랬던 것 같다. 산당안에 앉아서 사무엘의 등장을 기다리고 있던 사람들은 사무엘이 나타나자 반가워 하다가 사무엘의 뒤에 따라 들어오는 사울과 그의 일꾼을 보고 모두 놀라는 눈치였다. 그러나 그들이 더 놀란 이유는 사무엘의 그 다음 행동이었다.

"여기 이 자리에 앉으시죠."

사무엘은 자기를 위해 비워 둔 자리에 사울을 정중히 앉혔다. 도대체 저 남자가 누구길래 사무엘은 자기의 자리에 저 남자를 앉히는 것일까?

겉으로는 말을 못했지만 그들의 궁금증은 더해만 갔다.

"여보게, 내가 자네에게 잘 간수하라고 부탁했던 음식 있잖은가? 그걸 가져오게."

사울이 산당에서 음식을 준비하는 자에게 얘기를 하자 그 남자는 음식을 가져왔다.

"보십시오, 그대께서 오시면 드리려고 준비해 두었던 것입니다."

사흘동안이나 제대로 음식다운 음식을 먹지 못했던 사울은 침을 한 번 꿀꺽 삼키고 그 음식을 물끄러미 쳐 보다가 마침내 음식을 먹기 시작하자 그제

네게브 사막에 있는 유대인. 최후의 항전지 마사다 요새 정상에 있는 시나고그. 유대인의 젊은이들은 이곳까지 올라와 하나님께 기도하는 의식을 한다

서야 사무엘을 비롯한 나머지 사람들도 음식을 먹기 시작했다.

점점 알 수 없는 분위기가 어두 침침한 산당안에 흐르고 있었다. 그날 산당에서의 식사는 그렇게 별일 없이 마무리 되었고 사무엘은 사울을 데리고 자신의 집으로 데려갔다. 그리고는 그 집의 지붕에 올라가서 잠을 재운다고 사무엘상 9장 25절에 기록되었다. 사무엘은 왜 사울을 지붕에서 잠을 자게 했을까? 허구많은 방 중에서 하필이면 지붕에…

팔레스타인 지방의 지붕은 우리의 지붕과는 다르게 평평한 면으로 되어 있다. 좀더 쉽게 얘기하면 옥상같은 개념으로 생각하면 되는데 이들은 지붕에서 많은 일들을 했다.

따뜻한 오후엔 여인네들이 지붕에서 옷이나 구운빵, 무화과 열매, 아마, 대추야자등 곡식을 널어 말리기도 했었고 그 옆에서 뜨개질이나 옷을 만들기도 하는등 작업의 장소로 사용하기도 했었는데 이런 주택이 밀집되어 있는 곳에서는 서로 지붕과 지붕 사이에 작은 다리를 놓아 지붕길로 사용하기도 했었다. 뿐만 아니라 비가 내리지 않는 건기에는 사람들이 저마다 지붕에 올라가 간단한 담요를 덮고 가족끼리 두런두런 이야기하며 잠을 자기도 했었다.

사무엘 역시 후텁지근 하고 답답한 방을 나와 사울과 함께 지붕에 올라가 밤하늘의 별을 보며 이런 저런 얘기를 나누다가 잠이 들고 싶었는지도 모른다.

사무엘은 지붕에 지펴놓은 작은 모닥불에서 타오르는 불꽃이 검은 하늘 속으로 올라가다 어느 순간 사라져 버리는 그 불꽃이 마치 우리 인생과도 같은 것이라고 사울에게 얘기하고 싶었는지도 모른다. 앞으로 이 사람에게 어떤 파란만장한 인생이 펼쳐지게 될지도 모르는데… 그때마다 하나님께 엎드려 기도하며 하나님께서 세워주신 왕의 자리를 잘 수행해 나가야 할텐데…지나치게 욕심을 부리거나 인간의 생각을 앞세우게 되면 안될 텐데… 어차피 우리 인생은 이 불꽃처럼 아주 짧게 타오르다 검은 하늘속으로 사라져 버리지 않던가…

다음날 아침 동틀 무렵, 사무엘은 지붕에서 자던 사울을 깨웠다.

"일어나시지오."

사무엘이 깨우지 않았다면 사울은 더 잠을 잤을지도 모른다. 눈을 비비며 사울이 일어났다.

"이젠 돌아가셔야 할 시간입니다. 제가 성문 입구까지 바래다 드리죠."

사울은 사무엘과 함께 집을 나섰다. 그리고는 어제 오후 사두엘을 맨 처음 만났던 그 성문앞에 다다랐을 때 즈음이었다. 사무엘이 아무말없이 묵묵히 걷던 사울을 불러 세웠다.

"잠깐만요. 긴히 드릴 말씀이 있습니다."

사울이 멈춰서자 사울의 곁에서 줄곧 따라 다니던 그의 일꾼도 따라 멈췄다. 사울은 물끄러미 사무엘을 쳐다 보았다.

"죄송하지만 당신의 일꾼을 잠시 떨어지게 해 주시겠습니까?"

사무엘의 이 말에 일꾼은 알아서 몇발자욱 물러섰다. 일꾼이 저만치 물러선 것을 확인한 사무엘은 주섬주섬 옷 속에서 작은 기름병을 하나 꺼냈다.

그리고는…

"고개를 숙이시겠소?"

도대체 왜 고개를 숙이라는 것일까? 사울은 아직까지도 영문을 알지 못했다.

"고개를 숙이시지요."

사무엘이 다시한번 재촉했다. 사울은 그저 사무엘이 시키는대로 그 앞에 무릎을 꿇고 앉았다. 그러자 사무엘은 기름병의 뚜껑을 열고는 사울의 머리에 기름을 부었다. 사울의 긴 머리카락을 타고 흘러내리는 기름이 사울의 볼을 타고 목덜미쪽으로 흘러 들어갔다. 그리고는 사울의 볼에 입을 맞춘 후 귓가에 아주 작은 소리로 이렇게 말했다.

이스라엘의 전통가옥. 예수님 당시의 예루살렘 성안의 가옥의 모습을 표현한 모형인데 지붕이 평평한 것을 볼 수 있다.

"하나님께서 그대에게 기름을 부으시어, 주의 소유이신 이 백성을 다스릴 영도자로 세우셨습니다."

사울은 순간 놀랐다. 영도자라니…

"그게 무슨 말씀이십니까?"

"당신은 이제 평범한 사람이 아니라 이 나라 이 민족을 책임지고 이끌어 갈 왕이 되신 것입니다."

"그럴리가요?"

사울은 그의 눈가로 들어간 기름 때문에 눈이 따끔 거렸지만 꼭 그래서만이 아니라 아직도 정신을 못차리고 있었다. 갑자기 자신에게 한나라의 왕이라니? 더군다나 사무엘 선지자께서 하나님의 이름으로 자신에게 왕이 되었다고 얘기하다니…

"이제 당신은 주님의 백성을 다스리며 사방에서 괴롭히는 원수들로부터 이 백성들을 해방시키셔야 합니다. 여호와께서는 당신에게 기름을 부어 자신의 기업을 다스리는 영도자로 세우신 것입니다."

순간 사울은 얼어붙었다. 도대체 이 늙은 선지자가 무슨 얘기를 하는 것일까? 혹시 사람을 잘못 알아보고 이러는 것은 아닐까? 난 단지 잃어버린 암나귀를을 찾으러 온 것 뿐인데…

"여보세요, 선지자 어르신, 저는 잃어버린 나귀를 찾기 위해 찾아온 것입니다. 제발 제 나귀가 어디에 있는지 그것만 말씀해 주시라니까요."

이번엔 사무엘의 목소리가 더 커졌다.

"제 말을 못 믿으시겠소? 그렇다면 제 말이 거짓말이 아니라 하나님의 말씀이란 증거를 말해 주죠. 오늘 나를 떠나서 가시다가 베냐민 지역 셀사에 이르시면 라헬의 무덤 근처에서 두 사람을 만나실 터인데, 그들은, 그대의 부친

이 찾으러 다니던 암나귀들은 벌써 찾았고, 이제 오히려 아들과 종의 일이 걱정이 되어 찾고 계신다고 말할 것입니다."

"그럼 됐습니다. 저는 나귀만 찾으면 되니까요."

사울이 사무엘의 이야기를 가로채면서 대답을 한 뒤에 뒤돌아서 서서 멀찌감치서 기다리고 있던 일꾼의 팔을 잡고 언덕 아래로 내려가려고 했다.

그러자 사무엘은 더 큰소리로 외쳐댔다.

"거기에서 더 가다가 다볼의 상수리나무에 이르면, 거기에서 하나님을 뵈려고 올라가는 세 사람을 만날 것입니다. 한 사람은 염소 새끼 세 마리를 데리고 가고, 한 사람은 빵 세 덩이를 가지고 가고, 또 한 사람은 포도주가 담긴 가죽부대를 하나 메고 갈 것입니다. 그들이 그대에게 안부를 묻고, 빵 두 덩이를 줄 것이니, 그것을 받으십시오. 그런 다음에 그대는 하나님의 산으로 가십시오. 그 곳에는 블레셋 수비대가 있습니다. 그 곳을 지나 성읍으로 들어갈 때에, 거문고를 뜯고 소구를 치고 피리를 불고 수금을 뜯으면서 예배 처소에서 내려오는 예언자의 무리를 만날 것입니다. 그들은 모두 춤을 추고 소리를 지르면서 예언을 하고 있을 것입니다. 그러면 그대에게도 주의 영이 강하게 내리어, 그들과 함께 춤을 추고 소리를 지르면서 예언을 할 것이며, 그대는 전혀 딴 사람으로 변할 것입니다. 이런 일들이 그대에게 나타나거든, 하나님이 함께 계시는 증거이니, 하나님이 인도하시는 대로 따라 하십시오."

사울의 발은 어느새 멈춰 서 있었다. 사무엘의 목소리가 너무도 간절했기 때문이다.

그날 밤 집으로 돌아온 사울은 잠을 이룰 수가 없었다.

오늘 오전 사무엘이 성문앞에서 사울에게 기름을 붓고 했던 모든 말들이

베들레헴에 있는 라헬의 무덤. 지금도 이곳에 가면 아기를 낳기 원하는 여인들의 기도가 끊이지 않고 있다

한치의 오차도 없이 오늘 하룻동안 모두 이루어지지 않았던가? 그렇다면 분명 사무엘의 이야기는 틀림이 없는 것 같은데 그렇다고 해서 이런 이야기들을 누구에게도 속시원히 얘기할 수 도 없는 상황이었다. 다른 사람에게 말을 한다고 믿어줄리도 없고…도대체 자신의 앞날에 어떤일들이 벌어지게 될지 사울은 도무지 알 수가 없었다.

　며칠 뒤, 사무엘은 다시 백성들을 미스바 언덕에 불러 모았다. 그리고는 큰 소리로 외쳤다.

　"이스라엘의 하나님, 여호와는 여러분의 왕이었습니다. 그분은 여러분이 이집트에서 노예생활을 하면서 고생을 할 때 이곳 우리의 땅으로 돌아오도록 해 주셨으며 사방의 모든 원수들로부터 보호해 주신 분이십니다. 뿐만 아니라 우리 모두가 환란과 고통에 빠질 때마다 우리를 구원해 주신 분이십니다. 그러나 여러분은 이제 다른 나라와 똑같이 우리중에서 왕을 뽑아 세워 달라고 하고 있습니다. 좋습니다. 왕을 뽑읍시다. 먼저 여러분 중에서 지파별로 한사람씩 나오십시오. 제비뽑기로 왕을 정합시다."

사무엘의 분노가 섞인 이런 연설이 끝나자 무슨 왕을 뽑는데 제비뽑기를 하느냐며 불평을 할 수도 없는 상황이었다. 왜냐하면 사무엘의 눈에는 어느새 서글픔의 눈물이 고여 있었기 때문이었다.

각 지파별로 대표자 열두명이 앞으로 나와 제비뽑기를 했다. 그리고는 베냐민 지파가 뽑혔다. 다시 또 베냐민 지파에서 집안별 대표가 나와 제비뽑기를 하고 또 다시 제비뽑기를 해서 좁히고 또 좁히고…

수많은 사람들은 도대체 누가 우리의 왕이 될지 궁금해 제비뽑기가 진행되는 동안에도 숨을 죽이고 지켜 보고 있었다. 그러나 그런 일이 진행되는 동안에도 사무엘은 그저 눈을 감고 있었다. 지금 하고 있는 제비뽑기야 말로 어디까지나 형식적인 것이 아닌가?

드디어 결과가 나왔다. 여러차례의 제비뽑기를 통해 마침내 선정된 인물, 사울. 사람들은 도대체 사울이 누구냐고 물으며 서로 웅성거리기 시작했다. 그러자 사울을 아는 사람이 소리쳤다.

"사울이 안보인다. 그래 아까부터 안 보였어"

사실, 사울은 제비뽑기가 시작되어 점점 자신에게로 좁혀질 무렵부터 슬그머니 그들 속에서 빠져 나와 한쪽 구석에 세워 놓은 마차의 짐짝 사이에 들어가 있었다. 사울은 너무나 괴로웠다. 왜 내가 이스라엘의 왕이 되어야 하는 것인가? 누가 원했다고? 왕이 뭔데? 사울은 짐짝 사이에 쪼그리고 앉아 계속해서 혼자 중얼거리고 있었다.

지금의 현실이 도저히 자기에게 일어나서는 안되는 일로 생각했는지도 모른다. 벌어지는 모든 일들이 하나같이 믿겨지지 않으며 또 한나라의 첫 번째 왕이라는 엄청난 부담감을 가져야 한다는 사실이 너무도 괴로웠던 것이다.

이스라엘 사람들이 주로 먹는 빵(피타)으로 밀가루와 물로만 반죽해서 화덕에 구워 먹는다.

그때 였다. 누군가 사울을 발견했고 결국 사울은 햇볕을 받으며 사람들 앞으로 이끌려 나와야만 했다. 수많은 사람들이 사울을 쳐다보았다. 아니 이스라엘의 첫 번째 왕을…

사무엘이 사울 곁으로 다가갔다. 그리고는 그의 어깨에 손을 올렸다. 사무엘은 한동안 사울의 옆모습만을 뚫어져라 쳐다보았다. 그리고는 백성들에게 소리쳤다.

"주께서 뽑으신 이 사람을 보시오. 온 백성 가운데 이만한 인물이 없소이다."

그러자 사람들이 동시에 소리를 질렀다. 그 소리는 몇해 전 미스바 언덕에서 이스라엘 백성들이 기도할 때 달려오던 블레셋 군사들을 혼비백산하여 도망가게 했던 하늘의 천둥번개 소리와도 같을 정도 였다.

사울은 이렇게 이스라엘의 첫 번째 왕이 되었다.

이스라엘의 두 번째 왕인 다윗은 나중에 수많은 백성들의 찬사와 기대속에 왕이 되고 세 번째 왕이었던 솔로몬은 쿠데타로 왕의 권좌에 오르게 되지만 사울은 자기 스스로도 원하지 않았고 백성들이 원해서 된 것도 아닌 제비뽑기에 의해 왕이 된 것이나 다름없었기 때문이다.

이제 사울은 과연 이 격변기 속에서 어떻게 이나라 이 민족을 통치해 나가야 할 것인가?

그의 머리속엔 아직 그런 생각조차 하지 못하고 있었다.

# 사울의 첫 번째 전투

미국과 이라크의 전쟁 때문에 최근 국제 뉴스에 자주 등장하는 도시가 있다면 그것은 아마도 요르단의 수도 암만이 아닐까 싶다.

이라크에서 인간방패 역할을 하기 위해 세계에서 몰려든 반전주의자들이 일차로 모여 이라크의 입국 비자를 받으려고 준비하는 곳이 암만이며 또 전쟁을 피해 빠져나온 이라크 사람들이 모여 있는 곳, 그리고 또 이라크의 수도 바그다드에서 겨우 빠져나온 종군기자들이 정보를 수집하기 위해 주로 모여든 곳이 바로 암만이다.

그런데 이 암만이 암몬 족속의 수도 랍바였다는 사실을 아는 사람은 별로 많지 않다.

사울이 왕으로 되었을 당시 이 암몬성에는 나하스라는 왕이 살고 있었는데 그가 얼마나 호전적이었는지 툭하면 요단강을 건너와 유대인들을 습격해 막대한 피해를 입히고 그들을 끌어다가 오른쪽 눈을 뽑아 노예로 만들었던 것이다. 그러니까 일단 나하스의 공격을 받게 되면 그 지역의 모든 남자들은 애꾸가 되는 셈이다.

그런데 나하스가 이번에는 암몬의 병사를 이끌고 길르앗의 야베스 도시를 포위한 것이다.

길르앗은 원래 암몬 족속의 땅이었다. 그런데 이집트를 탈출한 모세와 이스라엘 백성들 중에 갓지파와 르우벤 지파가 이 지역을 통과하면서 맘에 들었는지 눈여겨보았다가 일단 이스라엘 땅에 들어간 뒤에 다시 나와서 길르앗으

요르단의 수도 암만. 멀리 보이는 것이 옛 암몬 성터

로 찾아와 그곳에서 살던 암몬 사람들을 내 쫓고 주저 앉아 살고 있었던 중이었다. 그것을 늘 못마땅하게 생각했던 암몬의 나하스 왕이 드디어 소유권을 주장하며 군사들과 함께 들이닥친 것이다.

자, 그럼 여기서 나하스가 있던 암몬의 랍바라는 곳과 예루살렘 그리고 길르앗의 위치를 알아보자.

먼저 요르단의 암만에서 이스라엘의 예루살렘으로 가려면 암만에서 서쪽으로 약 한시간 정도 차로 달려가 킹후세인이라는 국경 다리를 건너야 하는데 이 킹후세인 브릿지가 바로 요단강을 건너가는 것이다. 다시 킹후세인 다리(이 다리를 이스라엘 쪽에선 알렌비 다리라고 한다)에서 여리고를 지나 또 다시 삼십분 정도를 달려가야만 예루살렘에 도착하는 것이다.

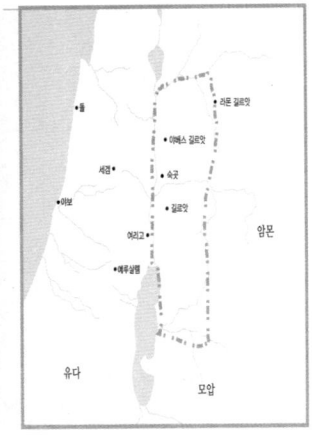

그렇다면 길르앗은 또 어딜까?

암만 시내에 있는 압달리 버스터미널에서 버스를 타고 북쪽으로 약 한시간 정도를 달리면 얍복강이 나타나고 그곳을 지나서 또 약 20분 정도를 달려가면 아줄룬이라는 곳이 나타나는데 이곳이 바로 그 옛날 길르앗이다.

이 처럼 암몬과 요단강 그리고 길르앗은 자동차로 한시간 거리에 있을 정도로 아주 가까운 곳이된다.

다시 그 옛날로 돌아가 보자.

폭군 대왕 나하스는 곧바로 무서움에 떨고 있는 길르앗의 이스라엘 사람들에게 곧바로 항복을 해서 모두들 오른쪽 눈을 뽑히던지 아니면 전멸을 당하던지 양자택일을 하라고 마치막 최후통첩을 보낸다.

도대체 나하스는 왜 하필이면 포로의 오른쪽 눈뽑기를 좋아하는 것일까?

그것을 이해하려면 그 당시의 전투형태를 이해해야 하는데 대개의 병사들이 왼손에는 방패를 들고 오른손엔 창을(창이라봐야 긴 나무끝을 날카롭게 깍은 것이 전부였지만) 들고 싸웠다.

따라서 병사들은 방패뒤에 얼굴을 숨기고 오른쪽 눈만 살짝 내밀어 적을 보고 칼과 창을 휘둘렀는데 오른쪽 눈을 뽑아서 그 기능을 상실하게 하면 방패를 쓸

수가 없게 되고 따라서 전투력이 상실되게 되었기 때문에 한마디로 전투력을 완전히 상실시키고 단순 노동만 시키겠다는 것이다.   길르앗의 수도인 야베스의 이스라엘 백성들은 나하스가 포위하고 있는 상태에서 주어진 마지막 최후 통첩을 듣고는 공포에 떨지 않을 수 없었다.

"이제는 우리도 나하스의 손에 모두 죽게 되는 구나. 소문으로만 듣던 그 공포의 오른쪽 눈알 사냥꾼이 우리를 가만두지 않을거야."

그들은 항복하겠다는 말 조차도 할 수 없을 정도의 공포스러운 상태였지만 최후통첩을 전하러 온 나하스의 병사들에게 마지막 애원을 했다.

"우리는 도저히 당신들과는 싸울 힘이 없다. 항복을 할 땐 하더라도 일주일만 시간을 좀 주면 안되겠나? 그럼 우리도 나름대로 살궁리를 알아 보고 정 방법이 없다면 그제서 우리의 눈을 뽑혀도 되지 않겠는가?"

이런 소식을 전해 들은 나하스는 코웃음을 쳤다. 사실, 일주일이 아니라 한 달이상의 시간을 줘도 그들이 살아날 방법은 없으며 그들은 이제 독안에 든 쥐나 다름없다고 생각했다. 어짜피 뽑힐 눈들이라면 일주일 뒤에 해도 큰 문제가 없는 것이 아닐까? 이렇게 일주일간의 시한을 번 길르앗의 야베스 사람들은 마지막 방법을 생각해 내게 된다.

그것은 몇몇 발걸음 빠른 청년을 뽑아 요단강 건너편에 있는 이스라엘 동족들에게 이같은 사실을 알려 구원병을 보내 도와줄 것을 부탁하게 하는 것이다.

밤사이 몰래 야베스 성을 빠져 나온 청년들은 잠시도 쉬지 않고 요단강을 향해 달려갔다. 이제 길르앗은 이 몇 명의 청년에 달려 있다고 해도 지나친 상황이 아니었다. 숨이 턱까지 차올랐고 심장은 방금이라도 터질것만 같았지만

이스라엘과 요르단을 구분
하는 요단강. 작은 개울같은
이 강으로 인해 왼쪽은 요르
단, 오른쪽은 이스라엘이 된
다.

그렇다고 잠시도 멈춰 설 수 없는 상황이었다.

다음날 아침, 해가 막 떠오르기 시작했을 무렵 이들은 드디어 기브아에
도착을 했고 사람들이 많이 모여있는 곳에 풀썩 주저 앉아 길르앗에서 벌어지
고 있는 현재의 상황에 대해서 설명을 해 주었다. 그러자 그 얘기를 들은 기브
아 사람들 역시 그만 아연실색하고 말았다.

우리의 혈육인 동족이 암몬족속의 나하스에 의해 모두들 눈이 뽑히게 되
었으니 이를 어쩜 좋단 말인가? 그렇다고 해서 우리라고 별 뾰족한 수가 없으
니 어쩜 좋단 말인가?

그들은 어쩌면 나하스의 다음 목표가 자신들일지도 모른다며 공포심에
휩싸여 울기 시작했다.

바로 그때 이들의 울음소리를 들은 사람이 있었으니 그 사람이 바로 한 달
전 미스바 언덕에서 수많은 이스라엘 백성들이 지켜 보는 앞에서 왕으로 선출

된 사울이었다.

사울은 백성들의 환호를 받으며 화려하게 즉위식을 거친 뒤였음에도 불구하고 우리가 생각하는 것만큼 그의 인생이나 생활패턴이 크게 변하지는 않았던 것 같다. 왜냐하면 사울은 야베스에서 달려온 청년들이 기브아 사람들에게 실상을 보고할 때에 일반 농부들과 똑같이 밭에서 밭을 갈다 소를 몰고 집으로 돌아가는 중이었으니까 말이다.

그때까지만 해도 사울은 한 나라의 왕으로서 아직까지 구체적인 왕정 체제를 갖추지 못했고 사무엘이 왕을 요구하는 이스라엘 백성들에게 경고했던 것처럼 세금을 걷거나 병사를 모으거나 왕궁을 꾸미지도 않았었다.

소의 고삐를 잡고 있던 사울이 물었다.

"무슨 일이오? 무슨 일이길래 이렇게 길에서 울고 있는 것이오?"

이들의 이야기를 모두 들은 사울의 눈에서 갑자기 분노가 치솟았다.

아직은 구체적으로 왕정체제를 갖추지는 않았다 하지만 나라와 민족을

요르단의 북부 지역인 길르앗 산지

대표해서 돌보아야 한다는 심적인 부담감은 날이 갈수록 더해 가고 있었던 차였는데 이같은 소식을 듣게 되었으니 얼마나 참담했을까?

더군다나 이제 왕이 된지 한달밖에 지나지 않았던가…

어느새 사울의 주먹엔 힘이 주어졌고 어금니를 부드득 갈기까지 했었다.

그때까지만 해도 야베스에서 온 청년과 기브아의 사람들은 사울의 이같은 분노를 눈치채지 못했었다. 하지만 잠시후 그들은 사울의 모습을 보고 깜짝 놀라지 않을 수 없었다.

사울의 눈에선 눈물이 흐르고 있었고 주먹으로 땅을 내려치기 까지 했었다. 그리고는 그것만으로도 성에 차지를 않았던지 소의 고삐를 쥐고 이리저리 흔들더니 손에 들려있던 나무 꼬챙이로 소의 목덜미를 찔러 버렸던 것이다.

소들은 신음에 가까운 소리를 지르며 펄떡 거렸지만 이미 이성을 잃은듯 한 사울의 팔뚝 힘은 고삐를 더욱 세게 잡아 당겼다. 목덜미에서 분수처럼 솟구쳐 오르는 시뻘건 피가 길 바닥을 뒤덮었고 고통스러워 하는 소의 울음소리가 고막을 찢을 것만 같았다. 도대체 이건 또 무슨 난리란 말인가? 결국 사울의 손에 잡혀 있었던 두 마리의 소는 길 한복판에서 펄떡 거리다가 풀썩 쓰러졌다.

이 장면을 지켜 본 야베스의 청년과 기브아 사람들은 감히 사울의 행동을 말리지도 못했다. 사울은 기어이 소의 배를 갈라 내장을 끄집어 냈고 돌칼을 이용해 토막을 내어 버렸다. 사울의 머리와 두 손 그리고 얼굴과 옷엔 비린내 나는 소의 피가 범벅이 되어 있었다.

사울은 토막난 소의 일부분을 야베스에서 밤새 달려 온 청년들에게 하나씩 나누어 주었다.

그리고는…

"이제 당신들은 각각 이스라엘 전역으로 흩어지시오. 한사람은 브엘세바로, 한사람은 헤브론으로 , 또 한사람은 발길 닿는 곳까지 우리의 동족이 있는 곳이라면 어디든 달려가시오. 그리고 만나는 모든 이들에게 전하시오. 내일 아침까지 무장을 하고 요단강으로 모이라고 말이오. 만약에 나오지 않으면 내가 나오지 않는 자들의 소들도 이렇게 갈기갈기 찢겠다 전하시오."

사울의 이런 모습을 그들은 그냥 지켜 보고만 있을 뿐이었다.

"그리고 몇 사람은 지금 길르앗의 야베스로 돌아가서 두려움에 떨고 있는 동족에게 그대로 전하시오. 내가 이스라엘의 왕으로서 군사를 모아 내일 출발하여 모레 아침 해뜨기 전에는 이미 나하스를 쳐서 적을 무찌르고 승리를 할 것이며 야베스 사람들은 두려움에서 해방되어 있을 것이오."

다음날 아침 지정된 시각에 지정된 장소로 모인 이스라엘 백성의 수는 모두 3십3만명이었다.

이제 이스라엘은 사울이라고 하는 왕의 중심아래 사기가 충천해져 그 무엇도 두려울 것이 없었으며 어떤 적이든지 맞닥뜨려 싸워도 반드시 이길 수 있으리라는 확신에 가득차 있었던 것이다.

요단강가에 모인 이스라엘 백성들과 사울, 그러나 그들은 곧바로 야베스로 향하지는 않았다. 왜냐하면 먼저 보낸 야베스의 청년들이 돌아가서 해야할 일이 있었기 때문이다.

그날 밤, 드디어 사울은 3십3만명의 군사들을 이끌고 어둠을 이용해 소리없이 길르앗의 야베스성까지 가까이 갔다. 고대 역사가인 요세푸스는 이때 사울과 그의 군사들이 밤새 건너간 거리가 30퍼얼롱이라고 했는데 이것은 1퍼얼롱이 1마일의 8분의 1로 201.17미터이기 때문에 30퍼얼롱이라면 약 6km의

길르앗의 재래시장에서 만난 사람들

거리를 말한다. 밤새 이동한 거리가 6km라면 얼마나 천천히 움직였는지를 알 수가 있는 것이고 사울의 신중함을 엿볼수 있는 대목이다. 뿐만 아니라 사울은 군사들을 3개 팀으로 나누어 야베스 성을 포위하고 있는 암몬 군사들을 밖에서 한번 더 포위하기로 한 것이다.

다음날 아침, 멀리 야베스 성이 보였고 그 성을 둘러싼 암몬 군사의 천막들이 멀찌감치 보이기 시작했다.

드디어 사울의 돌격 외침과 함께 이스라엘 군사들은 함성을 지르며 3개 방향에서 암몬군사들을 쳐들어가기 시작했으며 그와 동시에 야베스 성안에 있던 사람들이 손에 무기를 들고 뛰쳐 나와 허겁지겁 놀라고 있는 암몬군사들을 치기 시작한 것이다.

전혀 상상하지 못했던 상황에 부딪히 암몬군사는 갈팡질팡했고 무기도 제대로 손에 쥐어 보지 못한채 쓰러져 가고 있었다. 점점 승리의 기운이 확실해져 가고 있다는 것을 안 이스라엘 군사들과 야베스 성의 사람들은 환호를 지르며 도망가는 암몬군사들을 쫓아갔다.

그때 누군가가 암몬군사의 목을 사울앞으로 가져 왔다

"사울 왕이시여. 제가 암몬의 왕 나하스의 목을 베었습니다."

그렇다. 나하스는 그렇게 목이 잘려 죽었다.

또다시 이스라엘 군사들은 환호를 질렀다.

"자, 야베스는 회복되었고 우리의 동족은 해방을 얻었다.

우리는 여기서 멈추지 않고 암몬의 수도 랍바로 향한다!"

야베스를 구해 준 것만이 아니라 암몬의 수도까지 폐허를 만들고 돌아온 사울왕과 그의 군사들…

이제 사울은 이스라엘의 왕으로서 전혀 손색이 없었다.

이젠 모든 이스라엘의 군사들이 사울왕의 명령에 따라 모이고 전투를 했으며 또 승리를 거두었지 않은가? 더군다나 그렇게도 공포의 대상이었던 암몬 족속의 나하스 왕까지 제거해 버리는 엄청난 전과를 세우지 않았던가?

이스라엘 백성은 이제야 사울을 진정한 자신들의 왕이라고 생각을 하기 시작했고 사울은 이제야 비로소 왕으로서의 능력을 보여주게 된 것이다.

예전에 미스바에서 사울이 왕으로 뽑혔을 때 많은 사람들이 환호를 하며 즐거워 했었지만 사실 그 숫자보다 훨씬 많은 사람들이 제비뽑기를 통해 뽑힌 사울을 왕으로 인정하지 않고 비웃었지만 이제는 누가 뭐래도 이스라엘의 왕이 분명했다.

오죽하면 '예전에 사울왕이 뽑힐 때 무시했던 사람들을 모두 긁어내어 죽여 버리자'는 얘기가 나왔을까? 그러나 사울은 그런 말에 귀를 기울이지 않았다.

백성들의 호의와 애정은 고맙게 받아 들이겠지만 하나님께서 허락하신 승리에 같은 피를 나눈 동족을 살해한 피를 섞는 것은 어리석은 짓이니 지난날의 허물은 용서하고 함께 승리를 기뻐하는 것이 더 합당하지 않겠느냐는 것이었다.

이스라엘 백성들은 사울의 그런 인품에 더욱 환호를 했다. 사울왕과 온 백성이 이렇게 즐거워 할 때 그 보다 더 즐거워 했던 사람이 있었으니 그 사람이 바로 사울을 왕으로 기름부은 선지자 사무엘이었다.

사실 그동안 뭔가 노심초사 맘이 편치 않았던 사무엘에게 있어서는 사울의 첫 번째 승리에 비로소 한숨을 돌린 셈이 된 것이다.

# 고민과 결단

사울이 이스라엘의 첫 번째 왕이 된 후, 그가 세운 국가는 무척 단출했다.

하기야 한 번도 국가의 강력한 통치를 받아 본적이 없는 이스라엘 백성들에게 사무엘이 경고했던 것처럼 세금이나 징병이나 통치에 대한 부담감을 준다는 것이 쉬운 일은 아니었으며 그러기 위해선 시간과 교육이 필요했을 것이다. 또한 사울은 백성들의 생활양식을 눈에 띄게 변화시키는 정책을 거의 세우지 않았으며 전국민을 하나로 통합하는 수단으로서 12지파들을 없애거나 변경시키려 하지 않았고 옛지파의 경계선도 그대로 인정해 주었다.

분명히 사울은 어떤 새로운 중앙집권의 통치형태라도 그것이 자발적인 충성에 의해 이루어질 때 진정한 것이 될 수 있다고 믿은 것이다.

사울도 역시 자신이 왕이 되었다고 해서 다른 사람들 보다 더 특별한 대우를 받고 싶어하거나 특별한 조직을 만들 생각은 없었다. 그래서 기브아에 있는 자신의 땅에다 궁전을 지었는데 말이 궁전이지 협소하기 이를데 없었다.

기브아에서 발견된 사울이 거주하던 성읍에선 가장 화려할 것이라고 생각되는 알현실로 여겨지는 가장 큰 방 조차도 그 크기가 2.5미터와 8미터 정도밖에 되지를 않았다고 하며 왕궁안에서 사용되는 토기와 성 밖의 일반 평민이 사용하던 토기가 아무런 차이가 없어 왕적 신분이 구별되지 않았음을 알 수 있다.

반면 블레셋의 5개 주요도시 중에 하나였던 아스돗의 유적지를 보면 많은 유물과 공공건물, 개인건물, 성채, 성벽의 흔적등이 발굴되어 훨씬 발달된 사

회의 모습을 보여 주었다

사울의 군사 조직 역시 성경에는 단 한명의 관리 곧 군대장관이자 사울의 사촌인 아브넬만이 나와 있고 그의 아들 요나단만이 등장할 뿐인 것으로 보아 국가에서 주는 월급을 받는 직업적인 장교역시 형성되지 않았던 것 같다. 단지 사무엘상 20장 24절 부터 보면 매월 새달이 떴을 때 전국의 부족 대표를 한자리에 모아 국가의 문제를 토의하고 정책을 세우는 월례회 정도가 국가회의의 전부였던 것 같다.

사울에겐 2천명의 군사를 둘 뿐이었고 요나단에게 천명의 군사를 주었지만 그 군사들 역시 길르앗에서 암몬 군사를 격퇴할 때 획득한 전리품으로 운영을 한 것이다.


사울이 길르앗 산지의 동족을 괴롭히던 암몬의 왕 나하스를 ㅈ퇴하고 나서 2년 뒤, 사울은 여리고의 옆에 있는 길갈이라는 곳에 자리를 잡고 있었는데 그것은 이스라엘 땅 뿐만아니라 길르앗 야베스를 포함한 암몬까지 견제하기 위함이다.

그의 아들 요나단이 아버지의 고향인 기브아로 갔을 때였다. 이스라엘 백성들이 하나같이 손 끝에 헝겊을 감고 다니는 것을 발견했다.

"아니 모두들 이게 웬일입니까? 손을 다쳤나요?"

요나단이 길에서 만난 사람에게 물었다.

"블레셋 사람들은 쇠로 된 삽이나 괭이로 밭을 일구는데 우리는 쇠를 구할 수가 없어서 손으로 밭을 갈고 있죠. 그러니 손가락이 남아날 리가 있습니까?"

"그럼 우리도 블레셋 사람들 처럼 쇠로된 연장을 사용하면 되잖습니까?"

"그게 말이 되나요? 블레셋 사람들이 툭하면 우리마을로 쳐들어 와서 쇠붙이란 쇠붙이는 모두 쓸어가는데…"

"이런 나쁜 놈들 같으니라고…그 놈들이 지금 어디에 있습니까?"

"블레셋 수비대가 우리 마을 주위에 삥 둘러서 지키고 있습니다."

그말을 들은 요나단은 손에 힘을 주었다.

"안되겠어. 블레셋 군사들을 쫓아내 버려야지."

요나단은 군사들을 이끌고 블레셋 수비대를 공격한 다음 너무도 쉽게 격퇴를 해 버렸다.

이 소식을 들은 블레셋은 몹시 분노를 했다.

안 그래도 특별한 구심점없이 광야에서 유목생활을 하던 이스라엘 백성들이 다른 나라들 처럼 스스로 왕을 뽑고 강력한 국가를 형성하게 되는 것 같아 우습잖게 생각하던 차였는데 왕도 아닌 왕의 아들한테 자기들의 수비대가 공격을 받았다고 생각하니 이것은 분명히 모욕이라고 생각을 했던 것 같다.

블레셋은 즉시 보병 30만명, 병거 3만명, 기병 6천명의 군사를 모아 기브아로 출동해 기브아 근처의 믹마스라는 곳에 진을 치기 시작했다.

상황은 악화되었다.

이제 요나단을 포함한 이스라엘의 군사는 사면초가에 빠진 셈이다.

기브아의 사람들은 괜히 벌집을 건드린 것이 아닌가 원망의 소리를 내기 시작했다. 이 소식이 또 다시 길갈에 있던 사울왕에게로 전달되었다.

사울은 깊은 생각에 잠겼다.

블레셋이 겨우 천명의 군사 밖에 없는 요나단에게 당했다고 해서 그렇게 많은 숫자의 군사들이 믹마스로 몰려와 진을 치고 있다는 것은 분명 블레셋이 이스라엘의 새로운 왕정체제를 두렵게 여기고 아예 초기에 뿌리를 뽑아 전복시키려는 의도가 분명할 것이라고 생각한 것이다. 그렇다면 블레셋은 기브아를 점령하는 것만으로 만족하지 않고 기브아에서 멀리 떨어져 있는 길갈의 자신에게까지 쳐들어 오게 될 것이라는 계산에 이르렀다.

그 당시 블레셋 군사들이 들고 다녔던 철제로 된 무기들. 이스라엘 군사들에겐 이런 철제 무기가 없었다.

그렇다면 이렇게 앉아서만 당할 수는 없는 일이 아닌가?

사울은 곧바로 백성들에게 호소를 했다.

"여러분 언제까지나 이렇게 블레셋 사람들에게 당하고만 살겠습니까?

우리도 이제 일어납시다. 우리가 누굽니까? 길르앗으로 쳐들어 온 암몬의 나하스까지 물리쳤던 이스라엘 아닙니까? 그에 비하면 블레셋 군사 정도는 얼마 안되니 우리힘으로도 충분히 싸워서 이길 수가 있습니다. 저를 믿으십시오."

그러자 이스라엘의 젊은 남자들이 우르르 몰려 들었다.

이제 사울은 2년전 길르앗에서 맛 보았던 승리의 기쁨을 누릴 일만 남았다고 생각했다. 그리고 사울은 사람을 시켜 라마에 있는 사무엘을 모셔 오라고 했다.

아무리 사기가 하늘을 찌를듯한 이스라엘의 군사들이 블레셋과 전쟁을 앞두고 있다고는 하지만 그래도 자기를 왕으로 세운 사무엘 선지자에게 자문을 구하고 전쟁에 나가기 전에 하나님께 제사를 드려야 한다고 생각했기 때문이다.


사무엘을 부르러 갔던 사람이 돌아왔다.

"왜 혼자 왔느냐? 사무엘 선지자는 어쩌고?"

그러자 그 사람이 뜻밖의 대답을 했다.

"사무엘 선지자께서 칠 일만 기다려 달랍니다. 그러면 여기 와서 제사를 드리고 그런 다음에 전쟁에 나가시면 된다고 하셨습니다."

그 소리를 들은 사울은 어이가 없었다.

"아니 칠 일씩이나 기다리라고? 왜 무엇 때문에 여기까지 오는데 칠 일씩이나 걸려?"

"글쎄요 그 이유는 모르겠습니다."

"지금 하나님께서 세우신 이스라엘이 블레셋 때문에 백척간두에 서 있는 마당에 뭣하러 칠 일씩이나 지체를 한단 말야. 당장 모셔와. 당장…"

사울은 눈에 불똥을 튀기며 소리를 질러 댔지만 이젠 어쩔 수 없는 상황이었다. 하기야 사무엘이 있는 라마에서 길갈까지 맘만 먹으면 천천히 걸어서도 하루나 이틀만에도 도착할 수 있는 거리인데 칠 일씩이나 뒤에 나타난다는 이유를 사울은 도무지 이해할 수가 없었다.

"할수 없지. 기다리는 수 밖에… 그나 저나 저 이스라엘 군사들을 무슨 수로 칠 일씩이나 기다리게 하지? 그동안 블레셋의 대군이 기브아를 치고 마침내 이곳 길갈로 쳐들어 오면 어쩐단 말인가?"

사울의 그런 걱정은 곧 현실로 이어졌다.

기브아의 근처인 믹마스에 도착해 있는 블레셋의 군사들의 숫자가 생각만큼 적지 않았으며 그들은 또 쇠로 된 무기들을 들고 있어서 아무리 이스라엘의 젊은 군사가 대적한다 해도 기껏해야 뾰족한 나무꼬챙이와 방패를 들고 있는 이스라엘 군사들에겐 승산이 없다는 소문이 퍼지기 시작한 것이다.

그러자 몰려 들었던 이스라엘의 젊은이들 중에 몇몇은 자신의 집으로 돌아가 굴속에 숨고 어떤이는 땅속에 숨었으며 또 심지어 어떤이들은 요단강 건너 길르앗 야베스로 도피를 했다. 길갈은 여리고에서 부터 동쪽으로 불과 몇 km 떨어진 곳이었고 길갈에서 몇발자욱만 뛰어가면 요단강이 나오는 곳이라 길르앗까지 도망가는 것은 그다지 어려운 일이 아니었기 때문이었다.

한마디로 며칠전의 그 사기가 넘치던 이스라엘 군사들은 지금 싸움도 변변히 해 보기 전에 패잔병과 같은 상황이었으며 통제 불능의 상태로 되어 버린 것이다.

사울은 초조해 지기 시작했다.

"오늘이 며칠째야?"

"사흘이 지났는데요?"

"그럼 아직도 나흘이나 남았단 말야? 군사들은 절반 이상이나 도망갔는데?"

그때 한 남자가 사울왕에게 다급히 뛰어왔다.

"왕이시여 큰일입니다. 아무리 말려도 우리 군사들이 모두 도당가고 있습니다

나머지 군사들도 모두 두려움에 떨고 있고 자기들도 도망가야 하는 게 아닌가 걱정하고 있습니다."

"나도 알고 있어, 잠시만 붙들어 놔! 사무엘 선지자가 곧 온다잖아."

사울은 막사에서 나와 사무엘이 오게 될 길목을 바라보았다. 그러나 사무엘의 그림자 조차 보이질 않았다.

"도대체 왜 안 오는 거야?"

사울은 점점 초조해 졌다. 그렇게 숨이막히는 나날이 이어졌다.

드디어 칠 일째 되는 날이었다. 하루종일 사울은 식음을 전폐한 채 언덕위로 올라가 사무엘이 나타나기만을 기다렸다. 하지만 그날도 땅거기가 질 무렵

까지 사무엘의 모습은 보이질 않았다. 그러자 사울은 조용히 말했다.

"안되겠어, 제사 준비를 해!"

"사무엘 선지자가 아직 오시질 않았는데요?"

사울은 들릴 듯 말 듯 작은 소리로 혼자 중얼 거렸다.

"제사는 내가 드린다."

그러자 주변에 있던 사람들이 모두 놀랐다. 혹시 잘못들은 것은 아닐까?

"왕이시여 제사는 제사장만이 드릴 수 있는 겁니다."

"나도 알아, 하지만 지금 더 이상 기다릴 시간이 없잖아. 오늘이 마지막 칠일째야, 근데 왜 안타나는 거냐구?

이스라엘의 왕은 나야, 왕이 내 맘대로 할 수도 없다면 그게 무슨 왕이야?

그럴려면 왜 나를 왕으로 세웠어? 자기가 왕을 하지?"

이스라엘의 상징인 메노라는 옛날 제사장들이
제사를 드릴 때 사용하던 일곱촛대의 모양과
똑같다.

"그래도 왕이시여 제사는…"

"잔소리 마라, 제사는 내가 드린다."

"왕이시여, 조금만 더 기다리시는 것이…"

"지금 블레셋 군사들이 개미떼 처럼 기브아의 코앞인 믹마스에 진을 치고 있어. 지금 우리가 그곳으로 가지 않으면 그들은 몇 년전 실로를 그렇게 했던 것처럼 기브아를 쑥대밭으로 만들고 곧이어 여기 길갈까지 쳐들어와서 우리를 살육하고 우리의 부인들을 노예로 만들어 버릴거야. 이래도 나보고 가만히 있으라는 건가?"

아직도 흥분이 가라앉지 않은 사울이 제단앞으로 걸어갔고 모두들 두려움속에 사울의 행동을 지켜 보았다. 사울은 조심스럽게 제단에 불을 지폈고 하얀 연기가 하늘을 향해 올라가기 시작했다.

그렇게 제사를 막 끝냈을 때였다.

"왕이시여, 사무엘 선지자가 도착했습니다."

"제사를 끝내니까 나타나시는군, 이제 오면 뭘해?"

손을 씻으면서 소식을 들은 사울은 옷에다 아무렇게나 손의 물기를 닦으며 사무엘이 오는 쪽을 향해 걸어갔다.

"어서 오십시오, 사무엘 선지자시여. 발걸음이 늦으셨군요"

사무엘의 표정이 굳어 있었다. 아마도 멀리서 하늘로 올라가는 하얀 연기를 보았던 것 같다.

"저게 무슨 연기죠?"

"제가 제사를 드렸습니다."

그러자 사무엘은 눈을 감았다. 이미 어느정도는 눈치를 채고 있었던 듯 했다. 사울은 사무엘의 그런 모습을 한동안 물끄러미 쳐다 보았다. 그것은 아마도 사무엘에 대한 분노와 안타까움, 그리고 자신이 저지른 잘못에 대한 변명내지는 당당함을 표현하기 위한 일종의 반항심 같은 것이었으리라.

잠시후 사무엘이 어떤 역정을 낸다하더라도 사울은 충분히 답변할 수 있다는 자신감마저 갖고 있었던 것 같았다.

드디어 사무엘이 눈을 뜨고 사울에게 말을 했다.

"만일 당신이 의인이었고 내 말을 불순종하는 것보다 성급하게 행동하지 않았다면 당신과 당신의 후손은 오랫동안 이 나라를 다스릴 수 있었을 텐데…"

너무도 조용하고 침착하게 말을 마친 사무엘이 돌아서 왔던 길을 향해 다시 가기 시작했다.

그러나 사울은 사무엘을 잡지 않았다.

그 대신 손을 불끈 쥐었다

"어쩔 수 없었어…"


사울은 남아있던 600명의 병사만 거느리고 기브아로 찾아가 이제나 저제나 아버지 사울왕이 오기만을 기다리던 요나단을 만났다.

멀리서 부터 병사들과 함께 다가오는 아버지를 보고서야 맘이 놓였던 요나단은 겨우 600명의 병사를 몰고 왔다는 사실을 알고 또 다시 놀라지 않을 수 없었다. 하지만 지금 그게 문제가 아니었다.

어떻게 해서든 적은 숫자의 병력으로 저 많은 블레셋 군대와 맞서 싸워야 하고 그렇려면 뭔가 특별한 전략이 있어야 했다. 더군다나 블레셋 군사는 철제무기를 손에 들고 있었지만 이스라엘 군사들은 철체무기는커녕 제대로 된 군사훈련 조차 받아 본 적이 없지 않은가?

요나단은 이런 말도 안되는 숫자의 군사력으로는 블레셋과 싸워 승산이 없다는 것으로 판단을 했다. 그렇다고 아버지 사울에게 그런 말을 할 상황도 아니었다. 요나단은 뭔가 특별한 전략이 있어야 한다고 생각했다.

블레셋의 진영은 작지만 날카롭고 긴 세 개의 봉우리를 가진 절벽위에 위치하고 있었다. 그리고 주위에는 적의 공격을 저지하는 방어선처럼 바위가 빙 둘러 놓여져 있었다. 따라서 블레셋의 보초병들은 이렇게 험난한 자연 지형위에 자리를 잡고 있었기 때문에 이스라엘 군사들이 설령 온다하더라도 자기들이 있는 곳까지는 접근은 커녕 감히 올라오지도 못할 것이라고 생각을 하고 경계를 소홀히 하고 있었다.

요나단의 전략은 바로 그점을 역으로 이용하자는 것이었다.

"우선 내 아버지 사울왕에게는 말하지 말고… 체력이 좋고 바위를 잘 타는 몇사람만 나를 따르라. 우리는 내일아침 날이 밝자마자 맨몸으로 산꼭대기의 바위를 기어 올라갈 것이다."

아스돗에 있는 블레셋 유적지. 이집트 룩소르의 카르낙 신전에서 볼 수 있는 거대한 돌기둥은 아니지만 그래도 블레셋 사람들의 석조기술을 엿볼수 있다.

"그러다가 블레셋의 보초병에게 발각이 되면 어떡하죠?"

"물론 그렇겠지. 그들은 우리를 우습게 보고 손가락질 하면서 야유를 보낼거야. 하지만 그것이 우리의 공격 신호가 될 것이다. 그러면 우리는 작전을 계속 진행하게 될 것이고 그들이 우리를 발견하고도 아뭇소리를 하지 않으면 우리의 작전은 취소하고 되돌아 오는 것이다."

동이 트기전, 요나단과 몇명의 특공대원들이 블레셋 진영으로 접근하기 시작했다. 그러자 아나나 다를까 산꼭대기에 있던 블레셋의 보초병들이 이들을 발견하고는 소리를 지르기 시작했다.

"야 이 겁쟁이놈들아, 이제야 동굴속에서 나왔느냐? 그렇다고 네들이 우리를 이길 수 있을 것 같애? 올라 올려면 올라와 봐."

그들의 웃음소리가 산계곡에 메아리쳤다. 그러자 요나단이 눈짓을 했다. 특공대원들은 산비탈에 몸을 숨겨 보초병이 없는 험준한 바위를 타고 올라가기 시작했다.

이미 바위를 잘 타는 사람들로만 구성된 특공대원들이었기 때문에 그들의 산행은 어렵지 않았지만 그래도 그들은 자신들에게 이스라엘 전체의 안전이 달려 있다는 생각에 온힘을 다해야만 했다.

드디어 그들은 블레셋 군사를 동시에 공격할 수 있는 위치에 자리잡았다.

시간은 새벽이었다.

밤새 보초를 서던 보초병이 아침에 교대를 하기 위해 다음 보초병이 오기만을 기다리며 창을 들고 꾸벅 꾸벅 졸고 있었다.

바로 그때 요나단이 손짓을 하자 특공대원 중 2명이 전광석화처럼 달겨들어 그 보초병의 옆구리에 있던 칼을 뺏어 들어 목을 베었다. 그리고는 그 잘려진 머리를 블레셋 군사의 막사에 집어 던지자 안에서 자고 있던 블레셋 군사들은 기겁을 하고 밖으로 뛰어 나왔다.

그들은 마침내, 놀란 것을 넘어 혼비백산 했고 막사의 여기 저기에 흩뿌려지는 블레셋 군사의 시뻘건 피를 보자 자기의 칼을 뽑아 눈에 닥치는대로 서로 찌르고 죽이는 것이 아닌가?

그 틈을 이용해 특공대원들은 우왕좌왕 하며 뛰어 다니는 블레셋 군사를 죽였는데 그 숫자가 20명이었다. 실로 적은 숫자의 특공대원이 보여준 눈부신 전과였다. 어떤 블레셋 군사는 무기를 버리고 도망을 갔고 허둥대던 몇 명의 블레셋 군사는 그 높은 바위산 꼭대기에서 아래로 비명을 지르면 떨어져 죽어 갔다.

요나단의 이같은 비밀작전의 성공 소식을 들은 사울은 혼자 중얼거렸다.

"젊은놈이라 확실히 용기가 대단하군… 나보다 나아…"

그제서야 사울은 자신이 이끌고 온 600명의 군사들에게 소리를 질렀다.

"자, 이제 우리의 전쟁은 시작되었다. 블레셋 군사의 옷을 입은 놈은 한놈도 남기지 말고 모두 잡아 죽여라."

그러자 사울과 함께 있던 군사들이 '와'하는 소리와 함께 뛰어가기 시작했고 그 엄청난 함성을 들은 블레셋의 군사들은 앞다투어 도망가기에 바빴다.

그 모습을 뒤에서 지켜 보던 사울이 다시한번 속으로 되뇌었다.

"어쨋든 이기잖아…제사를 누가 드리던간에…"

사울은 그동안 이스라엘 백성들의 정신세계를 감싸고 있었던 신정정치와 왕정정치의 사이에서 이렇게 한가지만을 선택할 수 밖에 없었던 것이다.

그 다음 일이 어떻게 되던…

# 누가 내편이란 말인가?

블레셋 군사들의 허둥지둥 도망가는 모습을 본 사울왕은 감정이 복받쳐 올랐다.

그동안 그렇게도 오랫동안 이스라엘 민족을 괴롭히던 블레셋 군사들이 자기의 아들 요나단과 단지 몇 명의 특공대원들에 의해 살해되고 나머지 군사들도 도망가는 모습이라니…

요나단과 그를 따르는 군사들은 벌써 몇km나 떨어진 에브라임 산지까지 진격하고 있었는데 이곳은 숲과 나무가 많은 산악지역이었다.

아무리 기세가 하늘을 찌를듯한 이스라엘 군사들이라고 할지라도 어젯밤 밤새 뜬눈으로 작전을 지켜 보고 있다가 빠른 속도로 도망가는 블레셋의 군사들을 뒤쫓아 오는 일이란 엄청난 체력을 소모하는 일이 아닐 수 없었다.

요나단 뿐만 아니라 그의 군사들은 모두 지쳐 있었다.

아직까지 체계적인 군사조직을 갖추지 못했던 요나단의 군사들에겐 병참부대가 뒤따르지를 못하고 그저 맨몸에 동물의 가죽으로 된 방패와 날카로운 나무창만 들고 험난한 산을 타고 있었던 터라 그들은 벌써 지칠대로 지쳐 있었던 것이다. 어젯밤부터 아무것도 먹지 못했던 요나단과 그의 군사들은 풀썩 주저 앉았다.

"이곳에서 잠시 쉬자. 군사들은 잠시 쉬면서 대열을 재정비하라."

군사들은 천근만근 무거워진 몸을 아무렇게나 땅에 내던졌다.

"먹을 것이 없는가?"

"네 아무것도 없습니다."

"이런 세상에… 군사들을 제대로 먹이지도 못하고 무조건 진격만 하라고 하다니…"

바로 그때, 요나단의 팔뚝에 벌이 한 마리 앉았다.

순간 요나단은 중얼거렸다.

"벌이 있다는 것은 분명 이곳 어딘가에 벌집이 있을 것이다. 우선 벌집을 찾아 꿀이라도 먹어 허기를 채우는 것이 어떤가? 군사들을 시켜서 벌집을 찾아 꿀을 퍼와 군사들에게 꿀을 먹이도록 하라"

그러자 군사들은 산속에 흩어져 여기저기서 벌집을 찾아왔고 그중에 가장 깨끗하고 맛있는 꿀을 요나단에게 가져왔다.

"역시 하나님은 우리를 굶기시지는 않는군…"

요나단은 군사들과 함께 꿀을 허겁지겁 먹어댔다.

바로 그때였다. 숲속에서 누군가 뛰어오고 있었다.

"요나단이시여 먹던 것을 멈추십시오."

그 남자는 벌써 수십km를 단숨에 달려온 듯 숨이 턱까지 차올라 그 다음 말을 제대로 잇지 못하고 있었다.

"넌 어디서 온 누구냐?"

"저는 사울왕이 보낸 전령이옵니다."

"그런데 왜 먹던 것을 멈추라고 하는 건가?"

"사울왕께서 블레셋 군사를 뒤쫓는 이스라엘 군사들은 절대로 밤이 될 때까지 아무런 음식을 먹지 말고 블레셋 군사를 쫓아가 모두 진멸하라고 하셨습니다.

만약에 밤이 되기전에 적을 추격하는 것을 멈추고 어떤 음식이던지 먹는 자는 왕의 저주를 받게 될 것이라고 말씀하셨습니다."

그 순간 입에 꿀을 넣었던 몇 명의 군사들이 요나단의 눈치를 보며 슬그머니 입밖으로 뱉어냈다.

요나단은 어이없는 표정으로 전령을 쳐다보았다.

"아무것도 먹지 말라고?

지금 군사들이 모두 지쳐서 쓰러지기 직전인데도 아무것도 먹지 말고 어떻게 적들을 쫓아가 목을 벤단 말인가? 우린 지금 먹을 게 아무것도 없어. 이제 겨우 벌집을 몇 개 구해 꿀이라도 발라 먹어 힘을 내서 적을 추격해 더 많은 적을 따라 잡고 죽여야 할 것 아닌가?"

"사울왕의 명령입니다."

이들의 대화를 옆에서 듣고 있던 군사들은 여전히 손에 꿀을 잔뜩 묻힌 채 입에 집어 넣지도 못하고 그대로 얼어붙은 듯 서 있기만 할 뿐이었다.

"뭣들 하는가? 어서 손에 들고 있는 꿀을 먹고 힘을 내지 못할까?"

다급해진 전령은 다시한번 얘기를 했다.

"요나단 왕자시여 이건 당신의 아버지 사울왕의 명령입니다."

"아버지의 명령은 현실을 모르고 하는 소리야. 당장 여기 와서 이 군사들의 지친 모습을 보라고 해! 어서 먹지 못할까?"

요나단이 이렇게까지 큰 소리로 군사들을 질책한 것을 그들은 본 적이 없었다. 그러나 아무도 꿀을 입에 넣지 않고 있었다.

그때였다. 요나단은 칼을 꺼내 병사들의 목에 갖다댔다.

"우린 지금 이것마저 먹지 않으면 한발자욱도 앞으로 갈 수가 없어. 아니 돌아갈 힘도 없어. 여기서 그대로 지쳐 쓰러져 적의 칼을 받을텐가? 어서 먹어, 어서 먹고 힘을 내란 말야."

그래도 군사들은 꿈쩍하지 않았다.

"좋아 그렇다면 내가 먼저 먹지."

요나단은 그 자리에서 보란 듯이 꿀을 벌집채 우걱 우걱 씹어 먹었다.

"자 이래도 안 먹을 건가? 내가 왕의 명령을 어겼다. 네들은 먹지 않고 왕의 명령을 따를텐가?"

그러자 군사들은 서로의 눈치를 살피다가 누군가 요나단과 함께 꿀을 먹자 그제서야 허겁지겁 먹어댔다.

"자, 다시 진격한다. 어서 가서 블레셋 군사들을 모두 죽이자."

어느 정도 허기를 달랜 요나단과 그를 따르는 군사들은 기력을 되찾고 도망가던 블레셋 군사들을 쫓아가 죽이며 그들이 갖고 있던 창과 갑옷 방패 등의 많은 전리품을 노획했다. 뿐만 아니라 그들은 또한 블레셋 마을의 많은 가축을 사로 잡은 후에 죽여서 고기를 피와 함께 먹은 것이다.

이제 요나단과 그가 이끄는 이스라엘 군사들은 누가 보아도 완벽한 승리자의 모습들이었다.


한편 그 시간, 사울은 제사장 아히둡을 불러 적의 진영을 습격해 적을 살육해도 좋은지 하나님께 여쭈어 보라고 말했다.

사울은 비록 자신이 사무엘 선지자를 기다리지 못하고 자기가 직접 제사를 드림으로써 사무엘의 질책을 받긴 했지만 이제 어느정도 상황이 정리가 된 상태에선 그 다음의 전략에

에브라임 산지의 무화과 나무. 무화과 나무는 재배과수로 세계에서 최고의 역사를 가졌다. 꽃이 눈에 띄지 않고 열매를 맺는다고 해서 무화과라고 했지만 열매의 높은 당도 때문에 유난히 벌이 많이 모인다.

대해서 만큼은 하나님의 뜻을 알고 싶었던 것이다.

사실 사울왕은 처음부터 사무엘의 뜻을 거스릴 의도는 전혀 없었다. 사울은 사무엘을 기다릴 만큼 기다렸으며 이스라엘 군사들이 겁을 먹고 도망가는 어쩔 수 없는 상황에서 취한 행동이었던 것이다.

그러나 제사를 끝마친 제사장 아히둡의 얼굴은 어두워 있었다.

"하나님께서 뭐라고 하시던가?"

"아무런 대답이 없으십니다."

"그럴 리가 있나? 우리가 적의 진영을 습격해도 좋은지 안 좋은지 뭐라고 대답을 해주셔야 할 것이 아닌가?"

"그러게 말입니다."

"얼마전까지만 하더라도 우리가 원하는 모든 것을 미리 아시고 허락해 주시던 하나님께서 이번 우리의 물음에 대답하기를 꺼려 하시는데는 필히 무슨 이유가 있을 것이다. 필시 우리가 모르는 죄를 누군가 범한 것이 분명해. 그렇지 않고서야 하나님께서 침묵하실 리가 없잖은가?"

사울의 그런 생각은 진심이었다.

누가 뭐래도 사울은 하나님의 선택으로 이스라엘의 첫 번째 왕이 되었으며 그래서 더욱 더 하나님의 뜻에 민감하지 않을 수 없었던 것이다. 그런 사울에게 하나님의 무응답은 분명 두려울 수 밖에 없는 사안이었던 것이다.

"우리 중에 범죄한 자가 있다구요?"

우린 그동안 왕과 함께 여기서 기다리고 있었잖습니까? 왕이 범죄치 않았다면 우리 역시 범죄할 수 있는 시간이 없었습니다."

"그래, 그건 나도 알아. 그렇다면 말야…"

순간 곁에 있던 사람들이 사울왕의 입만 바라보았다.

"우리 중이 아니라면… 그렇다면 내 아들과 그를 따르는 군사들이란 말인가?"

"그럴 리가 있겠습니까? 요나단 왕자께서 범죄하다니요."

"설사 내 아들이 죄를 범했다 하더라도 나는 용서치 않을 것이다. 내아들이 어디에 있던지 당장 내게로 오라고 하라."

한참 뒤, 전장에 나가 있던 요나단이 사울왕 앞에 불려 왔다.

"내가 제비뽑기를 해서 왕이 되었다고는 하지만 그 제비뽑기에도 하나님의 뜻이 담겨 있었기 때문에 왕이 된 것이다. 하나님은 때로 제비뽑기를 통해 우리의 길을 안내하시고 판단할 수 있게 하신다. 우리 중에 누군가 죄를 지은 것이 분명하니 지금부터 제비뽑기로 그 죄인을 가려 내자. 그리고 그 죄인은… 내가 분명코 말하건데 죄의 값을 치루리라."

왕과 그 앞에 있던 수많은 사람들은 분위기가 무거워 졌다. 도대체 누가 이들 중에 죄를 지었단 말인가? 그리고 제비뽑기에선 누가 선택될 것인가?

드디어 제비뽑기가 이어졌다.

제비를 뽑고 그것을 확인하는 순간 순간마다 여기 저기서 안도의 탄성이 들려나왔다. 그것은 나는 살았다는 의미였다. 그런데 놀라운 일이 벌어졌다.

요나단의 제비가 뽑힌 것이었다.

순간 사울과 요나단 그리고 그 주위에 있던 모든 사람들의 얼굴이 석고처럼 굳어 버렸다. 그동안 여기저기서 나는 살았다고 좋아했던 사람들은 마치 죄를 지은 것처럼 자기들의 감정을 어떻게 감춰야 할지 모를 정도로 당황하기 까지 했었다.

"아들아, 난 그동안 너를 너무도 자랑스러워 했다. 그런데 이게 어쩐 일이냐? 네가 대체 무슨 죄를 범했단 말이냐?"

그러자 요나단이 고개를 떨구며 대답을 했다.

"아버님, 저는 아버님이 맹세와 저주를 선포하신 것을 알면서도 그만 적을 추격하다가 꿀을 먹은 적이 있습니다. 그러나 그것은 어쩔 수 없는 일이었습니다."

사울은 눈 하나도 깜짝하지 않고 요나단을 바라보았다.

"진정 네가 나의 명령을 전달 받고도 듣지 않았단 말이냐?"

요나단이 다시 아버지 사울왕에게 말을 이었다.

"아버님, 저는 제 목숨을 살려 달라고 애걸 복걸하지 않겠습니다. 영광스러운 승리를 거둔 이 마당에 맹세를 지키시려는 아버님의 경건함 때문에 죽어야 한다면 죽음은 오히려 제게는 기쁨이며 큰 위로가 됩니다. 이스라엘 백성들이 블레셋을 진멸하고 승리한 것을 보고 눈을 감는데 무슨 아쉬움이 있겠습니까?"

"네가 지금 그런 소리를 한다고 하나님의 진노하심이 풀릴 것 같으냐?"

"아버님, 다시 말씀드리지만 어쩔 수 없는 상황이었습니다. 저를 비롯해서 저를 따랐던 많은 군사들이 허기를 이기지 못하고 지쳐 쓰러지는데 어찌 먹을 것을 눈앞에 두고도 먹지 못하게 한단 말입니까?"

그러자 사울은 냅다 소리를 질렀다.

"하나님께서 제사를 받지 않았어. 하나님께서 제사를 받지 않는데 무슨 변명을 한단 말야! 다른 사람도 아니고 네가 어떻게 나의 명령을 알면서도 거역을 한단 말이냐?"

"아버지께서도 사무엘 선지자가 도착하기 전에 제사를 먼저 드리시지 않았습니까? 물론 그때도 역시 어쩔 수 없는 상황이었구요. 저도 어쩔 수 없는 상황이었습니다.”

“뭐라구? 지금 네가 나한테 그런 소리를 하느냐?”

사울은 너무도 흥분해서 자기의 옆구리에 차고 있던 칼을 높이 빼들었다.

“네 이놈, 나는 이나라의 왕이야. 아들이 아버지 왕의 명령을 듣지 않는데 누가 왕의 명령에 따른단 말이냐? 난 분명히 백성들 앞에 맹세를 했다. 비록 내 아들이 죄를 지었다 하더라도 용서치 않겠다고… 목을 빼라”

분위기는 말할 수 없이 험악해졌다.

사울은 여전히 살기가 등등했고 요나단은 그저 고개를 내민 채 모든 것을 단념한 것 처럼 눈을 감고 있었다. 사울은 금방이라도 칼을 내리칠 것 같은 기세였다.

바로 그때였다.

“왕이시여, 지금 이 자리에서 이런 말씀을 드리는 것이 무척 두렵기는 하지만 꼭 드려야 할 것 같습니다. 요나단이 누굽니까? 사울왕께서 가장 아끼는 아들이며 지금 우리가 이렇게 승리의 기쁨을 누릴 수 있게 한 주인공이 아닙니까? 비록 요나단 왕자께서 왕의 명령을 어긴 것은 분명 잘못이긴 하지만 그래도 왕자께서 이뤄 내신 승리는 우리 민족에게 너무나 값진 것이라고 생각합니다. 우리는 지난 수대에 걸쳐 블레셋 군사들에게 고통을 당했으며 제 가족과 친구들이 블레셋 군사들에게 죽음을 당했습니다. 블레셋은 우리 민족의 끊임없는 원수 였고 그 원수들을 보기좋게 물리친 자가 바로 요나단 왕자였습니다. 요나단 왕자의 승리는 단순한 의미가 아니라 우리 민족에게도 승리할 수 있다는 자신감과 미래를 꿈꿀 수 있게 한 엄청난 의미의 사건이라고 할 수 있습니다.

그런데 지금 단한번의 잘못을 용서치 못하시고 요나단을 처형하신다면 우리는 또다시 실의와 절망에 빠질 수 밖에 없게 될 것입니다. 왕이시여, 지금 왕의 분노는 충분히 알고 있습니다. 그러나 다시한번 간곡히 부탁을 드립니다. 요나단 왕자를 용서하여 주십시오."

누군가 용기를 갖고 이렇게 간곡히 얘기를 했다.

그러나 그의 이런 말이 더욱 사울왕의 분노를 사게 한 것일까? 사울왕은 그의 말을 듣는 동안에도 더욱더 입술을 깨물었다. 그리고는 차분히 말을 꺼냈다.

"그럼, 이스라엘 민족에게 자신감과 미래를 선사한 것이 요나단이란 말인가? 내가 아니고?"

"왕이시여 그런 말씀이 아니라…"

다시한번 사울왕이 소리를 질렀다. 그의 소리가 얼마나 컸던지 산계곡을 타고 메아리 칠 정도였다.

"당신 말의 뜻이 그런게 아냐?"

사울의 거친 숨소리만 들릴 뿐 또 다시 침묵이 흘렀다.

"왕이시여…"

또 다시 누군가 그 침묵을 어렵게 깨뜨렸다.

"제발 노여움을 가라앉히소서. 문제는 왕의 명령을 거역한 것만이 아니라 하나님께서 제사를 받지 않으신다는 것 아닙니까? 왕의 명령을 거역한 것은 왕께서만 용서해 주시면 되는 것이고 왕께서 하나님께 죄를 용서해 달라고 간청하시면 되는 것 아닙니까? 제발 우리 앞에서 왕의 아들이 피를 흘리며 죽어가는 모습을 보여 주지 말아 주십시오. 저희는 이번 일로 왕의 명령이 얼마나 엄청난 무게인지를 충분히 알게 되었습니다. 제발 요나단 왕자를 살려 주십시오. 왕이시여. 이모든 신하들이 간곡히 부탁하옵니다."

도대체 어디서 그런 용기가 나온 것일까? 그들은 어느새 모두가 무릎을 꿇고 머리를 조아리고 있었다.

"요나단의 목을 베기전에 네들의 목 부터 베어 줄까?"

"왕이시여, 저희들 목이 잘리는 것은 두렵지 않습니다. 하지만 백성들이 이 소식을 들으면 뭐라고 하겠습니까? 이렇게 저희가 간곡히 부탁을 하는데도 불구하고 저희들의 목을 베고 왕자의 목을 베는 왕이라는 사실이 알려지면 어떤 백성들이 왕을 존경하고 왕의 말을 따르겠습니까? 왕께선 그것이 두렵지 않습니까?"

사울은 여전히 칼을 높이 든채 한동안 요나단을 내려다 보았다.

"이젠 날 협박하는군… 모두가 한통속이 되어서 말야"

사울의 목소리엔 벌써 힘이 빠져 있었다. 그리고는 천천히 팔을 내렸다. 이어서 그의 손아귀에 꼭 쥐어져 있었던 칼도 땅에 떨어뜨려 졌다.

"요나단, 이 백성들이 너를 구했다."

그리고는 비틀거리며 숙소로 돌아갔다. 그러나 사울이 속으로 자조섞인 웃음과 함께 중얼거리는 소리는 아무도 알아차리지 못했다.

"내가 죄를 지어도 저들은 저렇게 나를 감싸 줄 수 있을까? 내 편이 있단 말인가?"

그 순간 사울은 이스라엘의 첫 번째 왕의 모습이 아니라 너무도 초라하고 쓸쓸한 모습이었다.

# 파국의 시작

사울은 타고난 군인과도 같았다. 워낙 다른 사람에 비해서 덩치가 커서 그랬는지는 몰라도 전쟁터에서 진두지휘하는 모습이란 누가 뭐래도 용맹한 장군과 다를 바 없었다.

그래서 블레셋과의 전투에서 대승을 거둔 이후 약 20년 동안 요단강 건너편의 에돔족속과 모압족속 그리고 암몬족속과 차례대로 전쟁을 치루며 역시 대승을 거두었고 멀리 북쪽에 있는 소바라는 나라까지 정벌하기에 이르렀다.

물론 사울의 곁에는 그가 사랑하는 아들 요나단과 훌륭한 장군 아브넬이 함께 전쟁터에 나가서 사울을 도왔을 뿐만 아니라 사울의 또 다른 아들들인 말기수아, 아비나답, 이스보셋까지도 전쟁에 참여했었다. 사울에겐 칼을 잘 쓰는 장군들만 있었던 것은 아니다. 에돔족속 출신이긴 했지만 사울왕 밑에서 정책적 조언을 했던 이론가 도엑, 그리고 헤브론 근처의 길로 출신인 아히도벨도 사울왕의 곁에서 끊임없이 언제 공격을 해야하고 언제 후퇴를 해야하며 어떻게 백성들을 위로해야 하는지를 알려주는 역할을 했다.

한마디로 20년의 세월을 지내면서 이제 어느정도 사울에게도 군사력과 정치력 두가지 모두를 확보한 셈이다.

그렇다면 사울이 정벌한 에돔과 모압과 암몬은 과연 어디를 얘기하는 걸까? 지도상의 이스라엘과 요단강을 국경삼아 마주한 나라가 요르단인데, 요르단을 위에서 아랫쪽으로 크게 네등분을 할 수가 있다. 맨 아랫쪽은 에돔지역 그 위가 모압지역, 그리고 암만이라고 하는 수도가 있는 지역이 암몬, 그리고 그 윗쪽은 길르앗 산지가 된다.

그러니까 사울은 요르단 전 지역을 정벌한 것이나 다름 없다. 그리고 사울이 현재의 시리아 지역인 소바를 정벌한 이유는 아무래도 암몬 윗부분에 있는 길르앗 산지에 앞서도 설명했던 것처럼 갓지파와 르우벤 지파가 살고 있어서 암몬과 소바 지역을 먼저 점령해야 길르앗을 보호할 수가 있었기 때문으로 풀이된다.

현재 요르단의 케락이라는 중부지 방에 있는 모압이름을 딴 호텔

그러니까 사울왕은 이스라엘 국가의 영토를 요르단과 시리아까지 넓힌 셈이 되는 것이니 영토 확장면에서도 엄청난 업적을 이룬셈이 된다.

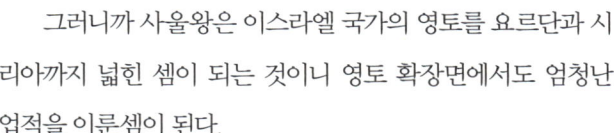

팔레스타인 지역에서도 사울왕이 이끄는 이스라엘은 이제 새로운 다크호스로 급부상하게 되었고 이젠 그 누구도 이스라엘을 건드릴 수 없게 되었으며 심지어는 이스라엘이 자기들을 쳐들어올까 봐 걱정을 할 정도였었다.

어쨌든 사울왕이 이끄는 군대가 전투에 나갈 때마다 전해 주는 승전보 소식은 오랫동안 주변 국가에 침략을 당하고 눌려 살아왔던 이스라엘 백성들에겐 얼마나 반갑고 신이나는 일인지 모른다.

그동안 제대로 된 왕도 없이 부족국가로만 살아왔던 이스라엘 백성들에게 비로소 진정한 왕의 존재 필요성을 절감했고 이젠 누가 뭐래도 완성된 왕정국가로서 손색이 없는 모습이 된 것이다.

바로 그 즈음 사무엘이 사울왕을 찾아왔다.

사울은 20년 전, 기브아에서 블레셋과의 전투에 앞서 사무엘이 도착하기 전 자기 임의대로 하나님께 제사를 드리고 전쟁을 시작한 것 때문에 사무엘이 몹시 화를 내고 돌아간 이후로 늘 맘에 걸려 있던 차였다. 아무리 전쟁터에서 이기고 돌아와 이스라엘 백성들이 즐거워 하고 자기를 자랑 스러워 한다고 하더라도 자신을 이스라엘의 첫 번째 왕으로 세워 준 사무엘 선지자와 껄끄러운 관계가 지속되고 있다는 것이 맘 편할 리가 없었다.

그런데 이제 다시 사무엘이 사울을 찾아 온 것이었다.

그것도 직접 자기 발로…

그러니 사울이 사무엘을 반갑게 맞이 하지 않을 수 있을까?

"사무엘 선지자시여, 어쩐일로 이렇게 직접 저를 찾아오셨습니까?"

"왕이시여 저는 지난 20년 동안 사울왕께서 왕으로써 훌륭한 지도력을 발휘하여 주변 국가를 정벌하고 나라의 안정과 국력을 높인데 대해서 무척이나 자랑스럽게 생각하고 있습니다."

"선지자께서 그렇게 말씀해 주시니 저는 지난 20년간 마음 한구석에 무겁게 자리잡고 있던 부담감이 싹 씻어 내려가는 듯합니다."

"왕이시여, 하나님께서 저를 통해 사울왕께 특별한 명령을 내리셨습니다."

"특별한 명령이라뇨?"

사울은 한층 기분이 고무되었다.

"아말렉 족속을 진멸하십시오."

"아말렉이라구요?"

아말렉이란 에서의 후손으로서 브엘세바 남부의 네게브 사막지역에서 부터 이집트의 시나이 반도가 시작되는 홍해있는 곳까지를 주 터전으로 살아오던 유목민들이었는데 그 옛날 모세가 이스라엘 백성을 이끌고 이집트를 탈출해 가나안 땅으로 올 때 뒤에 따라오던 힘이 약한 백성들을 뒤에서 쳐서 죽이던 야만족이나 다름없었던 민족이었다.

오죽하면 신명기 25장 17절에서부터 19절에 모세가 말하기를 '너희가 애굽에서 나오는 길에 아말렉이 네게 행한 일을 기억하라. 곧 그들이 하나님을 두려워 하지 아니하고 너를 길에서 만나 너의 피곤함을 타서 네 뒤에 떨어진 약한 자들을 쳤느니라 그러므로 네 하나님 여호와께서 네게 주어 기업으로 얻게 하시는 땅에서 네 하나님 여호와께서 너로 사면에 있는 모든 대적을 벗어나게 하시고 네게 안식을 주실 때에 너는 아말렉의 이름을 천하에서 도말할지니라 너는 잊지 말지니라'라고 했을까?

뿐만 아니라 아말렉은 그 후에도 평상시엔 가만히 있다가 이스라엘 백성들이 파종할 때가 되면 촌락으로 쳐들어 와서 토지 소산을 멸하여 이스라엘을 괴롭혔었다.

한 때는 모압과 한통속이 되어 여리고 땅을 18년간이나 점령한 적도 있었다. 하나님은 아마도 그런 아말렉이 몹시도 미웠나 보다.


"전쟁이라면 자신있습니다. 걱정하지 마십시오.

나도 언젠가는 아말렉을 징벌하리라 맘먹었었습니다. 이제야 때가 된 것 같군요."

"그러나 조건이 있소이다."

사무엘은 사울에게 뜻밖의 이야기를 꺼냈다.

"조건이라뇨?"

그 옛날 아말렉이 주로 살던 유대광야 남부 지역에 있는 아카바만. 홍해와 인접해 있는 이곳은 아말렉 백성들이 이집트에서 탈출해 가나안 땅으로 가던 이스라엘 백성들을 괴롭히기도 한 곳이다.

"가서 아말렉을 칠 때 그들에게 딸린 것은 모두 전멸시켜야 합니다. 사정을 보아 주어서는 안 된다는 얘기죠.

남자와 여자, 어린아이와 젖먹이, 소 떼와 양 떼, 낙타와 나귀 등 생명이 붙어있는 것이라면 무엇이든 가릴 것 없이 죽여야 합니다."

"아니 전쟁에 나서는 남자 어른들만 죽여도 되는데 꼭 어린이와 여자들까지 모두 죽여야 합니까? 꼭 그래야 합니까?"

그러나 사무엘은 눈하나 깜짝하지 않았다.

"그것이 하나님의 명령입니다. 어느 것 하나도 아끼거나 사정 보지 말고 모두 죽여 없애야 합니다."

사울은 사무엘의 그런 조건이 맘에 들지는 않지만 지금은 그런 것을 따질 때가 아니었다. 어쨌든 사울은 사무엘의 명령에 따르기로 한다. 그렇다면 어떻게 해야 그 거칠고 야만적인 아말렉 족속을 한 번에 없앨 수 있을까?

사울왕은 새로운 전략을 짜게 된다.

일단 사울왕은 아말렉과의 전투에 나설 사람들을 불러모으고 그 수를 헤아려 보니, 보병이 이십만 명이었으며 유다에서 온 사람도 만 명이나 되었다.

이 정도면 아말렉 정도는 얼마든지 싸워 이길 수 있는 전투력이 아닌가?

사울은 아말렉 성읍에 이르러서, 물 마른 개울에 굴을 파서 여러편으로 나누어 군인들을 매복시켰다. 그리고는 아말렉 성안으로 들어가는 물줄기 부터 막고 성안으로 들어가는 모든 길을 차단해서 더이상의 먹을 것이 들어가지 못하게 막았다. 영문도 모르는 아말렉 군사들은 갑자기 차단된 식수와 먹을 것 때문에 갈증과 굶주림에 허덕일 수 밖에 없었다.

바로 그때 높고 견고한 아말렉의 성벽을 부수기 위한 공성장비를 끌고 온 이스라엘 군사들은 일시에 소리를 지르며 아말렉 성을 공격하기 시작했다.

느닷없이 공격을 당한 아말렉은 우왕좌왕 했으며 남자 어른뿐만이 아니고 여자와 어린아이까지 닥치는 대로 파죽지세처럼 밀고 들어오는 이스라엘 군사들에게 속수무책으로 당하는 수밖에 없었다.

아말렉 성은 순식간에 아수라장이 되었고 제대로 대항한번 해 보지도 못한 상태에서 사울왕의 손아귀에 접수되고 만 것이다.

드디어 사울왕이 아말렉 성 안으로 입성을 했다.

성안에는 벌써 사울왕의 아들인 요나단이 승전깃발을 높이 세우고 사울왕을 맞이 하고 있었으며 여기저기 피를 흘리며 쓰러져 있는 아말렉 군사들의 시체가 즐비했고 아직까지 목숨을 부지하고 있는 여자와 어린아이들이 비명을 지르며 도망다니고 있었다. 바로 그때였다.

사울왕의 신하였던 아브넬이 어디선가 수염이 덥수룩한 남자 한 명을 잡아와 사울왕 앞에 무릎을 꿇렸다.

"이 자가 누구냐?"

사울왕이 승리자의 거만한 표정으로 물었다.

"왕이시여, 이자가 바로 아말렉의 왕 아각입니다."

"아말렉의 왕 아각이라구?"

"그렇습니다."

아각은 이미 패배자의 얼굴로 인상을 일그러 뜨리며 고개를 숙이고 있었다.

"어서 날 죽여라."

머리가 헝클어진 아각왕은 목을 길게 뺀 채 그저 사울왕의 처분만을 기다리고 있었다.

"이스라엘의 주인이신 하나님께서 당신네 아말렉을 치라고 명령하셨다.

그리고 아말렉의 모든 백성과 모든 가축들을 죽이라고 하셨다. 자비의 하나님께서 왜 그런 명령을 내리셨는지 너는 아느냐? 너희는 그동안 우리 이스라엘 백성들을 괴롭혀 왔으며 특히 그 옛날 모세선지자와 이스라엘 백성이 이집트를 탈출해서 가나안 땅으로 돌아올 때 도와 주지는 못할 망정 뒤에서 얼마나 많은 백성들을 죽였는지 기억하겠지? 자 이제 하나님의 심판을 받을 시간이 되었다. 목을 내밀어라."

사울은 살기가 등등한 눈으로 아각왕을 내려다 보며 시퍼런 칼을 높이 빼들었다. 아각왕은 눈을 감았다. 그리고는 사울왕의 칼을 내리치려는 순간이었다.

"사울왕이시여, 잠깐 그 칼을 멈춰 주시옵소서."

사울왕은 물론이고 그 곁에 있던 요나단과 아브넬이 소리가 나는 쪽을 바라 보았다. 그곳에는 도엑이 서 있었다.

"도엑, 칼을 멈추라니… 그건 또 무슨 말인가?"

"왕이시여, 잠깐만 칼을 멈추시고 제 말을 들어 주십시오."

사울은 일단 칼을 슬그머니 내렸다.

"그래 무슨 말을 하고 싶은겐가?"

"저 자는 아말렉의 왕 아각 아니옵니까? 저 자의 목숨은 일단 사울왕에 게 달려 있습니다. 지금 죽이던 나중에 죽이던 아각왕의 목숨은 사울왕에게 있거늘 지금 당장 죽이는 것 보다 나중 일을 잠시 생각한 다음에 죽여도 큰 일 은 없을 듯합니다."

그때 요나단이 나섰다.

"그게 무슨 말씀이십니까? 우린 지금 하나님의 명령을 수행하고 있는 중 입니다. 사무엘 선지자께서 하나님의 명령을 아버지 사울왕께 직접 전하지 않 았소? 아마렉을 정벌하고 아말렉의 남자와 여자 그리고 어린아이오- 모든 가축 들을 죽이라고 조건까지 달지 않았습니까? 이건 하나님의 명령 입니다."

"나도 알고 있소. 그래서 우린 지금 아말렉을 정벌하였고 이렇게 아각왕 까지 사로 잡지 않았소? 하지만 우린 지금 지혜를 모아야 할 때라고 생각하오. 왕이시여, 아말렉은 이제 우리의 수중에 들어왔습니다. 우리 이스라엘은 멀 리 에돔과 모압 그리고 암몬과 소바까지 점령하여 관리해야 할 영토가 늘어났 습니다. 그러나 우리 이스라엘 백성들이 모두 그 넓은 땅을 관리하기란 쉽지 가 않습니다. 그렇기 때문에 이곳 아말렉의 젊은 군사중에 힘이 센자와 어린이 들 중에서 훌륭하게 군사로 클 아이들을 산채로 데려가서 그들에게 일을 맡겨 야 합니다. 그리고 아각왕은 나중에 협상할 일이 있으면 그때 사용할 수 있을 것입니다. 그리고 이곳에 와서 보니 양떼와 소떼들 중에 살이찌고 건강한 것 이 얼마나 많습니까? 왜 이 살찐 짐승들을 그냥 여기서 죽여 버리는 것입니까? 차라리 병들고 쓸모 없는 것들만 죽이고 살찌고 건강한 것들은 데려가서 하나님께 제사드리는데 사용하는 것이 더 옳은 일이 아니겠습니까?"

도엑의 말은 나름대로 일리가 있어 보였다. 잠시 사울이 눈을 감았다. 과연 어떻게 하는 것이 옳은 일인가? 그러나 요나단은 다시한번 사울왕에게 말을 했다.

"아버지시여, 도엑의 말은 무척 지혜롭게 들리기도 합니다. 하지만 하나님의 뜻이 아니라 도엑의 뜻입니다. 아버지시여, 지금은 고민할 때가 아니라 어서 빨리 사무엘이 전한 하나님의 명령을 따라야 합니다. 어서 아각왕을 처단하셔야 합니다."

"그렇습니다. 왕이시여. 요나단 왕자의 말을 들으셔야 합니다."

아브넬까지 요나단의 말을 거들었다.

"생각을 해 보십시오. 왕께서는 지난 20년간 사무엘 선지자와의 불편한 관계 때문에 얼마나 맘 고생이 심하셨었습니까? 근데 이제서야 그 불편한 관계를 청산하실 기회가 되었는데 여기서 또 다시 사무엘 선지자의 부탁을 외면한다면 앞으로 어떡하실려고 하십니까?"

아브넬이 사울왕의 가장 아픈 구석을 정확히 찔러댔다.

도엑이 다시한번 나섰다.

"왕이시여, 제발 이렇게 중요한 일을 감정적으로 처리하실 게 아니라 이럴 때 일수록 이성적으로 처리하셔야 합니다. 물론 사울왕 앞에서 아각왕 한사람의 목숨이 죽고 사는 것은 큰 문제가 아닙니다. 하지만 나중을 위해서 잠시 보류하자는 것 뿐인데 그게 뭐 그리 대단하고 중요한 문제가 된다는 겁니까? 일단은 아각왕을 포로로 데려간 다음 나중에 필요한 구석이 있을지 없을지 다시한번 생각해 보고 그 다음에 죽여도 되는 것 아니옵니까? 여기 이 자리에서 죽인들 아니면 끌고가서 죽인들 그게 뭐 그리 중요한 문제가 된다는 것이옵니까?

더군다나 모세의 율법에도 한날에 짐승의 어미와 새끼를 죽이지 말라고 했습니다. 하물며 늙은이와 젊은이 어른과 아이를 동시에 죽이는 것이 말이 되겠습니까?"

아각왕은 마치 처분만을 기다리는 사람처럼 몸을 바들바들 떨 뿐 고개를 들지 못했다. 사울이 칼을 든 손을 내려 놓은 채 아각왕을 내려다 보았다. 요나단과 아브넬도 사울왕의 입술만 바라볼 뿐이었다.

바로 그때였다.

"일단 아각왕을 데려가도록 해라. 어서 끌고 가라."

그 순간 요나단과 아브넬은 눈을 질끈 감았다. 사울이 또 다시 하나님의 명령을 거역하는 순간이었다. 그렇다면 도엑은 도대체 어떤 인물인가? 왜 도엑은 사울왕에게 이렇게 일생일대의 중요한 실수를 하게 유도한 것일까?

사울의 몰락은 바로 이 도엑의 등장에서 부터 시작된 것이라고 해도 틀린 말은 아니었다.

# 찢어진 옷자락

길갈은 많은 사람들로 항상 북적 거렸다. 특히 사울이 거처하고 있던 건물을 중심으로 시장이 형성되어 그곳엔 전국 각지에서 올라온 장사꾼과 들판에서 낙타와 양떼를 키우던 사람들이 고기와 젖을 들고와 팔기도 했고 각종 옷감과 살림살이를 만들어 와 물물교환을 하기도 했기 때문에 그 사람들 속을 비집고 지나가기도 쉽지가 않았다.

특히 사울왕이 아말렉에서 사로잡아온 각종 동물들의 울음소리와 동물들이 배설해 놓은 오물들의 냄새가 진동을 했고 아말렉에서 포로로 잡아온 아말렉의 군사들이 무장해제 된 채로 두손과 발목이 밧줄에 묶인 채 여기저기 주저 앉아 있었고 그 사람들 사이로 돌아 다니는 이스라엘 백성들의 정신없는 소리까지 더해 한마디로 정신이 없었다.

예루살렘 구시가지의 재래식 시장. 이곳은 지금도 수많은 팔레스타인 사람들이 모이는 곳으로 이곳에 익숙치 않은 사람은 발걸음을 옮기기도 힘들 정도로 번잡한 곳이다.

바로 그때 한 어린이가 작은 종을 흔들며 나타났고 그 뒤엔 힌수염의 한 노인이 따라서 가고 있었다.

사람들은 마치 약속이나 한 듯이 그 어린이가 흔드는 종소리를 듣자마자 알아서 길을 피해 주었고 자연스럽게 생긴 길을 따라 어린아이와 그 노인은 어디론가 바쁘게 걸어 가고 있었다.

드디어 어린아이와 노인이 커다란 창을 한손에 들고 목상처럼 서 있는 한 병사앞에 멈춰 섰다.

"무슨 일이오?"

병사들이 창으로 막으며 물었다.

"사울을 만나러 왔소이다."

"사울왕께서는 지금 국사를 의논중이십니다."

"지금 국사를 의논하는 것이 하나님의 말씀을 듣는 것 보다 더 중요하다는 얘기요?"

그 노인의 말이 얼마나 무섭고 단호하던지 병사들은 더 이상 이 노인의 발걸음을 막을 수가 없을것만 같았다.

"당신이 누군데 그러십니까?"

"이 분은 사무엘 선지자십니다."

어린이가 대신 대답을 했다. 그러자 병사들은 그제서야 창을 치우며 어린이와 사무엘 선지자를 건물안으로 들어가도록 허락했다.

사무엘 선지자가 건물 안으로 들어서자 커다란 홀이 나왔고 그 홀안에는 요나단과 아브넬 그리고 도엑이 서 있었는데 사무엘이 홀안으로 나타나자 그들은 한걸음씩 뒤로 물러났다. 그러자 의자에 앉아 뭔가 근심어린 표정으로 깊은 생각에 잠겨 있던 사울왕의 얼굴이 나타났다.

사무엘은 눈을 돌려 홀안을 돌아 보았다.

홀 저만치에는 아말렉 성에서 사로잡아 온 아각왕이 두손이 뒤로 묶인 채 바닥에 무릎을 꿇고 고개를 숙이고 있었다. 이미 아각왕은 지칠 대로 지친 표정이었다.

사무엘과 눈이 마주 친 사울왕은 아주 짧은 시간동안이었지만 당황하는 기색이 역력했다. 이렇게 빨리 사무엘 선지자를 만나게 되다니… 그러다가 재빨리 사울왕은 마치 아무런 일도 없었던 처럼 밝게 표정을 바꾸며 의자에서 벌떡 일어나 사무엘을 살짝 끌어안으며 말했다.

"사무엘 선지자시여, 주의 복을 받으시기 바랍니다."

그러나 사무엘은 아무말도 하지 않았다. 사무엘이 뭔가 대답을 해 줄줄 알았던 사울은 사무엘의 무응답이 갑자기 부담으로 다가왔다. 순간 사울은 뭔가 짓누를 수 없는 불안감이 몰려왔지만 다시한번 밝은 목소리로 애써 말을 꺼냈다.

"사무엘 선지자시여, 나는 주의 명령대로 다 하였습니다. 아말렉을 진멸하였고 우리가 이겼습니다."

그래도 사무엘은 대꾸를 하지 않았다. 홀 안은 잠시 어색한 침묵이 흘렀다. 아직도 밖에서 들리는 양떼 소리가 멀리서 들려오고 있었다.

드디어 사무엘이 입을 열었다.

"그런데 지금 나의 귀에 들리는 이 양 떼의 소리와 내가 듣는 소 떼의 소리는 무엇입니까?"

사울이 대답하였다.

"아 이 소리말이군요?

이것은 아말렉 사람에게서 빼앗은 것입니다. 우리 군인들이 예언자께서 섬기시는 주 하나님께 제물로 바치려고, 양 떼와 소 떼 가운데서 가장 좋은 것들을 골라내 끌어왔습니다. 그러나 나머지 것들은 우리가 진멸하…."

그러자 사무엘이 마치 기다렸다는 듯이 큰 소리로 사울의 말을 가로채며 소리를 질렀다.

"하나님께 보답하는게 겨우 이거요?

아말렉 성에서 포로를 잡아오고 아각왕을 살려 두는게?"

"우린 지금 협상을 하고 있는 중이었습니다. 아각왕은 몸값을 받고…"

"협상? 몸값?"

"그렇습니다."

사울의 목소리는 작게 떨리고 있었지만 사무엘의 눈엔 아직도 분노의 불길이 타오르고 있었다. 사무엘은 사울에게 다가갔다. 아주 가까이… 그의 거친 숨이 사울의 얼굴에 닿을 정도로…

"사울왕이시여, 잘 들으십시오."

사무엘은 여기서 그 유명한 말을 하게 된다.

"순종이 제사보다 낫고, 말씀을 따르는 것이 숫양의 기름보다 낫습니다.

당신은 당신의 영혼을 배반했소. 하나님의 뜻은 아주 간단명료한 것이오."

그리고는 갑자기 사무엘이 사울의 옆구리에 차 있었던 칼을 뽑아들었다.

순간 요나단과 아브넬이 깜짝 놀라 자신의 옆구리에 차고 있었던 칼을 뽑기 위해 손을 갖다 대었지만 사울이 그러지 말라고 손을 내 저었고 그러자 요나단과 아브넬이 다시 칼에서 손을 내려 놓았다. 그러나 홀안의 긴장은 여전히 팽팽하게 감돌았다.

사무엘은 사울의 옆구리에서 뽑은 칼을 들고 식은 땀을 흘리며 초조하게 무릎을 꿇고 앉아 있는 아각왕에게 다가가며 여전히 큰 소리로 말했다.

"나는 질투의 신이니 이땅에서 이교도들을 몰아내리라. 또한 그들의 우상 숭배 의식을 견딜 수 없어 여기 나의 종 사울을 보내노라. 그로 인하여 아말렉을 멸하고 완전히 파괴하리라 아무것도 남김없이 남자나 여자나 노인이나 어린이나 그리고 모든 짐승들 까지도 하나도 남김없이… 왕이시여. 하나님의 명령을 기억하시오. 하나도 남김이 없어야 한다…"

그러면서 사무엘은 그 칼을 높이 들어 아각왕의 목을 향해 내려쳤다. 그 순간 아각왕의 목에서 터져 나온 피가 사울의 얼굴에 묻었고 아각왕의 잘려진 머리는 바닥에 내동그라졌다.

요나단과 아브넬은 눈하나 깜짝하지 않고 왕의 앞에서 벌어진 이 엄청난 사건을 지켜 보았지만 도엑은 눈을 질끈 감고 요나단의 몸 뒤로 고개를 숨겼다.

사울은 얼굴에 튄 아각왕의 피를 닦을 생각도 하지 못한 채 그냥 서 있을 뿐이었다. 사무엘의 이야기는 계속 이어졌다.

"우리 민족이 다른 나라처럼 왕을 원했을 때 우리는 그들과 다르다고 대답했소이다. 여호와가 우리의 신이며 왕이시다. 그러나 백성들은 말했소. 눈으로 볼 수 있는 왕을 원한다고…살과 피로 된 왕을 원한다고…"

사무엘은 바닥에 나동그라진 아각왕의 머리채를 잡아 들어 올려 사울의 눈앞에 바짝 들이댔다.

"이게 바로 당신들이 원하는 살과 피로 된 왕이오. 여기 눈에 보이는 왕이 있소이다."

너무도 순식간에 목이 잘린 아각왕은 미처 눈을 감지도 못하고 있는 상태였다. 아각왕의 목에선 아직도 시뻘건 피가 뚝뚝 떨어지고 있었고 피비린내가 홀안을 진동했다.

사울은 눈을 감았다. 사무엘도 아각왕의 머리를 바닥에 떨어 뜨렸다. 사무엘과 사울… 이제 두 사람은 더 이상의 얘기가 필요치 않았다.

그저 홀안엔 무거운 침묵만이 흐를 뿐이었다. 그렇게 얼마나 시간이 흘렀을까… 사울왕이 그 자리에 허물어지듯 풀석 주저 앉으며 사무엘 앞에 무릎을 꿇었다.

"제가 죄를 범하였습니다."

사무엘의 눈에서 눈물이 흐르고 있었다.

"내가 지난 밤 당신 때문에 얼마나 슬퍼했는지 아시오?"

"선지자시여, 저를 용서해 주소서 내가 군인들을 두려워 하여 그들이 하자는 대로 하였습니다."

사울의 목소리는 여전히 떨리고 있었다. 그러나 사무엘은 더 이상 아무말도 하지 않았다. 고개를 들어 뭔가 사무엘의 용서를 바라며 쳐다보는 사울의 눈에도 눈물이 고여 있었다. 그 눈을 바라보는 사무엘은 과연 무슨 생각을 하고 있었을까…

사무엘은 그때까지 손에 들고 있었던 사울의 칼을 땅에 떨어뜨렸다. 헐떡거리고 있는 사울의 심장소리와 칼이 바닥에 부딪혀 내는 쇳소리가 뒤엉켰다. 그리고는 사무엘이 홀 밖으로 나가기 위해 몸을 돌리려고 했고 그 순간 거의 반사적으로 사울은 사무엘의 옷자락을 잡았다.

"선지자시여"

그러자 사무엘의 옷자락이 부욱하고 찢어지고 말았다.

사무엘이 멈춰 섰다. 그리고는 다시 몸을 돌려 사울을 바라봤다. 사울의 손에는 아직도 사무엘의 옷에서 찢어진 헝겊조각이 손에 쥐어져 있었고 여전히 땅바닥에 엎드린 채였다.

"주께서 오늘 이 나라를 이 옷자락처럼 찢어서 그대에게서 빼앗아, 그대보다 더 나은 다른 사람에게 주셨소. 곧 다른 왕을 구할 것이오. 그의 뜻에 합당한 자를… 당신보다 더 위대한 자를… 이스라엘의 영광이신 하나님은 거짓말도 안 하시거니와, 뜻을 바꾸지도 않으시오. 하나님은 사람이 아니십니다."

사무엘은 그 말만은 남긴채 밖으로 나가버렸다.

대낮이었는데도 어두 컴컴한 홀안에 작은 창문 사이로 빛이 들어왔다.

그 빛이 사울의 발꿈치 쪽을 향해 내려오고 있었기 때문에 사울의 얼굴은 정확히 알 수가 없었지만 그의 눈에는 조금전 까지만해도 흘러 내리던 눈물이 더 이상 흘러 내리지 않고 있다는 것을 요나단과 아브넬은 알수 있었다.

흐느낌도 분노도 증오도 후회함도 아닌 그 무엇인가가 새롭게 사울의 맘속에 자리잡기 시작하는 것일지도 모른다.


그 옛날 사울이 잃어버린 나귀를 찾아 헤메다가 라마에서 처음 만나 인연이 된 사무엘 선지자가 아니었던가?

왕이 되기 싫다며 숨어 있던 자신을 백성들 앞에 내세워 왕이 되고 하였고

어쨌든 이스라엘 왕으로써 하나님을 두려워 하고 사무엘 선지자를 두려워 하고 백성들을 두려워 하며 왕으로써 책임을 다할려고 나름대로 얼마나 노력했던가?

사실 사울과 사무엘 사이에 갈등이 시작된 제사사건만 해도 그랬다.

사울은 블레셋과의 전투를 앞두고도 사무엘 선지자를 불러 먼저 제사를 드린다음 전투에 임하려고 했지만 온다는 사무엘 선지는 오지를 않고 그 사이 두려워 도망가는 이스라엘 군사 때문에 할 수 없이 먼저 제사를 드린 것이 아니었던가? 사울이 애초부터 사무엘 선지자를 무시하고 자신이 제사를 드리려 했다면 사무엘 선지자를 부르지도 않았을 것이고 또 칠 일씩이나 기다리지도

않았을 것이다. 그리고 단지 그것 때문에 사무엘이 사울을 20년 씩이나 찾아오지 않았다는 것은 정말 이해할 수 없는 일이었다.

과연 그 사건이 사울과 사무엘을 20년 씩이나 갈라놓을 만큼 엄청난 죄였단 말인가? 설사 죄였다 한들 20년씩이나 찾아오지 못할 만큼 용서할 수 없는 일이었단 말인가? 그리고 지난 세월동안 왕이 된 이후 이스라엘의 첫 번째 왕으로써 사무엘이 그렇게 염려하던 왕정정치의 문제점을 발생시키지 않기 위해서 사울은 또 얼마나 나름대로 노력해 왔던가? 더군다나 그동안 옅토마저 얼마나 많이 확장을 했단 말인가?

그런데 20년 만에 갑자기 나타나서 아말렉을 진멸하라고 명령을 내리고 또 그렇게 했잖은가? 단지 포로를 끌고 오고 살찐 짐승을 살리고 왕을 잡아왔다는 이유만으로 이스라엘의 왕을 다시 뽑겠다고? 사울보다 더 위대하고 하나님의 뜻에 합당한 자를? 더군다나 포로와 살찐 짐승을 사로 잡아와 사울이 모두 갖겠다는 것이 아니라 하나님께 제사를 드리겠다는 데도 그것이 과연 범죄란 말인가? 왕의 자리를 빼앗길 정도로 엄청난 범죄?

사울은 사무엘이 빠져 나간 그 홀에 엎드린 채로 이렇게 많은 생각을 하고 있었다.

# 일급비밀

예루살렘의 구시가지를 감싸고 있는 성벽 중에 가장 아름답게 생긴 문이 바로 다마스커스 게이트인데 그 옛날 예루살렘에서 다메섹으로 가기위해선 이 문을 나서야 한다고 해서 붙여진 이름이다.

그런데 현재 이 다마스커스 게이트를 나서면 수십명의 아랍인들이 허름한 승합차를 세우고 '벨레헴'을 외치며 지나가는 사람들을 호객하고 있다. 그들이 외치는 '벨레헴'이 바로 베들레헴이다.

이들은 작은 승합차를 이용해서 예루살렘에서 베들레헴으로 가려는 아랍인들을 태워 주는 '쉐루트'라고 하는 합승택시를 운영하는 사람들로서 그곳에서 약 3세켈 우리돈으로 약 9백원 정도면 베들레헴까지 태워다 주는데 예루살렘에서 베들레헴까지 걸리는 시간이 약 20분으로 그다지 먼 거리가 아니다.

그러나 예루살렘에서 베들레헴으로 가는 길은 쉽지만은 않다.

2003년 2월, 나는 베들레헴에 가기 위해 다마스커스 게이트를 나서서 베들레헴으로 가는 쉐루트를 찾았지만 왠일인지 '벨레헴'을 외치는 사람도 그 많던 승합차도 보이지를 않았다.

그때 당시 한참 거세게 일어났던 베들레헴에서의 '인티파타(무장봉기)' 때문에 예루살렘에서 베들레헴으로 가는 길목이 이스라엘 군인들에 의해 모두 차단되었고 외부사람들은 전혀 베들레헴으로 들어갈 수가 없었기 때문이었다. 들리는 소문에 의하면 헤브론에서도 벌써 몇 명의 팔레스타인 남자들이 이스라엘 군인이 쏜 총에 맞아 죽었고 베들레헴에서도 내가 묵고 있던 예루살렘의 숙소 주인의 친구가 총에 맞아 죽었다며 밤새 슬픈 음악을 틀어놓고 밤을 꼬박

새우는 모습을 나는 이미 보았다.

어찌할까 고민하며 망설이는데 턱수염이 더부룩한 팔레스타인 총각이 다가왔다. 쉽지 않고 위험한 길이긴 하지만 베들레헴으로 가는 뒷길이 있으니 웃돈을 많이 주면 그쪽 길로 나를 안내해 주겠다는 것이다.

적지 않은 비용을 내고 그 승합차에 올라탄 다음 나는 생애 최고의 위험부담을 안고 베들레헴으로 향했다. 승합차는 길도 나지 않은 비포장의 산길을 달리기 시작했고 예상했던 대로 10분도 지나지 않아 내가 탄 승합차로부터 10미터 떨어지지 않은 곳에 이스라엘 군인이 쏜 듯한 탱크의 포탄이 덜어져 뿌연 먼지로 앞을 분간할 수 없었다. 순간 승합차는 멈칫 섰다가 다시 그곳을 피하기 위해 힘껏 내달렸다. 내 다리는 덜덜 떨리기 시작했고 왜 내가 이렇게 위험한 베들레헴을 찾아가기로 맘먹었나 후회가 밀려왔지만 승합차의 운전사는 앞만 보며 질주해 갔다. 멀리서 이스라엘 군인이 쏘는 M16소총의 소리가 들려왔고 정확히 어딘지는 모르지만 총알이 바위에 부딪히는 둔탁한 소리가 들리기까지 했다. 운전사는 나보고 몸을 의자 밑으로 숙이라고 몸짓으로 시늉을 보인다. 그렇게 생과 사를 넘나드는 곡예운전 끝에 겨우 겨우 도착한 베들레헴, 난 지난해 베들레헴의 예수탄생 기념교회에서 있었던 이스라엘 군인과 팔레스타인 무장세력간의 대규모 전투현장을 직접 촬영하기 위해 그런 위험을 무릅쓰고 찾아간 것이다.

예루살렘에서 기껏해야 10km밖에 떨어지지 않은 베들레헴으로 가는 길은 왜 이렇게 멀고도 험한지…

그 길을 그 옛날 사무엘이 걸어왔다.

물론 지금처럼 총알이나 대포알의 위험은 없었지만 사무엘은 나이 어린 종과 함께 터벅터벅 흙먼지를 날리며 찾아간 것이다.

해질 무렵의 베들레헴 마을. 예루살렘에서 남동쪽으로 10여 Km 떨어진 곳으로 다윗의 도시이자 예수의 고향이다.

아마도 사무엘의 발걸음 역시 무척이나 무거웠을 것이다. 아니 더 정확히 얘기하면 사무엘은 금방이라도 사울왕이 시켜서 보낸 자객들이 뒤에서 쫓아올까봐 두려움에 떨며 서둘러 베들레헴으로 향했을 것이다. 그도 그럴 수 밖에 없는 것이 지금 사무엘의 베들레헴 방문을 만약에 사울왕이 알고 있다면 얘기는 또 달라지게 되는 것이다.

사무엘은 지금 공식적으로는 그곳의 산당으로 제사를 드리러 간다고 해놓고 하나님께서 예비해 놓으신 사울 이후의 새로운 왕을 만나기 위해 베들레헴으로 찾아가는 길인데, 만약에 그런 사실을 샤울왕이 알고 있다면 아무리 사무엘이라 할지라도 목숨이 위험하다고 생각했기 때문이었다.


사무엘이 베들레헴에 도착하자 그곳의 장로들이 나와 사무엘을 맞았다.

"어서 오시지요. 사무엘 선지자시여!"

그러나 사무엘은 제일 먼저 베들레헴에 살고 있는 이새라는 노인에 대해서 물었다.

"이새라 하면…"

"그렇다네 아들이 많다면서?"

"우선 산당으로 가시지요. 제가 이새를 불러 오도록 하겠습니다."

산당에 도착한 사무엘은 아무런 말도 없이 먼 산만 바라보며 앉아 있었다.

잠시후 검은 얼굴에 깊은 주름이 이마에 잔뜩 새겨진 이새가 지팡이에 의지한 채 여러명의 아들들과 함께 산당으로 찾아왔다.

아직도 영문을 모르는 이새는 바쁜 걸음으로 아직도 숨을 깊게 몰아쉬며 아들들과 함께 멀찌감치 서 있었다.

"사무엘 선지자께서 저희를 찾으셨다고 해서…"

이새의 목소리엔 아직도 호흡이 정리되지 않고 있었다.

"이리 가까이 오시오. 당신이 이새란 말이오?"

"그렇습니다."

그러자 사무엘은 한동안 이새의 얼굴을 뚫어져라 쳐다 보았다.

그 장면을 지켜 보고 있던 다른 사람들도 그 묘한 분위기에 휩싸여 아무런 말도 하지 않고 있었다. 사무엘은 아직도 멀찌감치 서 있는 이새의 아들들을 둘러 보며 마침내 입을 열었다.

"오늘 여호와께서 당신의 아들중에 한 사람을 왕으로 선택하실 것이오"

순간 그 얘기를 들은 많은 사람들이 놀랐다. 혹시 잘못들은 것은 아닌지 자기들끼리 수근대기 까지 했다. 이스라엘의 왕이라니… 이새 노인의 아들중에서 이스라엘의 왕이 나오다니…

그때 한 사람이 말을 했다.

"하지만 현재의 왕은 사울이잖습니까?"

"하나님은 이제 사울왕에게 이스라엘을 맡기지 않으실 것이오."

이새가 아주 조그맣고 떨리는 소리로 물었다.

"그렇다면 내 아들 중 누구입니까? 저에겐 아들이 여럿있습니다."

사무엘은 가슴에서 작은 돌 두 개를 꺼냈다.

두 개의 돌은 갓난아기의 주먹만한 크기였는데 서로 끈으로 연결되어 있었다. 그것이 바로 우림과 둠밈이라는 것이었다.

사무엘이 크고 작은 일을 결정할 때마다 가슴에서 꺼내 손바닥위에 올려 놓고 하나님의 판단을 확인하였던 물건인데 사울을 왕으로 뽑을 때 제비뽑기 용으로도 사용되었던 것이다.

사무엘은 다시 두 개의 돌을 손바닥위에 올려놓았다가 잠시 가슴에 갖다 댄 다음 하늘을 한 번 올려다 보았다. 그리고는 이새의 뒤쪽에 서 있는 아들중의 한명에게 눈짓을 했다. 그중에서 제일 나이가 많고 키가 큰 청년이 사무엘 앞으로 걸어나왔다.

선지자가 하나님께 뜻을 물을 때 사용하던 우림과 둠밈. 제사장들은 우림과 둠밈을 에봇의 뒤에 갖고 다니다가 꺼내서 사용했다.

사무엘은 조심스럽게 양손에 들려 있던 우림과 둠밈을 내려다 보았다. 그러나 돌들은 아무런 변화가 없었다. 사무엘의 표정도 변화가 없었다.

이새가 말을 했다

"사무엘 선지자시여, 이 아들은 엘리압으로 저희집에서 가장 큰아들입니다. 그동안 전투에도 많이 나가서 블레셋 군사들의 머리를 많이 베어낸 용맹한 군사죠"

그러자 사무엘은 눈을 뜨지 않은 채 조용한 목소리로 대답을 했다.

"여호아는 인간의 눈으로 보지 않소이다. 인간은 사람의 외모를 보지만 하나님은 마음을 보시기 때문이죠."

다음 둘째 아들 아비나답이 사무엘 앞으로 걸어나왔다. 그러나 역시 우림과 둠밈은 변화를 보이질 않았고 그 다음 셋째 아들 삼마와 나다니엘, 라엘, 아삼, 엘리후까지 모두 일곱 명이 사무엘 앞을 지나갔지만 역시 사무엘은 묵묵 부답이었다.

곁에 있던 사람들은 초조해 지기 시작했다. 그렇다면 도대체 누가 이스라엘의 두 번째 왕이 될 것이란 말인가?

"이새, 다른 아들은 없소?"

"마지막 아들이 하나 있긴 하지만 그 아이는 지금 들판에서 양을 돌보고 있는 중입니다."

"다른 아들들은 당신과 함께 왔지만 왜 막내 아들만 들판에서 양을 돌보고 있는 것이오?"

그 말에 이새는 대답을 하지 못했다.

"그 아들을 데려오시오."

"사무엘 선지자시여, 그 아들은 전투에 나가 본 적도 없습니다. 그 아이는 단지 들판에서 양이나 돌보고 집안의 허드렛 일만 하는 나약한 아이입니다. 나이도 아직 어리죠."

베들레헴의 양떼를 모는 목자. 베들레헴 주변엔 녹지가 많아 양떼를 키우기에는 좋았지만 곰이나 사자가 나타나기도 했었다.

"그 아들 이름이 뭐라고 했소?"

"다윗입니다."

"다윗을 보고 싶소이다."

그 말에 이새는 더 이상 덧붙이지 못했다. 뒤에 물러서 있던 다른 아들들에게 눈짓을 하자 부리나케 어디론가 달려갔다.

잠시 후, 다윗이 도착했다.

다윗은 이새의 말대로 들판에서 양떼를 돌보다 온듯한 차림이었다. 한 손에는 들판에서 주워 들고 다녔을 것 같은 나무 막대기가 하나 들려 있었고 또 한손에는 흠집이 많이 난 수금이 들려 있었다. 아마도 이 아이는 들판에 양떼를 몰러 나갈때마다 이 수금을 들고 다녔던 것 같았다. 머리는 곱슬에다 짧은 머리가 정리되지 않은 채 아무렇게나 뻗쳐 있는 모습이었으며 아직도 그의 몸에선 양들이 쏟아낸 오물냄새가 옷속에 베어 진동을 하고 있었다.

이새는 다윗을 사무엘앞으로 등을 밀었다.

"인사드려라. 사무엘 선지자시다. 선지자시여 이 아이가 다윗입니다."

"네가 다윗이구나"

다윗은 사무엘의 눈을 바라보았다.

"수금을 잘 켜는가 보지?"

"들판에서 심심할 때 마다 연주를 하곤 합니다."

다윗이 대답을 하자 이번엔 이새가 한마디 거든다.

"그렇습니다. 이 아이는 할 줄 아는게 양떼를 몰러 다니는 것과 수금 연주하는 것밖에 없습니다."

이새가 무슨 의미로 그런 말을 하는지 형제들은 모두 알고 있었다.

사무엘이 다시 우림과 둠밈을 양손에 올려 놓고 다윗의 얼굴을 쳐다보았다.

바로 그 순간이었다. 사무엘의 양손에 들려있던 작은 돌, 그러니까 우림과 둠밈에서 이상한 빛이 감돌더니 이내 강한 빛이 나와 다윗의 얼굴을 비쳤다.

그 빛에 다윗은 잠시 눈을 뜨지 못해 손으로 비빌 뿐이었다. 이 모습을 본 이새와 다윗의 형제들은 모두 놀라지 않을을 수 없었다. 아니 어떻게 이런일이… 이건 말도 안돼…

겉으로 말을 하진 않았지만 그 장면을 지켜본 이새와 다윗의 형제들은 모두들 그런 생각이었다. 심지어 어떤 형제는 사무엘의 이런 행동 자체를 어이없어 하는 표정이기도 했다.

"다윗, 무릎을 꿇어라. 너는 네 아비의 양떼들의 목자로 내 앞에 왔으나 하나님께서는 이스라엘의 목자로 삼으려 하신다. 너는 앞으로 흩어진 백성을 하나로 모으고 이교도들을 그의 땅에서 몰아내라."

다윗이 무릎을 꿇으며 차분한 목소리로 물었다.

"내 형님은 모두 용사들인데 왜 그들중에서 선택하지 않으십니까?"

"선택은 내가 하는 것이 아니라 이스라엘의 하나님께서 하신다."

"그래도 저는 저희 집에서 가장 약한자입니다."

"너만이 하나님께 합당한 자이다."

아직도 놀라움에 입을 다물지 못하고 있던 이새가 말을 했다.

"하나님께서 이 아이를 잘 볼 수 있다면 직접 명하게 하소서"

그러자 옆에 있던 한 장로가 말을 했다.

"살아서 하나님을 본자는 아무도 없소. 하나님은 그의 예언자의 입을 통해서만 말씀하십니다."

그제서야 이새는 다윗 옆에 무릎을 꿇으며 아직도 떨리는 소리로 말했다.

"주의 뜻대로 하소서"

사무엘은 옆에 서 있던 어린 종에게서 작은 뿔병을 받아들었다.

그리고는 그 뿔병을 기울여 다윗의 머리에 몰약과 육계와 창포, 계피가 섞인 기름을 머리에 부었다. 그 기름이 바람에 날리는 다윗의 머리로 부터 얼굴의 콧잔등으로 흘러내렸다.

"다윗, 하나님께서 자네를 왕으로 뽑으셨다. 그러므로 의롭게 살아야 하며 하나님의 명령에 늘 복종해야 한다. 하나님의 말씀에 절대적으로 순종해야만 그대의 나라가 영구할 것이며 그대의 집이 세상에서 영광과 존귀를 누리게 될 것이며, 블레셋을 무찌르고 승리할 수 있을 것이며, 어느 나라와 싸워도 살아남아 항상 승리자가 될 것이며, 사는 날 동안 영광스런 이름을 얻게 될 것이고 그 이름을 후손에게 물려 줄 수 있을 것이야."

사무엘은 이로써 자기 생애에 이스라엘의 첫 번째 왕과 두 번째 왕을 직접 뽑는 순간이 되고 말았다. 어떻게 보면 영광스러운 일이 될 수도 있는 일이었지만 사무엘은 진정코 자기 손으로 이스라엘의 첫 번째 왕에게만 기름을 붓고 싶었다. 그래서 그 왕이 사무엘의 천수를 다할 때까지 하나님에게 축복받는 왕으로써 이스라엘을 하나님의 나라로, 주변 국가에서 가장 강한 나라로 만들어 주기를 진정 바랬을 것이다. 그런데 결국 하나님은 사울을 버리셨고 사무엘은 사울왕의 칼을 피해 베들레헴으로 찾아와 또 다시 왕을 선택하는 기름을 부어야 하는 비극적인 상황이 오고야 말았다고 생각하니 착잡하기 이를데 없었다.

이제 사울왕은 어떻게 될 것이고 또 어린 다윗이 어떻게 이스라엘의 미래를 짊어지고 가게 될지 그저 가슴이 답답해 질 뿐이었다. 그리고 지금 여기서 벌어진 이 모든 일들은 사울이 죽기까지 그리고 다윗이 왕이 될 때까지 아무에게도 발설해선 안되는 일급비밀이 되고 말았다.

베들레헴의 작은 언덕위에 있던 산당에는 아직도 바람이 불어오고 있었고 사무엘의 흰 수염이 아주 작게 날리고 있었다.

# 땀으로 얼룩진 침대

유대광야의 한낮 기온은 45도를 웃돈다. 뜨거운 태양을 피할 곳도 없고 바람마저 불지 않아 그야말로 숨이 턱턱 막히는 곳을 사울이 걷고 있었다. 평소 같았으면 사울곁에 몇 명의 군인과 아브넬 장군이 늘 따라다녔지만 그날 따라 사울의 곁엔 아무도 없었다.

도대체 여기가 어딘지? 왜 여길 왔는지? 그리고 어디로 가야하는지도 모른 채 사울은 벌써 몇 시간째 이 넓은 광야의 한복판에서 길을 잃고 헤메고 있었던 것이다. 습도마저 낮아 발걸음에 채이는 흙먼지가 뿌옇게 일어나 사울의 눈을 못 뜨게 할 정도였다. 사울이 입고 있는 갑옷의 무게가 더욱 느껴지면서 입안은 흙먼지로 목구멍이 갈라질 듯 아팠고 벌써 땀을 한바가지나 흘렸을 텐데도 낮은 습도 때문에 속옷은 축축히 젖지를 않았다. 그대신 얼굴과 팔뚝엔 하얀 소금기만이 덕지덕지 묻어 있을 뿐이었다.

바로 그때였다. 멀리서 누군가가 사울을 발견하고는 달려오는데 그의 표정이 예사롭지가 않았다. 사울은 그를 발견한 순간 너무 반가워 두손을 높이 들어 흔들었지만 그는 자기 옆구리에 차고 있던 긴 칼을 뽑아 들어 당장이라도 사울의 목을 칠 것처럼 혈안이되어 쫓아오는 것이 아닌가? 아무리 눈을 똑바로 뜨고 그 남자의 얼굴을 보려고 했지만 그 남자의 얼굴은 그늘에 가려 도무지 분간할 수가 없었다.

사울은 놀래 외쳤다.

"자네, 왜 이러는 건가? 난 사울왕이야?"

그러자 그 남자는 아직도 눈을 부라리며 말했다.

유대광야. 이곳은 한낮의 기온이 45도를 웃도는 뜨거운 날씨다. 이곳에서 예수님은 사십일 금식기도를 하셨고 모세와 엘리야는 하나님께 기도를 했었다

"당신이 왕이라고? 이스라엘의 왕은 이제 바뀌었다는 걸 모르나?"

그러면서 그 남자는 긴 칼을 힘껏 내려쳤다. 순간 사울은 고개를 숙여 시퍼런 칼날은 피했지만 남자는 여전히 칼을 휘둘러 댔다.

사울은 광야를 내달렸다. 그러자 바로 앞에 조금전까지만 해도 보이지 않던 수풀이 나타났고 사울은 그 수풀 속으로 뛰어 들어갔다. 그 수풀속엔 이름 모를 넝쿨들이 바닥에 깔려 있었는데 그 넝쿨들은 사울의 발목을 휘감아 옴짝 달싹을 못하게 하더니 잠시후엔 넝쿨들이 사울의 온몸을 감싸고 옥죄어 오는 것이 아닌가? 숨이 점점 막혀오고 바로 뒤에서 쫓아오던 남자가 여전히 칼을 앞세우며 사울의 코 끝에 갖다 대었다.

이제 더 이상 사울은 피할길이 없었다.

"이봐, 나야 나라구…"

넝쿨은 점점 늘어나 결국 사울의 목을 휘감아 호흡곤란까지 일어났다. 숨이 탁 막혔다. 이러다가 숨이 멈추는 것은 아닐까? 사울은 놀라서 허둥댔지만 그러면 그럴수록 넝쿨은 더욱 더 사울의 목을 죄어 왔다.

"제발 이러지마, 숨이 막혀…"

사울은 벌떡 일어났다. 침대가 땀으로 흥건히 젖어있었다. 그것은 악몽이었다. 그 순간 아브넬이 사울왕의 침실로 뛰어 들어왔다

"무슨 일이십니까?"

사울은 아직도 진정되지 않은 채 아브넬의 얼굴을 뚫어져라 쳐다보았다. 혹시 꿈속에서 칼을 들고 따라왔던 남자가 아브넬이 아닌가 순간 의심이 밀려왔다.

"자네가 왜 뛰어 들어왔어?"

"왕이시여, 저는 늘 왕의 곁에 있습니다. 왕께서 잠을 잘 때도 저는 밖에서 지키고 있습니다."

"근데 왜 칼을 들고 뛰어 들어오냐구?"

사울은 신경질 적으로 반응을 했다.

"밖에서 들으니 누군가 왕을 해치려 하는 것 같아서…"

"아냐 꿈이었어. 악몽이었지."

"땀을 닦으셔야 겠습니다."

아브넬이 사울의 침대옆에 있던 천 조각으로 사울의 이마를 닦으려 하자 사울은 뒤로 움찔 물러 앉았다.

"가까이 오지 마!"

"왕이시여, 저는 단지…"

"아브넬, 자네는 마치 내가 놀라기만을 밖에서 기다리고 있었던 사람같군…"

"그럴리가요…"

"근데 어떻게 알고 뛰어 들어와?"

사울이 소리를 버럭 지르자 아브넬이 움찔했다.

"넌 내 꿈에 나타났었어. 내게 칼을 들고 날 죽이려고 덤벼들었었단 말야. 그러다가 내가 죽지 않으니까 이렇게 내 침대에 뛰어들어와 다시 날 죽일려고 그러는 거야."

"왕이시여, 진정하십시오. 저는 왕을 내 생명보다 더 귀하게 여기고 있습니다. 저는 왕을 대신해서 죽을 수도 있습니다. 그런 제가 어떻게 왕을 죽이려 하겠다는 것입니까? 제 말을 믿어 주십시오."

아브넬이 이렇게 간곡하게 얘기를 했는데도 사울은 옆에 있던 칼을 빼들었다.

"아무도 날 죽일 순 없어. 네가 날 죽이기 전에 내가 먼저 널 죽여 버릴꺼야."

사울이 칼을 휘둘렀다. 그 순간 아브넬은 중심을 잃고 휘청거리다가 사울의 침대 옆에 있던 등잔불을 건드렸고 그 바람에 사울의 침대보에 불이 붙었다. 그 순간 아브넬은 넘어졌음에도 불구하고 손으로 불붙은 침대보를 탁탁치며 껐다.

사울의 막사 안은 마지막 하나 남은 등잔불이 아른거렸고 침대보에서 나오는 검은 연기가 아브넬의 코를 자극했다. 그때였다. 밖에서 요나단과 이스보셋, 그리고 아히도벨과 도엑이 뛰어 들어왔다. 이들은 항상 아브넬과 함께 사울의 주변 막사에서 잠을 자고 있었기 때문에 한밤중에 벌어진 작은 소동을 알고 뛰어 온 것이 틀림없었다.

"무슨 일입니까? 아브넬 장군"

요나단이 물었다. 그러나 아브넬은 아무런 대답을 못했다. 과연 뭐라고 설명을 해야 이들이 이해할 수 있을 것인가? 아브넬은 정답을 찾지 돗한 것이다. 오히려 사울이 더 소리를 질렀다.

"네 들은 또 어떻게 알고 들어온거야? 네 들도 아브넬하고 한 패가 되어 날 죽일려고 했지?"

그제서야 아브넬은 대답을 했다.

"왕께서 악몽을 꾸신 것 같아. 내가 왕을 죽이려 들었다는 거야."

요나단이 멀찌감치서 작은 소리를 내며 타오르던 등잔불을 들어 사울의 얼굴앞에 갖다대며 얘기를 했다.

"아버님, 진정하십시오. 아브넬이야 말로 우리의 충신입니다."

아른거리는 등잔불에 아직까지 분이 풀리지 않은 사울의 얼굴이 보였다. 사울은 침대에 풀썩 주저앉았다.

"악몽치고는 너무나 생생했어. 누군가 날 죽이려고 했단 말야."

"왕이시여, 꿈은 단지 꿈일 뿐입니다. 아무도 왕을 대적할 사람이 없습니다."

아히도벨이 거들었다.

"당신은 누구지?"

"아히도벨입니다. 왕의 결정을 돕는 사람이죠."

"그래 기억나, 아히도벨… 블레셋과 전쟁을 벌일때도 당신은 나에게 전략을 알려주었지."

"전 항상 왕곁에 있어 왔습니다."

아히도벨의 그 말에 사울은 대꾸하지 않았다. 그 대신 마른 목소리로 말했다.

"사무엘을 불러 줘"

사울이 고개를 떨구었다.

"사무엘은 이제 더 이상 오지 않습니다."

요나단이 대답을 했다.

"아냐 내가 부르면 올꺼야. 지금 내가 필요하다고 오라고 해!"

그러자 옆에 서 있던 도엑이 한마디 했다.

"왕이시여 이스라엘을 다스리는 자는 왕입니까?

아니면 늙은 변덕쟁이 예언자입니까? 왜 자꾸 그에게 의존하시는 겁니까?"

"그 없이는 왕도 없다."

"그가 엉터리 예언자일지 어떻게 압니까?"

"사무엘이 엉터리라면 나도 가짜 왕이야. 그가 나를 버릴지라도 내게 기름 부은 사람은 사무엘이다."

아직까지 사울의 이마엔 땀이 송글송글 맺혀 있었다.

"의사를 불러오도록 하죠"

요나단이 얘기하자 도엑이 대답을 했다.

"의사가 필요한게 아닙니다."

"그럼 어떡한단 말이지?"

"음악을 들으면 나아지실 것입니다."

"음악을 들으라구? 아버님에게?"

지금 사울은 극심한 우울증에 시달리고 있는 중이었다. 사무엘이 사울의 곁을 떠난 뒤로 하나님이 자신을 버렸다는 사실에 하나님이 자신의 자리를 거두워 갈거라는 두려움과 그것이 언제 어떤 모습으로 닥칠지 모른다는 망상, 그리고 아무도 자신의 편이 없다는 주변사람들에 대한 의심으로 밤마다 괴로워하고 있었던 것이며 그런 심리적 불안감이 악몽으로 나타났던 것이다.

요나단은 하나님의 징계는 아버지 사울에게 맘만먹으면 육체적인 고통뿐만 아니라 정신적인 방황까지도 줄 수 있다는 것을 최근들어서 아버지의 모습을 보면서 깨닫고 있었다.

"도엑, 음악을 어떻게 들으라는 거죠?"

요나단의 옆에 서 있던 이스보셋이 물었다. 이스보셋은 요나단의 동생이자 사울의 막내아들이었다. 그러자 도엑은 대답을 하지 못하고 머뭇 거리고만 있을 뿐이었다.

"왜 말을 못하는 겁니까? 도엑…"

도엑이 지금 뭔가 왕 앞에서 얘기하기가 껄끄러워 한다는 것을 눈치 챈 요나단은 이스보셋과 도엑에게 눈짓을 하고 사울의 막사 밖으로 먼저 나갔고 그 뒤로 이스보셋과 도엑, 그리고 아히도벨이 따라 나갔다.

다시 막사 안에는 사울과 아브넬만이 남아 있었다. 아직도 머리를 양손으로 감싸 쥔 사울이 아브넬을 천천히 올려다 보았다.

"아브넬, 내가 자네에게 칼을 휘둘렀나?"

"악몽을 너무 심하게 꾸신 것 같습니다."

"그래, 맞았어. 나는 요즘 매일 밤 이렇게 악몽에 시달리다 깨어나지. 밤이면 밤마다…"

"괜찮아 지실 겁니다."

"정말 하나님이 나를 떠나신 것일까? 그럼 이스라엘은 어떻게 되고?"

"하나님은 이스라엘도 왕도 버리지 않으실 겁니다. 염려 마십시오."

"아냐 사무엘이 그렇게 얘기했잖아. 하나님이 나를 버리실 거라고… 내가 그렇게도 사무엘의 옷자락을 잡았는데도 그는 나를 버리고 떠나 버렸어. 아직도 날 노려 보던 그 눈이 생생하게 기억나…"

결국 사울은 조용히 흐느끼기 시작했다.


한편, 막사 밖으로 나온 요나단과 이스보셋, 그리고 아히도벨과 도엑은 사울의 목소리가 들리지 않을 만큼 떨어진 곳에서 이야기를 나누고 있었다.

"왕앞에서 얘기할 수 없었던 이야기가 뭡니까?"

이스보셋이 다그쳐 말했다.

"이런 말씀드리긴 참으로 뭐하지만…왕께서 저렇게 괴로워 하는 것은 악한 영이 들어가서 그러는 것입니다."

"악한 영이라구? 아버님에게?"

이번에는 요나단이 놀라서 물었다.

"지금 무슨 소리를 하는거요? 도엑!"

이스보셋이 소리를 또 버럭 질렀다.

"우리 아버지가 왜 저렇게 되었는데? 우리가 아말렉과의 전쟁을 벌일 때 사무엘 선지자께서 아말렉의 아이에서부터 노인에게 이르기까지 모두 진멸하라고 했음에도 불구하고 당신이 아버님께 아말렉의 왕인 아각을 죽이지 말고 생포하자고 얘기를 해서 죽이지 않고 길갈까지 끌고 왔다가 결국 사무엘 선지자가 그걸 알고 진노했던 것 아닙니까?

그래서 하나님이 아버님을 버리겠다고 하신 것이고 사무엘 선지자가 아버지와의 인연을 끊어 버린 것이 아닙니까? 당신이 그렇게 얘기하지만 않았다면 아버님은 저렇게 괴로워 하지 않았을 거요. 그런데 이제와서 당신이 어떻게 그런 말을 할 수가 있소? 아버님이 그럼 지금 악령에 사로잡혀 정신기상이라도 되었다는 거요?"

이스보셋이 눈을 똑바로 뜨고 도엑을 향해 소리를 질렀다. 도엑은 그저 눈을 감고 듣고만 있었고 옆에 있던 요나단이 이스보셋의 손을 잡아 끌었다.

"이스보셋, 진정해라."

"형님은 화가 나지도 않습니까? 뭐 이런 사람이 다 있는 겁니까?"

이스보셋은 요나단에 비해 성질이 급했다. 그래서 항상 요나단 보다 앞서 말을 했고 앞서 행동을 해서 몇번씩이나 요나단의 제지를 당하기드 했었던 터였다.

"그래, 그래서 아버님께 어떤 음악을 들려 드리면 좋겠소? 말씀해 보시오. 도엑"

그제서야 눈을 뜬 도엑이 요나단을 쳐다 보며 말을 했다. 이미 도엑의 눈에는 이스보셋을 생각하지 않는 듯 했다.

"왕께서 잠자리에 드실 때, 그리고 우울함을 느끼실 때마다 옆에서 누군가 수금을 타며 연주를 하면 기분이 한결 나아지실 것입니다. 제가 아는 사람 중에 수금을 잘 타는 사람이 있는데 그 사람을 데려와 연주하게 하도록 하죠."

도엑이 그렇게 이야기하는데는 나름대로 이유가 있었다.

도엑 역시, 사무엘이 아말렉의 왕이었던 아각을 죽이지 않고 생포해 온 것에 대해서 그렇게까지 화를 낼 줄은 몰랐었고 이와 이렇게 된 바에는 자기 자신이 왕의 문제를 해결하는 것이 옳은 것이라고 생각을 했으며 더 중요한 것은 그것을 이유로 해서 왕의 최측근에 자기가 잘 아는 사람을 수금 연주라는 명분하에 배치하고 싶었던 것이었다.

그래서 왕이 무슨 생각을 하고 있는지 수금 연주자를 통해서 정보를 듣고 싶어했던 것이었다.

"당신이 얘기하는 수금 연주자라는 사람이 누구요?"

요나단이 물었다.

"찾아야죠. 수금을 연주할 줄 안다고 해서 아무나 데려다 써선 안됩니다. 왕이 주무실 때에도 곁에서 지켜야 하기 때문에 신분이 확실해야 합니다. 그리고 악한 영을 쫓아 낼 수 있을 만큼 연주실력도 뛰어나야 하구요. 제가 빠른 시일내로 찾아내겠습니다."

도엑이 대답을 할 때 이스보셋이 또 다시 끼어들었다.

"지금 아버님이 저렇게 괴로워 하고 있는 언제 찾는단 말입니까?"

"이스보셋, 제발 잠자코 있어봐"

요나단이 또 한번 제지를 했다.

도엑은 이미 머리속에 누군가를 떠올리고 있었고 그 사람이라면 충분히 자기의 말도 잘 들으면서 왕의 곁에서 수금 연주도 잘 할 수 있을거라고 판단하고 있었다. 그러나 당장 그 사람이 누구라고 얘기를 하면 이 모든 사태를 미리 알고 준비를 해 놓은 상태에서 얘기를 하는 것 같아 말을 하지 않을 뿐이었다. 그만큼 도엑은 철두철미한 사람이었다. 그러나 문제는 그렇게 도엑의 계획대로만 되지는 않는다는 것이었다.

바로 그때였다. 옆에서 묵묵히 듣고만 있던 아히도벨이 한마디 했다.

"요나단 왕자시여, 제가 알고 있는 자가 있습니다."

"당신이 알고 있다구? 누구요?"

"도엑의 말대로 왕의 곁에서 밤새 수금을 연주할 자라면 성인이어서는 안 될 것입니다. 아무래도 왕께 충성을 서약한 군인도 아닌 성인 남자가 왕의 곁에 있다는 것은 왕의 신변에 위협을 줄 수도 있는 것이며 그렇다고 해서 또 나약한 어린아이가 곁에 있다는 것 또한 문제가 될 수 있습니다. 더군다나 한나라의 왕을 편안하게 잠자게 할 수금 연주를 할 사람이라면 그 실력 또한 뛰어나야 하지 않겠습니까?"

"그래서 그런 사람이 있단 말이오? 아히도벨."

"있습니다. 베들레헴에 사는 다윗이라는 소년이죠. 이제 열 다섯살입니다."

그 순간 도엑은 놀라지 않을 수 없었다.

"이보시오. 아히도벨, 내가 찾아 본다는데 무슨 말을 하는 거요? 나도 알고 있는 사람이 있소이다."

그러자 이스보셋이 또 나섰다.

"당신은 이제부터 찾아보겠다고 했잖습니까? 아히도벨은 이미 알고 있는 자가 있고…"

"좋소이다. 그럼 아히도벨이 알고 있다는 그 소년을 당장 내일이라도 데려오시오. 오늘은 그만 돌아갑시다."

요나단과 이스보셋은 그렇게 자리를 떠났고 그 자리엔 아히도벨과 도엑만이 남아있을 뿐이었다.

도엑이 아히도벨을 불렀다.

"아히도벨… 누구라고 했소?"

그러자 아히도벨은 낮은 목소리로 말했다.

"다윗이오, 베들레헴에 사는…"

말을 마친 아히도벨은 그의 옷자락을 날리며 돌아서 자기 막사로 향했고 도엑은 그 자리에 한참이나 서 있어야 했다. 속으로 중얼거리며…

"이게 아닌데… 이건 아니야…"

# 너는 누구냐?

날이 밝자 사울의 아들인 요나단과 사울의 신하였던 아히도벨은 말을 타고 베들레헴의 들판을 달려가기 시작했다. 두 사람은 이미 한시간 전에 사울의 왕궁을 떠나 출발했음에도 불구하고 두 사람 사이에는 한마디의 대화도 없었다. 길게만 느껴졌던 간밤의 어둠이 걷히자 마자 급한 맘에 내달리기 시작했으니 무슨 말이 필요 했을까.

그렇게 얼마나 달렸을까…

드디어 그들이 올라탄 말이 베들레헴에 있는 이새의 집앞에 막 다다랐을 때였다. 때마침 이새의 집 앞에는 다윗이 양떼를 몰러 나가기 위해 한손엔 수금을 들고 또 한손엔 긴 나무 막대기를 챙겨 든채로 양떼를 정리하는 중이었다.

요나단과 아히도벨이 올라탄 말이 뿌연 먼지를 일으키며 다윗앞에 멈춰섰다. 다윗은 놀라서 이들을 쳐다보기만 할 뿐 누구냐고 묻지도 못하고 있었다.

"네가 다윗이냐?"

요나단이 아직 말에서 내리지도 않은 채 다윗에게 물어 보았다.

"그렇습니다."

그때 집안에 있던 이새가 멀리서 들려오던 말발굽 소리가 자기 집 앞에서 멈춰선 것을 알고 놀라 뛰어 나왔다

그러자 다윗은 이새의 몸 뒤로 숨었다.

"당신이 다윗의 아비 이새요?"

"그렇소만…"

이새는 아직도 뭐가 뭔지도 모른 채 이들의 일방적인 질문에 대답만 할 뿐

이었다.

"당신의 아들 다윗을 데려가려고 합니다."

이새가 물었다.

베들레헴으로 들어가는 입구

"무슨 일이십니까? 당신들의 행색으로 보아 보통 사람은 아닌 것 같은데…"

"나는 요나단 왕자요. 아버지 사울왕께 다윗을 데려 가려 하오"

순간 이새는 가슴이 철렁 내려 앉았다.

사무엘이 왔다 간지 얼마 되지도 안았는데 어떻게 다윗의 기름 부음 받음 이야기가 사울왕에게 들어간 것일까? 그렇다면 사울왕은 다윗을 분명 잡아가서 죽이고 말 것이라는 생각에 이새는 등뒤에서 식은 땀이 흘러 내렸다. 그러나 요나단과 아히도벨은 이새가 지금 정작 두려워 하고 있는 이유를 알지 못했다. 단지 왕이 한낱 시골 동네의 작은 아이를 왕에게 데려가려고 하는 이유에 대해서 알지 못해 두려워 하고 있는 줄로만 알고 있었다.

여전히 두려움과 공포에 쌓여있는 이새에게 아히도벨은 안심시키기 위해 말했다.

"걱정할 필요 없소, 당신 아들 다윗에게 잘못이 있어서 그런게 아니라 왕을 위해 당신의 아들이 할 일이 있기 때문에 그렇소이다."

도대체 이 시골동네의 막내 아들이 왕을 위해서 할 일이란 무엇이란 말인가? 이새는 그때까지도 그 이유를 정확히 알지 못했다.

"당신 아들이 수금을 잘 타고 노래를 잘 한다기에 왕에게 들려 주기 위해서 그러는 것이니 너무 염려할 필요는 없소이다."

단지 그것 뿐일까?

아무리 수금을 잘 타는 다윗이라고는 하지만 그래도 그렇지 이렇게 아침 일찍 왕이 자기의 아들을 찾는 다는 것은 이해가 가지 않는 일이었다. 그렇다고 해서 지금 이새가 더욱 공포스러워 하면 안될일이었다. 오히려 긁어 부스럼을 만들 수도 있는 것이고 아직 다윗의 기름부음 받은 사실을 모르고 있는 저들에게 굳이 티를 낼 필요도 없었기 때문이었다.

"그렇다면 잠깐만 기다리시죠."

이새는 오히려 침착했다. 그리고 다시 집안으로 들어가 뭔가를 주섬 주섬

유대인이 아닌 팔레스타인들의 자치지구인 베들레헴의 재래식 시장. 이곳에 가면 베들레헴의 녹지에서 재배된 포도와 갖가지 야채들 그리고 양고기와 수많은 짐승들이 팔리고 있다.

싸들고 나와 아직도 영문을 모른채 바들바들 떨고 있는 다윗의 손에 들려 주었다.

"아들아, 별일이 없을 것이다. 하나님이 너와 함께 계시잖니. 그리고 사울왕을 만나면 이것을 꼭 전해 주거라."

아히도벨이 타고 온 말에 함께 올라타고 집을 떠나는 다윗을 바라보며 이새는 그저 눈물만 흘릴 뿐이었다. 그리고 하늘을 바라보며 조용히 말했다.

"에벤에셀의 하나님, 우리 다윗을 지켜 보호해 주시옵소서."

다윗이 사용하던 것과 똑같은 모양의 수금

사울은 밤새 잠을 이루지 못한 듯 두 눈이 깊이 패여 있었고 머리도 헝클어져 있었다. 사울의 눈은 뭔가를 응시하지 못하는 듯 초점이 흐려져 있었고 침대 끝에 앉아서도 두 손을 파르르 떨고 있었다.

요나단과 아히도벨이 침실로 들어왔는데도 사울은 그들을 쳐다보지 못했다. 그리고 그 뒤를 이어서 다윗이 들어왔다. 다윗의 손에는 수금이 들려 있었고 아버지 이새가 보낸 보따리가 들려 있었다

그제서야 사울은 다윗을 바라 보았다.

"너는 누구냐?"

그 순간 다윗은 온몸이 얼어붙는 듯 했다.

"네가 다윗이냐?"

"그렇습니다."

그제서야 다윗이 대답을 했다.

"그것은 무엇인가?"

"떡과 포도주입니다."

"그리고 그것은 무엇인가?"

아직도 다윗의 손에 들려 있는 악기를 바라보며 물었다.

"수금이옵니다."

"수금이라… 자네가 수금을 잘 탄단 말이지?"

"주로 들판에서 하나님을 찬양할 때 혼자 연주하던 것이옵니다."

"그렇다면 나를 위해 연주를 해 다오. 그 수금으로 말이다."

다윗은 한 손에 들려 있던 보따리를 땅바닥에 내려놓고 수금을 고쳐 안았다. 그러자 요나단과 아히도벨이 자리를 피했다.

다윗은 조용히 수금을 뜯기 시작했다. 벌써 중천에 뜬 태양이 사울의 침실에 있는 창문을 통해 사울의 머리를 환하게 비추고 있었음에도 불구하고 사울의 침실은 어두컴컴했다.

다윗의 작은 손가락이 수금의 현을 조용히 뜯자 방안은 수금소리와 여린 다윗의 목소리로 가득 찼다.

사울은 여전히 침대 끝에 앉아 머리를 푹 숙인 채 연주 소리를 듣는듯했다. 그런데 방안에 다윗의 수금 소리와 노래 소리 이외의 또 다른 소리가 간간이 들리기 시작했다. 사울의 울음소리였다.

다 큰 어른이 내는 울음소리, 그것도 한나라의 왕이라는 사람이 내는 흐느낌 소리에 다윗은 놀랄만도 했지만 아직도 두려움이 가시지 않은 다윗은 눈을 감고 노래를 부르고 있었다.

그러나 다윗의 연주도 오래가지 못했다. 그냥 넘기기엔 사울의 울음소리가 그칠 줄을 몰랐기 때문이었다. 다윗의 손가락이 수금의 현에서 떨어졌다. 그리고는 조용히 사울왕을 쳐다 보았다. 사울이 여전히 고개를 숙인채 말을 했다.

"난 밤마다 누군가를 본단다. 그러나 난 한번도 그 사람의 얼굴을 본적이 없어. 그 사람은 밤새 나를 괴롭히다가 새벽이면 떠나지…"

그 말을 하는 사울의 얼굴은 초조해 보였다.

"난 너무 힘들어. 어떻게 해야 좋을 지 모르겠구나

난 하자는 대로 다 했어. 그런데 왜 나를 떠나겠다는 거지? 왜 나를 버리 겠다는 거지?"

도대체 누가 하자는 대로 했다는 것인가? 그리고 누가 왕의 곁을 떠나고 버리겠다는 것일까? 다윗은 사울이 지금 혼잣말로 하는 이야기의 뜻을 이해 하지 못했다.

다윗은 조용히 수금을 켰다.

밝은 대낮인데도 사울의 침실 어디선가 풀벌레 소리가 들려왔고 사울의 침실 밖에선 다윗의 수금 소리를 도엑이 듣고 있었다.

# 어린 다윗의 눈물

다윗이 그렇게 사울왕의 침실에서 수금 연주를 하며 지낸 어느날, 사울은 다윗과 함께 침실에서 나와 왕궁밖으로 나오다가 땅에 주저 앉아 울고 있는 한 여인과 마주쳤다. 그 옆엔 도엑도 함께 있었다.

사울이 물었다.

"당신은 며칠 전 나한테 찾아왔던 여인이 아닌가? 그런데 왜 아직 돌아가지 않고 여기서 울고 있는가?"

"왕이시여. 다시한번 제 얘기를 들어 주소서. 너무나 억울해서 이대로 물러갈 수가 없나이다."

"나는 너에게 해 줄 수 있는 것은 다 해주었고 이젠 너에게 할 말이 없다."

그때였다. 사울의 뒤를 따라나오던 다윗이 한마디 했다.

"왕이시여 제가 다시 들어 보면 안되겠습니까?"

여인의 주장은 이런 것이었다.

여인에게는 금화가 몇 개 있었던가 보다. 그런데 잠시 집을 비우게 될 일이 생겼는데 그 금화를 몸에 지니고 집을 나서자니 밤길에 만나게 될지도 모르는 강도가 불안했고 그렇다고 해서 아무도 없는 빈집에 금화를 두고 가자니 그것도 영 불안했던 것이다.

그래서 그 여인이 생각해 낸 방법이 꿀단지 속에 금화를 숨겨서 이웃집에 맡기는 것이었다. 여인은 이런 방법이라면 금화가 안전하게 보관되겠지 생각을 했는데 어쩐 일인지 여행에서 돌아와 다시 꿀단지를 들여다 보았을 땐 금화가 하나도 보이질 않았던 것이다. 어떻게 알았는지 꿀단지를 맡아 주었던 이웃집 사람이 금화가 숨겨져 있는 걸 알았고 맡긴 사람 몰래 금화를 모두 **빼낸** 것이다.

그러나 꿀단지를 맡았던 이웃 사람은 꿀단지 속에 무슨 금화를 숨겨 놓았 었냐며 펄쩍 잡아 떼고 말았다는 것이다. 한마디로 말해서 아무런 증거가 없지 않느냐는 것인데…

이 여인은 이웃집 사람들을 믿지 못하고 꿀단지 속에 금화를 숨긴 것은 미안한 일이지만 그래도 잃어버린 금화가 너무도 억울해서 며칠 전 사울왕을 찾아왔었던 것이다.

"그렇습니다. 저는 그 이웃집 사람들을 고소하고 싶지만 증거도 없고 법정에선 저의 호소를 듣지 않았습니다."

"아무런 증거가 없는데 어찌 내가 널 도울 수 있단 말이냐? 내가 당신의 말은 또 어떻게 믿지? 꿀단지에 금화를 숨겨 놓았었는지 아니면 원래브터 숨기지도 않고 옆집 사람들을 의심하는 건지 어떻게 증명할 수 있느냐 말이다."

사울은 여전히 짜증이 나는 투로 말했다.

다윗은 묵묵히 그 여인의 말을 들을 뿐이었다. 그리고는 갑자기…

"왕이시여, 저에게 좋은 방법이 있는데 제 말대로 따라 주실 수 있는지요?"

그 소리에 도엑이 깜짝 놀랐다.

"다윗, 너 같은 어린놈에게 무슨 좋은 방법이 있다는 거냐?"

그러자 사울이 도엑의 말을 막았다.

"무슨 방법이냐?"

"아주머니, 그 꿀단지를 갖고 있나요? 그러시다면 지금 저에게 주십시오"

여인은 소매로 눈물을 닦으며 갖고 온 꿀단지를 다윗에게 건네 주었다. 그러자 다윗은 꿀단지를 높이 들어 땅바닥에 떨어뜨렸다.

그 순간이었다. 모두들 깨어지 꿀단지 조각을 보고 놀라지 않을 수 없었다.

두 잎의 금화가 단지 안쪽에 들러 붙어 있던 것이었다. 그로써 그 여인의 주장은 사실이었음이 증명 되었고 이웃집 사람들은 불려와서 자신의 잘못을 시인하지 않을 수 없게 되었다.

"고맙습니다. 정말 고맙습니다. 이 은혜는 평생 잊지 않도록 하겠습니다."

여인은 연실 고개를 숙이며 인사를 해댔다. 사울왕이 아닌 다윗을 향해서… 도엑은 그 순간 사울의 일그러진 표정을 읽고 있었다.


그 장면을 처음부터 끝까지 곁에서 지켜 본 사울왕의 신하들은 어린 소년 다윗에 대해서 말하기 시작했다.

도대체 저 아이는 누구길래 사울왕도 해결하지 못하는 것을 쉽게 해결해 낸단 말인가?

이 나라의 왕도 두 번씩이나 찾아와 억울함을 호소하던 여인에게 그저 돌아가라는 말밖에 하지 못했는데 단지 한마디 만으로 저렇게 쉽게 백성의 억울함을 해소해 주는 저 꼬마는 누구란 말인가? 사울왕이 밤마다 악령에 시달리며 비명을 지르고 땀을 비오듯 흘릴 때면 그 청아한 목소리로 수금을 연주하며 노래함으로써 사울왕의 영혼을 평안하게 해 주는 저 신비로운 목소리의 주인공은 과연 누구란 말인가?

다윗은 누굴까?

사울왕도 다윗에 대해서 궁금해 지기 시작했다.

뭘 하던 아이였을까?


우리는 여기서 어린 다윗에 대하여 몇가지 의문을 가지게 된다.

사무엘이 다윗에게 기름을 붓기 위해 베들레헴의 이새의 집에 찾아가서 이 나라의 왕을 당신 집에서 찾겠다고 했을 때 이새는 다윗을 뺀 나머지 형제들만 모두 불러 냈다.

드디어 사무엘이 이새의 아들을 한 명씩 만나 보고 있을 때도 이새는 다윗을 불러 오지 않았다. 7명의 형제들을 차례로 모두 다 보고 나서도 사무엘이 또 다른 형제가 있느냐고 물을 때까지도 이새는 다윗을 불러 오지를 않았다. 이새는 왜 다윗을 불러 오지 않았던 것일까?

그 시간에 다윗은 우리가 알고 있는 것처럼 밖에서 양떼를 치고 있었다.

왜 이새의 다른 아들들은 모두 아버지 곁에 있을 때 막내 아들인 다윗만 양떼를 치고 있었던 것일까? 그리고 사무엘이 나중에 나타난 다윗을 보고 이스라엘의 왕이 될거라고 이야기를 하는 순간 왜 이새와 다윗의 형들은 감격과 축하대신 경악을 금치 못한 것일까?

그런 의문에 대해서 미국의 유명한 탈무드 학자인 루이스 긴즈버그의 'Legend of Bible'이라는 책에서 그 해답의 실마리를 찾을 수 있다.


이새는 베들레헴의 부유한 지주 보아스의 손자로써 역시 부자로 여유롭게 살았으며 그에겐 나즈밧이라는 부인이 있었다.

그렇다면 나즈밧은 또 누구인가?

나즈밧은 원래 나하스(나중에 다윗이 왕이 된 후 곁에 있었던 요압장군의 외할아버지)의 부인으로 나하스와 사이에서 두명의 딸을 낳았지만 어쩐일인지 나즈밧은 두 번째 결혼을 이새와 하게 되었다. 그러니까 이새는 부인 나즈밧과의 사이에서 낳은 여러명의 아들들과 나즈밧이 데리고 온 두명의 딸까지 함께 살았으니 이복 형제가 집안에서 바글 바글 했었던 것 같다.

그래서 그랬을까? 이새는 나즈밧이 있었음에도 불구하고 자신의 곁에서 함께 살고 있는 몇 명의 여자 노예들 중에 한 여자를 맘속에 품게 된다.

그 사실을 이새의 부인인 나즈밧이 알게 되었고 그녀는 남편 이새가 다른 여자와 동침하지 못하게 하기 위해 자신이 여자 노예와 똑같이 변장을 해서 한밤중에 이새의 침실에 들어가게 되었다는 것이다.

이새의 아이를 갖게 된 나즈밧, 그녀는 결국 남편 몰래 아이를 낳아 여자 노예에게 주었고 그 아이는 노예의 아들로써 자신의 형제들과 함께 살 수 있는 입장이 되지를 못했던 것이다.

그 아이가 바로 다윗이라는 얘기다.

물론 다윗의 출생에 얽힌 비극적인 이런 이야기는 성경엔 나오지 않는다. 어쨌든 이런 이야기를 들으면 사무엘이 이새를 찾아갔을 때의 상황이 어느정도 이해가 가지 않을 수 없게 된다. 그래서 다윗은 다른 형제들과는 달리 혼자서 늘 들판에 나가 아버지의 양떼를 지킬 수밖에 없었고 그 외로움을 달래기 위해 다윗은 바람소리에 맞춰 수금을 연주하며 시를 노래했었던 것이다.

집에 사무엘이 찾아왔을 때 역시 다른 형제들은 모두 아버지 곁에 있었고 굳이 다윗처럼 들판에 나가 양떼를 돌보지 않아도 되었으며 오히려 사무엘이 다윗을 찾을 때 의아해 했었던 것이다. 마침내 사무엘이 다윗을 보자마자 기름을 부으며 이스라엘의 다음 왕으로 택했을 때 이새는 물론 다윗의 형제들이 기겁을 했던 것도 어쩌면 당연한 일인지도 모른다.

이스라엘의 왕이… 하나님께서 세우신 이 나라의 왕을 어떻게 노예의 아들에게 시킬 수 있단 말인가? 사무엘이 뭔가를 착각한 것은 아닐까? 너무나 급한 나머지 출신성분도 제대로 파악하지 못하고 아무에게나 왕의 자리를 허락하는 것은 아닐까? 혹시 나중에 번복할려고 하는 것은 아닐까?

오히려 이새의 다른 아들들은 사무엘을 의심하기 시작했었다.

바로 그 순간, 다윗의 어머니인 나즈밧이 나섰다. 그리고는 그간의 일들을 모두 고백하고야 만 것이다. 다윗은 노예의 아들이 아니라 바로 아버지 이새와 자신의 사이에서 나온 아들이며 바로 너의 형제들이라는 사실을… 형제들은 다윗을 쳐다보았다.

"네가 내 형제였구나… 그걸 여태 몰랐어 아주 까마득히…"

다윗의 눈에선 눈물이 흐르고 있었다.

그동안 노예의 아들로써 형제들과 어울리지 못하고 늘 혼자 외롭게 지내야 했었던 지난 날들의 쓸쓸한 기억들이 대뇌에서 흘러 내려와 가슴을 타고 역류되어 눈물로 나오고 있었던 것이었다.

예루살렘에서 발견된 다윗의 도시 일부. 다윗이 헤브론에서 예루살렘으로 수도를 옮긴 후 세운 성인데 BC 586년에 바벨론에 의해서 파괴되고 남은 모습이다.

# 서로 다른 생각

블레셋이 그 옛날 이스라엘과의 전투에서 법궤를 빼앗아 갔다가 다곤신 상이 깨지는 등 뜻하지 않는 재난을 당하게 되자 자기들 스스로 법궤를 돌려 주어야 했던 뼈아픈 과거가 있지 않았던가? 그 뒤로 그들은 호시탐탐 그 법궤를 다시 빼앗아 가기 위해 기회를 노리고 있었고 마침내 사울이 밤마다 악령에 시달리며 정신병 증세까지 보이게 되는 정치적 공백기간을 이용해 다시 쳐들어 왔다.

그러나 블레셋의 작전은 좀 지리멸렬했다고 볼 수 있다.

한꺼번에 이스라엘 진영으로 쳐들어 오는 것도 아니고 그렇다고 해서 게 릴라 전법을 이용한 것도 아니었다. 그냥 골짜기를 사이에 두고 40일 동안이나 쳐들어 오지도 않으면서 이스라엘 군사들이 아침 저녁으로 그들의 기도문인 셰마를 암송하고 있을 때 블레셋의 목청 큰 군사 한사람이 앞으로 나와 약을 올리는 식이었다.

사울왕은 이런 진빠지는 대치 상태가 오래 되자 이미 다윗을 집으로 돌려 보냈고 그는 또 다시 밤마다 잠을 이루지 못하며 악령에 시달리다가 아침이면 괴로움으로 눈을 떠야 했다. 이스라엘 군사 역시 셰마를 암송하는 동안 자신들의 하나님을 비하시키며 조롱하는 블레셋 군사들의 심리전에 이미 지칠 대로 지쳐 있었다. 더군다나 그들은 세기의 거구 골리앗이 골짜기의 한가운데 버티고 누워 있지 않던가?

골리앗은 주로 블레셋 군사와 이스라엘 군사가 서로 대치하고 있는 가운데 작은 나무밑에서 뒤척 거리며 낮잠을 자고 있었다. 물론 골짜기 사이엔 커다란 나무도 없었지만 골리앗이 일부러 작은 나무 밑에서 잠을 잤던 이유는 그래야 자신의 몸이 더욱 커다랗게 비쳐질 수 있었고 그의 뒤척이는 몸은 그야말로 커다란 코끼리가 자기 몸을 이기지 못해 움찔 거리는 것으로 이스라엘 군사들은 느꼈다.

한마디로 골리앗의 이런 굼뜬 행동은 이미 기가 질려 있는 이스라엘 군사들에게 보여지는 시위이자 말없는 공포 그 자체였다.

제 아무리 칼을 잘 쓰는 이스라엘 군사라 할지라도 도저히 이 인간같지 않은 골리앗과 싸워서 이길 수 있는 용기가 있는 사람이 없었다. 골리앗만 없었어도 셰마를 암송할 때 하나님을 조롱하는 저 블레셋을 당장이라도 쫓아가서 어떻게 해 보겠지만 그 한가운데 골리앗이 버티고 누워 있는 한 아무도 골리앗의 배를 넘어갈 수가 없었던 것이다.


다윗이 도엑과 함께 사울왕의 야전 막사 안으로 들어가 다시 그 앞에 섰다.

사울왕의 막사 안은 역시 어두침침했다. 양털로 짠 천막안은 한낮의 팔레스틴 골짜기에 불어닥친 열풍이 들어와 아직 빠져 나가질 못해 후끈 거렸고 오랫동안 이어지는 전쟁으로 기름을 아끼기 위해 등잔불도 하나밖에 켜놓질 못하고 있었기 때문이었다.

더구나 막사 안은 쾌쾌한 냄새까지 진동을 하고 있었다. 며칠 째 씻지도 못하고 이렇게 골짜기 뒷편에 마련된 막사안에서 한달여 이상을 지내고 있으니 어느 구석 하나 깔끔한 곳이 없었던 것이다.

사울의 곱슬거리는 머리카락도 제대로 정리되지 않아 부시시했고 그의 수염 역시 다듬을 틈이 없어 보였다. 왕의 막사라고 안내하지만 않았으면 그리고 막사밖에 병사 몇 명이 보초를 서고 있지 않다면 설마 이스라엘의 왕이 이런

곳에서 있으리라고는 상상하지도 못할 정도였다

"다윗, 넌 내가 집엘 보내지 않았었느냐? 왜 다시 돌아왔지?"

"왕이시여, 밤에 잠은 잘 오는지요?"

다윗은 대답대신 질문으로 맞받아 쳤다. 다윗이 한눈에 보기에도 사울의 초췌함이 말할 수 없을 정도 였으니 사울의 질문에 대답하기 보다 자기도 모르게 먼저 질문부터 나온 것이다.

"네가 집으로 돌아간 이후로 난 잠을 잘 수가 없어. 보거라 어젯밤도 역시 마찬가지야. 얼굴이 퉁퉁 부었잖아."

"지금이라도 수금을 연주하고 노래를 불러 드릴까요?"

그때였다. 또다시 멀리서 블레셋 군사중에 목청 큰 이가 소리를 질러 대는 것이 들렸다. 내용은 뻔했다. 하나님을 비방하고 이스라엘 군사들의 용기없음을 비아냥 거리는 소리였다. 그 소리중에는 사울왕이 밤마다 미쳐서 막사안을 뛰어 다닌다는 소리까지 섞여 있었다.

"들리지? 저소리… 맘은 지금 당장이라도 너의 노래를 들으며 잠을 자고 싶지만 너도 알다시피 저 놈들이 아침 저녁으로 저렇게 떠들어 대고 있으니 더 미쳐 버릴 것 같아"

"하나님께 기도하시지 그랬어요?"

"기도? 전쟁터에선 기도 보다 체력과 전술이 더 필요해.

다윗, 이제 돌아가거라. 여긴 위험한 곳이야."

바로 그때 그 장면을 묵묵히 지켜 보던 도엑이 말을 가로 막았다.

"왕이시여, 다윗이 왕께 할말이 있다고 합니다."

그 말에 사울이 다시한번 다윗을 쳐다 보았다

"할말? 할말이 뭐지?"

사울이 다윗의 눈을 바라보며 물었지만 다윗은 머뭇거렸다.

"어서 말하거라. 네가 나한테 한 말 있잖아… 그걸 왕께 말씀 드려야지."

도엑이 다시 한번 채근했다.

"왕이시여, 제가 나가서 골리앗과 싸우겠습니다."

그말에 사울은 손에 들고 있던 물잔을 바닥에 떨어뜨렸다. 바닥에 쏟아진 물이 다윗의 발가락 사이로 파고 들었다.


사울이 잠시 어이없는 표정을 짓자 도엑은 얼른 손짓으로 다윗을 막사 밖으로 내 보냈다.

막사안에는 사울과 도엑만 남았다.

"왕이시여, 저도 이런 문제로 저 아이를 왕께 다시 데려 올 생각은 없었습니다."

"그런데 왜 데려 온거지? 지금 이 전투가 장난인 줄 알아? 상대는 지금 골리앗이야."

"저도 잘 알고 있습니다. 그리고 저 아이가 골리앗과 싸워서 이길리도 없습니다. 저 아이가 무슨 수로 골리앗과 싸워서 이기겠습니까?"

"도대체 어쩌자는 거야? 빨리 결론을 말해 봐"

"골리앗은 자기의 커다란 덩치 때문에 잘 움직이지도 못합니다. 민첩하지 못하다는 겁니다.일단 그의 주먹이나 칼에 맞으면 끝이나긴 해도 저 아이처럼 작은 아이가 골리앗 앞에서 빠르게 움직이면 오히려 골리앗이 불리하죠. 그 점을 이용하는 겁니다. 일단 저 아이가 골리앗과 나서서 싸우는 척 하면서 골리앗을 이리저리 끌고 다니면서 화를 내게 한 다음 힘을 빼게 하는 겁니다. 그러는 와중에 골리앗은 어느새 우리 진영쪽으로 들어오게 되고 그러면 매복해 있던 우리의 군사들이 한꺼번에 골리앗을 덥치는 겁니다. 그렇다면 제 아무리 힘센 골리앗이라 할지라 그땐 모든게 끝이 나는 겁니다."

"될까?"

사울이 침대에 주저 앉으며 물었다.

"벌써 40일째입니다. 이렇게 며칠만 더 가면 우리 군사들도 더 이상 싸울 기력이 나지 않습니다."

"그러다가 저 아이가 다치기라도 하면 어쩌지?"

"죽을 수도 있습니다. 하지만 그건 희생이죠."

도엑은 다윗이 영 맘에 들지 않았다.

아직 나이도 한참 어린 아이한테 굳이 기분이 나쁠 것 까지야 없었지만 그래도 왕의 최측근에 자신의 사람을 두고 싶었는데 그것이 맘대로 되지 않았던 것이 가장 큰 이유였다.

그런데 전쟁터에서의 생활이 오래 지속되자 도엑은 사울의 허락을 받아 다윗을 집으로 돌려보냈는데 며칠만에 다시 제발로 찾아와 이제는 자기가 골리앗과 싸우겠다고 자청을 하고 나선 것이다. 분명히 골리앗 앞에 서기만 해도 죽을 것이 뻔한 일이기 때문에 아무도 나서지 않는 일을 어린 꼬마가 하겠다니 도엑은 한마디로 기가 막혔지만 오히려 이번 기회에 아예 다윗을 없애 버리는 것도 나쁘지 않을 것 같다는 생각이 든 것이다.

'다윗을 없애버려? 그것도 자기 스스로 선택한 대결에서 적의 손에 죽어?'

도엑은 그것을 노렸다.

다윗도 죽고 골리앗도 잡고…

"너무 하지 않아? 죽을 것이 뻔한 대결인데…"

사울이 다시한번 물었다.

"그렇지 않습니다. 왕이시여 다윗도 보통 아이가 아닙니다. 제가 그 아이에게서 직접 들었는데 그 아이는 들판에서 양떼를 돌보다가 덤벼드는 사자와 곰들을 잡은 적이 있다고 합니다. 한마디로 용맹한 아이죠. 저도 그런 소문은 들은 적이 있습니다. 베들레헴에선 아주 뛰어난 아이라고 말이죠. 나중에 어른이 되서 이스라엘을 위해 뭔가를 크게 해낼 아이라고 말이죠…"

도엑은 슬며시 사울의 눈치를 살폈다.

"지혜도 보통이 아닙니다. 예전에 억울한 여인의 하소연을 그 자리에서 해결하는 것도 보셨잖습니까? 그 아이는 지도자의 머리마저 갖고 있습니다. 장차 이 나라의 지도자가 될지도 모르는…"

그 순간, 사울이 도엑을 뚫어져라 쳐다 보았다. 도엑은 슬그머니 눈을 피했다.

"아마도 왕의 궁정 안에서도 다윗을 모르는 이가 한사람도 없을 걸요? 왠지 사람들은 저 아이만 나타나면 수근 거립니다. 잘 생겼다. 똑똑하다. 음성도 좋다…"

사울이 갑자기 막사 밖을 향해 소리를 질렀다

"다윗!"

다시 다윗이 막사 안으로 들어왔다.

"자신이 있느냐?"

"하나님은 지금까지 저를 사자의 발톱과 곰의 발톱에서도 보호해 주셨습니다. 골리앗의 칼이 아무리 날카롭다 하더라도 하나님께서는 저를 보호해 주실 것입니다."

하나님…

사울은 어린 꼬마의 입에서 나오는 그 하나님이라는 단어가 왜 이렇게 오랜만에 들리는지 몰랐다.

"그래 다윗은 하나님을 의지하고 나서는 구나… 나는 이제까지 하나님을 생각해 보지 못했는데… 그게 이 꼬마와 나의 차이야"

사울이 속으로 이런 생각을 하고 있을 때 도엑은 다른 생각을 하고 있었다.

"이렇게 간단한 일을… 다윗 하나 없애는 것 쯤이야…"

옛 에돔 족속의 땅이었던 요르단의 페트라. 이곳 사람은 그 당시 거대한 돌산을 파서 건물과 도시를 만들었다.

# 대 결투

이제 모든 것은 결정되었다. 다윗이 골리앗과 한판 대결을 벌이기로… 아직도 정신을 차리지 못해 혼자 막사 안에 있겠다는 사울을 두고 다윗은 도엑과 함께 막사 밖으로 나왔다. 다윗은 혼자 조용히 하나님께 기도를 하겠다며 도엑 혼자 내버려 둔 채 숲속으로 들어갔다.

바로 그때였다 아히도벨이 도엑을 향해 부리나케 뛰어 왔다. 아히도벨은 도엑을 보자 마자 대뜸 들이댔다.

"도엑, 당신 대체 정신이 있는 거야?"

그러자 도엑은 아직도 숨이 턱까지 차오른 아히도벨의 팔을 끌고 인적이 드문 곳으로 데려갔다.

"내가 뭘 어쨌다는 거요?"

"다윗을 골리앗 앞에 가도록 했다면서?"

"그랬소이다."

"다윗을 죽이겠다 이거지? 당신은 처음부터 다윗을 못마땅하게 생각했어. 아무리 그래도 그렇지 이런식으로 다윗을 죽이겠다는 건 너무 하지 않아?"

"내가 다윗보고 골리앗과 싸우라고 부탁을 했겠나? 그렇다고 들을 사람인가? 다윗이? 다윗도 이제 스므살이야. 애가 아니라고…"

다윗의 나이가 스므살이라는 도엑의 말에 아히도벨은 더 이상 뭐라고 할 말을 잃은 듯 했다. 하기야 골리앗과 대치상태인 이스라엘 군사들에게 사울왕이 내건 보상에 대해서 다윗이 지난 며칠동안 알아 보고 다니고 있다는 소문을 아히도벨도 들어 알고 있던 터가 아니던가… 사실이 그랬다. 다윗은 골리앗과 싸워서 이길 경우 사울왕이 내건 많은 재물과 세금, 병역 면제등의 혜택, 그리고 사울왕의 딸과 결혼을 하게 하여 친인척으로 맺어 주겠다는 가장 중요한 소문을 파악하고 다녔었다.

아히도벨은 다윗이 그같은 소문을 확인하고 다닌다는 소문을 듣고는 혹시 다윗의 큰형 엘리압에게 권하기 위해 그러는 것은 아닐까? 아니면 또 다른 무슨 꿈꿈이가 있는 것은 아닐까? 이런 정도만 생각했었지 설마 다윗 자신이 골리앗 앞에 나가리라고는 전혀 상상치도 않았었던 것이다.

그런데 이제 그런 일이 벌어지고 말았다. 멀찌감치서 다윗이 돌아오는 것을 발견한 도엑은 아히도벨의 눈을 한번 쳐다보고는 바람처럼 다윗에게로 돌아갔다.

아히도벨은 그 자리에 서서 한참이나 생각했다. 이제 다윗이 골리앗 앞에서 처참한 모습으로 죽게 되면 이스라엘은 블레셋의 본격적인 공격을 받게 될 것이다. 그 공격에서 자신과 사울왕이 살아남는다 하더라도 이제 사울은 자신을 원망하게 될지 모른다. 다윗을 데려온 사람이 바로 자신이니…

그러나 만약에… 물론 그럴 일은 손톱만치도 없겠지만 다윗이 골리앗을 이긴다면 다윗은 곧바로 사울왕의 사위가 될 것이며 자연히 자신의 위치가 확고해 지면서 도엑은 더 이상 자신의 상대가 될 수가 없겠지…

아히도벨의 머리속은 한참이나 복잡해지고 있었다.

아브넬이 사울왕의 막사 안으로 뛰어 들어갔다.

아직도 침대에 주저 앉은 사울은 아브넬의 얼굴을 쳐다 보지도 않았다.

"왕이시여. 저는 이스라엘 군대의 장군입니다."

"누가 뭐랬나?"

"그런데 왜 저한테는 한마디 상의도 않고 허락을 하신 겁니까?

이 전투가 어린애 장난인 줄 아십니까? 상대는 골리앗입니다.

우리같이 전투 훈련을 받은 사람도 두려워서 보고만 있는 백전불패의 천하장사란 말입니다.

그런데 다윗은 단 한번도 전투에 참가해 본 적도 없고 적이 휘두르는 칼을 피해 본 적도 없는 목동 아닙니까? 그런데 골리앗과 맞서 싸우게 한다니요. 그럼 블레셋이 우리 알기를 얼마나 우습게 알겠습니까? 왜 왕과 저흐 모두를 블레셋의 웃음꺼리로 만드실려고 그러시는 겁니까? 내가 다윗보다 못합니까? 아니면 우리 이스라엘 군사들이 다윗 보다 못해서 여태 이러고 있는 줄 아십니까?"

아브넬은 분이 풀리지 않는지 쉼없이 쏟아 부었다. 그러나 사울은 대꾸를 하지 않았다.

"뭐라고 말씀 좀 해 보세요!"

"아브넬…"

그제서야 사울은 입을 열었다.

"다윗이 내게 뭐랬는 줄 아나?"

"뭐라고 했습니까?"

"왜 우린 그걸 몰랐지? 자네나 나나…"

"대체 뭐라고 그랬는데요?"

사울은 또 다시 입을 다물었다. 여전히 정신이 나간 표정이었다.

"아니 뭐라고 그랬는데요?"

아브넬이 이번엔 성질을 부리며 물었다.

"골리앗은 칼로 싸우지만 다윗은 만군의 여호와 하나님의 힘으로 싸운다고 했네… 자넨 누가 이길거라 생각하나? 칼인가? 만군의 여호와인가?"

예루살렘의 다윗타워(tower of David) 안에 있는 소년 다윗의 동상. 다윗 옆에는 잘린 골리앗의 머리가 있다.

이번엔 아브넬이 입을 다물었다. 그리고는 말 한마디 내뱉고 막사 밖으로 나가 버렸다

"에이 정말 나라의 체면이 말이 아냐… 내 꼴은 또 뭐고…"

다윗이 골리앗이 누워 있는 골짜기의 한 가운데로 천천히 아주 조심스럽게 걸어갔다.

다윗이 등장하는 순간 벌써 블레셋 진영에선 야유가 쏟아지기 시작했지만 골리앗은 그 소리를 못들었는지 골짜기의 한 가운데 있는 나무옆에서 아무렇게나 쓰러져 잠을 자고 있었다.

그러다가 다윗이 골리앗으로부터 얼마 떨어지지 않은 곳에 서자 블레셋 진영의 병사 한사람이 돌멩이를 던져 골리앗의 옆구리를 맞혔다.

그러자 골리앗은 짜증이 나는 듯 몇번을 뒤척이다가 다윗을 발견한 듯 이상한 소리를 내며 몸을 일으켜 세워 곁에 뒹굴던 투구를 아무렇게나 뒤집어 썼다. 바로 코 앞에 서 있었던 다윗은 골리앗의 그 소리를 너무도 가까이서 들을 수 있었다. 그 소리는 사람의 소리가 아니라 마치 짐승의 소리와도 같았다.

다윗은 순간 주먹을 꽉쥐었다. 그리고는 입에서 자신도 모르게 말이 튀어 나왔다.

"아, 하나님…"

도저히 승산이 일어날 것 같지 않은 말같지도 않은 대결!

이제 열 대여섯 살의 다윗, 그리고 키가 3미터나 되서 누

웠다가 일어나기에도 버거워 보이는 거구의 장사 골리앗, 그러나 이 두사람 사이엔 묘한 눈길이 오갔다.

다윗과 골리앗, 그들은 단지 이스라엘 진영과 블레셋 진영에서 나온 두명의 대표자일 뿐일까? 놀랍게도 '루이스 긴즈버그'는 두사람의 색다른 인연을 소개한다.

그것은 바로 다윗과 골리앗이 혈연으로 연결되어 있다는 사실이다.

다윗과 골리앗이 혈연 관계라니? 그게 정말 사실일까? 이 이야기를 하려면 다시 성경 룻기로 돌아가야 한다.

사사시대때 이스라엘의 베들레헴에 엘리멜렉이라고 있었다 그의 부인은 나오미였고 그에겐 말론과 기룐이라는 장가 안간 두 아들이 있었다.

그런데 그의 고향 베들레헴에 심한 기근이 들자 동네 사람들의 만류도 뿌리치고 엘리멜렉은 일가족과 함께 요단강을 건너 모압땅으로 이사를 갔던 것이다. 모압땅은 지금 이스라엘과 요단강을 경계로 두고 동쪽에 있는 요르단의 중부도시를 말한다.

그런데 문제는 이 모압땅이 한마디로 말해서 하나님을 두려워 하고 하나님을 섬기며 사는 이스라엘과는 영 판판이었던 것이다. 모압땅엔 여기저기 술에 취해 정신을 못차리는 사람이 들끓었고 여자들 또한 정조 관념도 없이 타락한 생활을 하고 있었기 때문이었다. 그러나 어쨌든 엘리멜렉과 그의 가족들은 그런것에도 아랑곳하지 않고 열심히 살았다.

그렇게 살던 어느날 엘리멜렉은 청천벽력과 같은 말을 듣게 된다. 그의 아끼는 두 아들이 모두 이방인인 모압 여인과 결혼을 하겠다고 말한 것이다. 엘리멜렉은 자신의 두 눈에 흙이 들어가기 전에는 절대로 그런일은 있을 수 없다고 반대를 했고 정말 얼마 안가 엘리멜렉은 고향으로 돌아가지도 못한채 모압땅에서 숨을 거두고 만다.

엘리멜렉의 두아들, 말론과 기룐. 이들은 드디어 모압여인과 결혼을 하고 만다. 말론의 아내 룻, 그리고 기룐의 아내 오르바.

그러나 아버지가 반대하는 결혼을 해서 그랬는지는 모르지만 불행하게도 말론과 기룐도 역시 모압땅으로 이사온지 10년 만에 모두 죽고 만다.

옛 모압지역

졸지에 3명의 과부들만 남은 엘리멜렉의 집,

엘리멜렉의 부인인 나오미는 두 과부 며느리를 앉혀 놓고
이야기 한다.

자신은 이제 더 이상 모압땅에 살고 싶은 맘이 없으며 고
향인 베들레헴도 이젠 기근이 멈추고 살만해 졌다는 소식을
들었으니 고향으로 돌아가겠다는 것이다. 그러나 미안하게도
두 며느리는 같이 갈 수가 없다고 얘기를 했다. 나오미가 이
과부 며느리들을 고향으로 데려가지 못하는데는 나름대로 속

모압성의 내부에서 바라 본 모습

사정이 있었다. 10년전 고향을 떠나올 때도 동네 사람들이 말
리는 것을 뿌리치고 모압땅으로 찾아갔었는데 이제와서 남편
도 잃고 두 아들 마저 하늘로 보낸 혼자의 몸으로 돌아간다는
것도 괴로운일인데 이방인 과부 며느리를 둘씩이나 함께 돌아
간다는 것이 도저히 용기가 나질 않았던 것이다.

그러나 말론의 아내 룻은 나오미 앞에서 그 유명한 말을
하게 된다.

"어머니께서 가시는 곳에 나도 가고 어머니께서 유숙하
시는 곳에서 나도 유숙하겠나이다. 어머니의 백성이 나의 백
성이 되고 어머니의 하나님이 나의 하나님이 되시리니 어머니
께서 죽으시는 곳에서 나도 죽어 거기 장사될 것이라. 만일 내
가 죽는 일 외에 어머니와 떠나면 여호와께서 내게 벌을 내리
시고 더 내리시기를 원하나이다."

그러나 두 번째 며느리인 오르바는 룻과는 정 반대였다.
룻이 어머니의 신인 하나님을 따라서 믿겠다고 할 때 오르바

는 모압민족의 신인 그모스 신을 버릴 수 없으며 시어머니의 말대로 모압땅에
남겠다고 한 것이다.

고향으로 돌아온 나오미와 룻, 룻은 성경에서 말하는 것처럼 지극정성으
로 시어머니를 모시다가 보아스를 만나 결혼을 하며 그 사이에서 오벳이 태어
나고 오벳은 다윗의 아버지 이새를 낳게 된 것이다. 한마디로 이방인의 여인으
로서 이스라엘의 왕의 조상이 되는 영광을 얻게 된 것이며 더 나아가서 메시야
의 조상이 된 것이다.

그러나 모압땅에 남은 오르바는 자유의 몸으로 본격적인 난잡한 삶을 살
아가기 시작하다가 아기를 낳았는데 그녀의 삶이 얼마나 난잡했었는지 모압사
람들은 그 아기를 가리켜 백명의 아버지와 한명의 어머니 사이에서 태어난 아
이였다고 할 정도 였느니까 말이다.

그 아기가 바로 골리앗이라는 얘기다.

물론 이 얘기는 성경에는 전혀 나오지 않는 이야기다. 다만 이스라엘의 탈
무드에서 전해져 내려오는 이야기일 뿐이다. 그러나 이 이야기가 사실이라면
두 사람의 운명은 참으로 별난 인연이 아닐 수 없다.


골리앗이 그 육중한 몸을 일으켜 섰다. 골리앗의 몸과 키는 정말 컸다. 온
몸을 가린 갑옷과 콧잔등까지 내려온 투구의 밑으로 보이는 골리앗의 눈은 눈
꼽과 물기로 엉망이었지만 워낙 눈이 커서 시커멓게 보이는 눈동자는 짐승의
눈과도 같았다. 그 앞에 서 있는 다윗도 작은 키는 아니었지만 두 사람의 모습
은 너무도 비교가 되었다.

골리앗이 자신의 몸을 가누지 못하고 비축 거리며 흙먼지를 일으키자 다
윗은 순간 뒤로 물러 섰다. 그 장면을 본 블레셋 진영에서 또 다시 야유가 터져

나왔다. 잠에서 깬 골리앗이 다윗을 보더니 자신의 뒤를 둘러 보았다. 또 다른 누군가를 찾는 눈치였다. 그리고는 자신의 앞에 다윗 외에는 아무도 없다는 것을 확인하자 골리앗은 또 다시 다윗을 뚫어져라 쳐다 보았다.

"너냐? 나와 싸울 상대가?"

골리앗이 어이가 없는지 굵은 목소리로 다윗에게 다정하게 물었다.

"내가 너같은 아이와 싸울려고 여기서 40일을 기다린 줄 알아?"

다윗은 여전히 경계의 눈초리로 두 주먹을 쥔채 잔걸음으로 골리앗 앞을 서성였다.

"네가 이스라엘에서 가장 힘이 센 자야? 나와 싸워서 이길 수 있을 것 같애?"

골리앗의 긴 칼이 다윗의 눈앞을 지나갔다. 그 칼이 허공을 가르는 동안 바람이 휙 일어 다윗의 머리카락이 날렸다. 그리고 소리도 났다. 바람소리였다.

다윗은 여전히 주먹을 쥔 채 잔걸음으로 빠르게 움직였다. 골리앗은 역시 빠른 다윗의 행동을 따라가지 못할 만큼 둔 했다.

"어라? 내 칼을 피했어? 좋아, 이제 내가 네 살을 찢어 하늘의 새와 들짐승들에게 나눠 주지. 네가 믿는 여호와는 어딨지? 내가 무서워서 도망을 가셨나? 으하하하"

다시 한번 골리앗의 칼이 허공을 휘 저었다. 그 순간 다윗이 주머니에서 꺼낸 돌멩이 하나를 골리앗을 향해 힘껏 던졌다. 그러나 그 돌멩이는 골리앗의 어깨에 맞고 튕겨 나갔다.

"이게 뭐야? 돌멩이로 날 이기겠다고? 그 돌멩이도 하나님이 주시던가? 돌멩이를 선물로 주신 하나님… 겨우 그거야? 좀 더 좋은 걸 달라고 하지?"

또 다시 골리앗의 칼이 다윗의 코앞을 지나갔다.

골리앗의 칼날이 허공을 휘 저을 때마다 저 멀리서 블레셋 군사들의 환호는 더욱 커져 갔다.

다윗이 뒷걸음 치다 돌부리에 걸려 넘어졌다. 다시 일어나려고 했지만 골리앗이 너무 가까이 다가왔다. 다윗은 일어날 틈도 없이 엉금엉금 기어서 골리앗의 커다란 두 다리 사이로 빠져 나와 다시 한번 돌멩이를 던졌다. 하지만 이번엔 돌멩이가 허공으로 날아가 버리고 말았다.

"이봐 꼬마, 일어나. 일어나서 네 하나님께 도와 달라고 외쳐 보지 그래?"

다윗이 일어나 자세를 고쳐 잡았다. 그리고는 소리쳤다.

"너는 칼과 창과 방패를 들고 내 앞에서 하나님을 조롱하고 있지만 나는 이스라엘의 전능하신 하나님 여호와의 도우심으로 무장했다. 너는 만군의 여호와를 조롱하였으나 여호와께서는 오늘 너를 내 손에 넘겨 주실 것이다. 네가 여호와를 저주하였기 때문에 너는 그 벌로 죽게 될 것이다. 이제 여호와께서 내가 너를 쳐 죽이고 네 목을 자르도록 도와 주실 것이다. 그러면 내가 네 시체뿐만 아니라 블레세 족속의 시체를 모조리 하늘의 새와 들짐승들의 밥으로 줄 것이다."

도대체 어디서 그런 용기가 나온 것일까?

처음엔 파르르 떨던 목소리가 나중엔 점점 힘이 붙어 골짜기를 뒤흔들 정도였다. 다윗의 그 소리가 골리앗 뿐만 아니라 블레셋의 진영과 이스라엘의 진영에까지 생생하게 들릴 정도였으니까…

바로 그 순간이었다. 어디선가 새 한 마리가 날아와 이 두사람의 머리위로 날개를 파닥이며 날아갔다.

"네 살을 저 새가 먹을 것이다."

다윗이 다시한번 소리를 질렀다.

골리앗이 고개를 뒤로 제껴 아직도 멀리 날아가지 않고 머리위에서 빙글빙글 날고 있던 새를 바라보았다. 그러자 골리앗이 쓰고 있던 투구가 살짝 뒤로 넘어갔다.

바로 그 순간, 다윗의 손에 들렸던 또 다른 돌멩이가 날아가 골리앗의 이마에 적중을 한 것이다.

순간 골리앗이 아무런 미동도 보이지 않고 꼼짝 않고 서 있었다. 그러나 다윗의 돌멩이가 골리앗의 이마에 적중하는 순간 들렸던 소리가 고요한 골짜기에 크게 울려 퍼져 블레셋 진영과 이스라엘 진영 모두 들을 수 있었다.

골리앗의 이마에서 피가 흘러 콧잔등을 타고 내렸다. 그 피는 바로 코앞에 있었던 다윗만이 볼 수 있었다. 그리고는 그 커다란 눈의 눈꺼풀이 서서히 풀리면서 골리앗은 마치 거목이 쓰러지듯 천천히 아주 천천히 무릎을 꿇더니 다윗의 다리 앞에 머리를 쳐 박으며 엎어졌다. 조금전까지만 해도 하나님을 저주하던 입속으로 흙먼지가 파고 들었다.

그의 가슴에 그려졌던 용의 형상은 땅에 닿았고 그의 머리는 다윗의 두 발 사이에 놓이게 되었다 그때까지만 해도 블레셋 진영이나 이스라엘 진영 모두 아무런 반응이 없었다. 그냥 침묵으로 이 장면을 바라 볼 뿐이었다

다윗은 골리앗이 쓰러지면서 일으킨 흙먼지 때문에 잠시 한발 뒤로 물러섰다가 조심스럽게 골리앗의 발꿈치 쪽으로 갔다. 그리고는 골리앗의 손에 들렸던 칼을 뺄려고 했지만 칼은 골리앗의 배밑에 깔려 있어서 아무리 해도 빠지질 않았다. 다윗이 골리앗의 몸을 굴려서 칼을 뺄려고 했지만 그것은 역 부족이었다.

바로 그때였다. 누군가 한 사람이 이스라엘 진영에서 뛰어왔다.

"제가 도와 드리죠"

다윗은 그 이스라엘 군사 한사람의 도움을 받아 칼을 들어 골리앗의 목을 향해 힘껏 내려쳤다. 목에서 피가 뿜어져 나왔지만 골리앗의 목은 쉽게 잘리지를 않았다.

"쓰러져 있는 자의 목을 자를 땐 칼을 아주 높이 드셔야 합니다. 어깨의 힘이 아니라 칼의 무게를 이용해야 하죠."

그의 말을 듣고 다윗이 다시한번 칼을 높이 들어 내려쳤다.

골리앗의 머리가 떨어져 나갔고 다윗이 골리앗의 머리카락을 휘어잡아 높이 들었다. 그러자 그 순간 이스라엘 진영에선 환호와 함께 진격의 나팔이 울려 퍼졌고 블레셋 진영은 퇴각 신호와 함께 우르르 도망가기 시작했다.

다윗이 옆에 서 있던 그 남자에게 물었다.

"누구시죠?"

"난 헷 사람 우리아라고 합니다."

# 올인

정말 의문이 아닐 수 없다. 이제 골리앗과의 싸움이 끝났으니 다시한번 곰 곰히 생각하며 짚고 넘어갈 부분이 있다.

도대체 다윗은 무슨 생각으로 골리앗과 싸우려고 했을까?

그것은 분명 엄청난 도박이었다. 상대방을 죽이지 않으면 반드시 자신이 죽게 되는 상황, 더구나 상대는 보통 상대가 아니지 않는가? 골리앗은 키가 3 미터나 되는 엄청난 덩치였고, 그 하나만으로도 충분히 상대방을 제압할 수 있는 인간 병기와도 같은 괴물이 아니었던가?

40일 동안 매일 같이 공룡의 입에서 뿜어져 나오는 괴성을 들으며 괴로워 했던 이스라엘 군사들은 아무런 무기도 들지 않고 혼자의 몸으로 터벅 터벅 걸 어가는 다윗을 보고 또 무슨 생각을 했을까?

전쟁이라면 이골이 날 정도로 전문가인 아브넬 장군, 그리고 몇 명의 특공 대원으로 블레셋 진영을 쑥대밭으로 만든 적이 있었던 요나단과 그의 이스라 엘 군사들이 이번에는 40일간이나 블레셋 군사와 대치하면서 제대로 공격다 운 공격한번 해 보지 못하고 그저 상대방이 떠들어 대는 모욕적인 심리비방전 에 속수무책일 수밖에 없었던 이유가 바로 그 골리앗 때문이었는터…

그에 비해서 다윗은 어떤가?

사울의 갑옷은 이스라엘 군사들 중에 몇벌 없는 가장 튼튼한 것이었다. 그걸 직접 벗어서 다윗에게 입혀 주었지만 다윗은 그것도 싫다며 훌훌 벗어 던 지고 오직 작은 돌멩이 몇 개만을 챙겨들고 홀로 걸어 갔다. 마치 제발로 호랑 이굴 속에 들어가는 토끼처럼…

더구나 다윗은 단 한번도 전투에 참가해 본 적도 없고 군사들과 함께 기본 체력 훈련과 전술 훈련도 받아 본적이 없는 말 그대로 전투의 생초보가 아닌가?

물론 다윗은 아버지의 심부름으로 전장에 오게 되었고 하필 그때 블레셋 군사가 하나님을 조롱하고 비양거리는 외침을 듣고 괘씸히 여겼던 것은 사실이다. 하지만 단지 이방인이 전쟁터에서 하나님을 욕한다는 이유 하나만으로 한 국가의 운명이 걸린 그 엄청난 결투에 나설 수가 있는 것일까? 만약에 골리앗과 싸움에서 지게되면 이스라엘 국가 전체가 패망하게 될지도 모르는 상황인데? 아무리 이제 막 스므살을 넘긴 겁없는 청년이라고는 하지만 그래도 너무나 엄청난 순간의 현실을 가볍게 생각하고 덤벼든 것은 아닐까? 겁도 없이?

그렇다. 다윗은 무서울 게 없는 상태였다.

다윗은 들판에서 양떼를 돌보다가 사자와 곰을 만났을 때도 겁이 없었다. 20세기 초 까지만 해도 베들레헴엔 곰이 많았다고 한다. 사자는 훨씬 그 전에 사라지고 말았지만 다윗이 양떼를 돌보던 시절만 해도 베들레헴엔 사자와 곰이 심심치 않게 나타났었고 그때마다 다윗은 양떼를 위협하는 맹수들을 쫓아내느라 정신없이 돌멩이를 던져야 했었다.

막내아들로써 양떼를 지켜야 한다는 책임감과 함께 주변에 아무도 도와주는 사람이 없는 상태에서 다윗은 늘 돌멩이로 표적을 맞추는 연습을 했다. 처음엔 바위 위에다 나뭇가지를 올려 놓고 멀리서 돌멩이를 던져 나뭇가지를 맞추고 그러다가 그것이 어느 정도 익숙해 지면 커다란 나무에 돌멩이를 메달아 흔들어 놓고 멀리서 그 흔들리는 돌멩이를 맞추는 식의 돌멩이 던지는 연습, 아마도 다윗의 돌멩이 던지기 실력과 어깨의 힘은 그렇게 훈련되었는지 모른다. 그러다가 사자나 곰이 나타나면 여지없이 돌멩이를 던졌고 그럴때마다 실력은 언제나 놀라웠다. 사실 날렵하고 위험하기로 따지자면 골리앗 보다 사자나 곰이 더 할지도 모른다. 그런 다윗에게 어쩌면 골리앗 정도는 우습게 보였을는지 모른다.

물론 다윗은 그 모든 일들이 여호와 하나님이 자신과 함께 있다는 것을 믿었기 때문에 가능한 일이었다. 하나님께서 늘 자신과 함께 있었기에 들판에서 만난 맹수들의 발톱에서도 살아날 수가 있었고 또 골리앗과 싸우겠다고 나설 수가 있었던 것이다.


그러나 단지 그것 뿐이었을까? 들판에서 돌멩이 던지는 연습을 많이 했고 또 실력을 몇차례 확인했다는 것과 자신에게는 늘 하나님이 함께 하신다는 믿음 만으로?

그러나 버나드 W 앤더슨의 '구약성서 이해(크리스챤 다이제스트 刊)'라는 책에서는 놀라지 않을 수 없는 이야기를 찾아 볼 수 있다. 그것은 바로 다윗이 이때부터 서서히 권력에 대한 욕심이 발동했다는 것이다.

우선 다윗은 이미 고향 베들레헴에서 사무엘로부터 이스라엘의 차기 왕이 될거라는 이야기와 함께 기름 부음을 받는 의식까지 치룬 상태였다.

그때 다윗의 나이 15세, 그로부터 5년이라는 세월이 흘렀지단 아직도 다윗에겐 뚜렷한 왕권으로의 진출에 대한 아무런 기미가 보이지 않았다. 아마도 다윗은 대체 자기가 왕이 되긴 되는 건지 확실한 스케쥴이 보이지 않았고 또 누구도 얘기를 해 주는 사람이 없었다는 것이 무척이나 답답해 했었다. 더군다나 자신이 차기 이스라엘의 왕으로 선택을 받았다는 사실을 그 누구에게도 이야기 할 수 없는 입장이었다. 그러다가 사울왕이 심한 우울증으로 잠을 이루지 못한다고 해서 밤마다 수금을 연주하기 위해 왕궁으로 진출하긴 했지만 그것도 얼마 안가서 집으로 돌아가라는 얘기를 듣지 않았던가.

그러다가 다시 사울왕이 있는 전쟁터에 오게 되었고 그곳에서 다윗은 풍전등화의 이스라엘을 구원해 보겠다는 영웅심이 발동하게 된 것이다. 다윗이 이런 생각을 하게 된 결정적인 계기가 또 있다. 그것은 바로 사울이 골리앗과 싸워서 이기는 자에겐 자신의 딸과 결혼을 시키겠다는 왕족선언을 다윗이 알아버렸던 것이다. 평범한 시골 양치기에서 왕의 사위가 될 수 있는 절호의 기회가 다윗의 발밑에 떨어져 있는 셈이었다. 이제 줍기만 하면 되는 순간.

왕의 사위가 되어 이스라엘의 차기 왕이 되는 것이구나. 아마도 다윗은 그렇게 생각을 했었는지도 모른다. 버나드 W 앤더슨의 이같은 주장은 사무엘상 18장 8절에 사울이 자신의 왕권을 다윗에게 빼앗길까봐 두려워 하는 내용이 뒷받침 해 준다. 그래서 다윗은 나중에 요나단과 우정을 맺었고 또 놉의 제사장에게 지지를 얻어낸 점은 아무리 봐도 사울에겐 불안한 요소가 아닐 수 없었다.

그렇다면 정말 다윗은 이런 복잡한 생각 끝에 정권을 노리고 골리앗과 싸운 것일까? 자칫하면 처참하게 골리앗의 칼에 갈기 갈기 찢길 수 도 있는 상황인데? 둘 중의 하나, 내가 죽거나 아니면 위기의 나라를 구하고 사울과 아브넬을 밀치며 국민적인 영웅으로 떠올라 차세대 지도자로 추앙을 받느냐? 이거야말로 올인 작전이 아니고 무엇일까?

사울이 다윗의 이런 속맘을 알아내게 된 결정적인 사건이 있었다.


골리앗과 싸워서 이기고 돌아온 다윗을 제일 두려워 한 것은 사실 사울보다 도엑이었다. 다윗은 이제 패망의 두려움에서 승리를 맛보게 해 준 이스라엘 군사들 뿐만 아니라 그들로부터 무용담을 전해 들은 이스라엘 백성들에게 전폭적인 인기와 지지를 얻게 된 것은 분명하다. 누가 다윗의 인기를 올려 놓았는가? 다윗을 죽이려고 했다가 오히려 역풍이 불어 온 것이다. 그런데다가 도엑을 더욱 놀라게 하는 일이 벌어졌다. 사울왕의 아들 요나단이 다윗을 따로 불러 자신의 겉옷을 벗어 허리띠와 칼과 활을 다윗에게 건네 주었던 것이다. 이것은 일종의 사건이었다. 이것은 이스라엘 왕좌의 법정 상속인이라는 특별한 지위를 기꺼이 포기하고 양도하겠다는 마음의 표현이라고 보아도 무방하기 때문이다.

도엑의 입장에선 무척이나 다행스러운 일이었지만 다윗이 골리앗과의 싸움 이후 승리하고 돌아왔음에도 불구하고 사울은 다윗에게 딸을 줄 생각을 하지 않았다. 일종의 약속위반인 셈이었다.

도엑은 다시 생각할 수밖에 없었다.

다윗을 없앨 수 있는 방법, 그것은 두가지 뿐이었다.

다윗을 전쟁터에 내 보내 적의 칼에 찔려 죽게 하던가 아니면 사울왕의 마음을 더욱 불안하게 자극하여 사울의 칼에 찔려 죽게 하던가… 도엑은 두 가지 방법을 다 사용하는 수밖에 없었다.

일단 사울은 도엑의 이야기를 듣고 다윗을 또 다른 전쟁터로 내 보냈다. 물론 객원 전투병이었던 과거와는 달리 이번에는 전투대장이라는 새로운 계급을 부여 받고 치열한 전투에 내보내면 언젠가는 반드시 적의 칼에 찔려 죽을 줄만 알았다. 그러나 다윗은 죽지 않았다. 하나님을 두려워 하지 않고 정치적 라이벌 대상자를 죽이려는 도엑, 그리고 하나님을 의지하고 하나님을 믿으며 전쟁터에 나갔던 다윗…

이들 사이에 하나님은 당연히 다윗의 손을 들어 주는 수밖에 없었다.

다윗은 2년 동안 치열한 전투에 나가면 나갈수록 죽음의 위협이 커지지만 살아서 돌아올 땐 백성들의 환영은 그만큼 더욱 뜨거운 것이었다. 도엑이 바랬던 다윗의 제거는 이루어지지 않았고 오히려 다윗의 인기만 더욱 높이 올라간 것이다.

그러던 어느날, 그날도 다윗이 역시 치열한 전투를 성공리에 마치고 돌아온다는 소식을 도엑이 사울에게 전했다.

"왕이시여, 지금 다윗이 도성으로 들어오고 있습니다."

"또 이겼다지?"

"블레셋은 요즘 힘을 전혀 쓰지 못하고 있습니다. 믿었던 골리앗이 사라졌기 때문이죠."

"다윗은 늘 승승장구야. 하나님은 다윗편만 드는가 보지? 나같은 인간은 안중에도 없어. 도대체 다윗이 뭘 어떻게 하길래 하나님은 맨날 다윗만 보살피는 거야? 내가 다윗 얼굴을 직접 봐야 겠어. 얼굴에 상처하나 없는지."

사울이 자리에서 일어났다.

그러자 도엑이 말했다.

"왕이시여, 나가지 않으시는 게 좋을 듯 합니다."

"그건 왜지?"

도엑은 곧바로 대답을 하지 못했다

"왜 냐구?"

사울이 짜증 섞인 목소리로 다그쳤다.

"지금 다윗을 환영하는 인파가 얼마나 많은 줄 아십니까? 왕께서 예전에 전투에서 이기고 돌아올 때는 쳐다 보지도 않던 백성들이 다윗이 전투에 나갔다 들어오기만 하면 마치 기다렸다는 듯이 나와서 환호를 합니다. 왕께서 보시기엔 별로 기분이 않좋을 듯합니다. 그냥 여기서 다윗을 기다리시는게…"

사울의 눈치를 보면서 더듬거리며 얘기하는 도엑의 말이 더 기분이 나빴다.

"뭔가? 지금 내가 나가면 자존심 상하는 꼴을 보게 된다는 얘긴가?"

그 말에 도엑은 대답을 하지 않았다. 일종의 긍정적인 뜻이었다.

사울은 도엑의 무응답이 더 기분 나빴다.

"내가 나가겠어. 제가 아무리 그래도 이 나라의 왕은 나야."


사울이 왕궁의 접견실을 나서서 밖이 내다 보이는 문에 섰다.

벌써 왕궁 밖에선 백성들이 길가에 늘어서서 다윗과 그의 군사들이 말을 타고 들어오는 개선행렬에 환호하고 있었다.

다윗은 여전히 군중들의 환호소리에 기분이 좋은 듯 손을 들어 답례를 하고 있었고 그 뒤에 따라오는 병사들은 아직까지 채 떨어지지 않은 전쟁터에서 생긴 상처 딱쟁이를 훈장삼아 다윗의 부하로 따라온 것을 자랑스럽게 생각하는 표정이었다.

그렇게 환호의 도가니 속에서 어느 순간 다윗과 사울의 눈이 마주쳤다.

어느 정도의 거리가 떨어져 있었음에도 두 사람은 서로의 눈을 알아 볼 수 있었고 눈이 마주쳤다고 느껴지는 순간 다윗은 흔들던 손을 내리고 한동안 움직임이 없었다. 그러자 군중들의 환호도 사그라 들었다. 잠시 적막한 순간이었다.

다윗은 말에서 내려와 사울에게로 걸어갔고 계단을 올라가 드디어 사울의 바로 앞에 멈춰 섰다. 역시 두 사람은 말이 없었다. 사울이 뜻 모를 미소를 살짝 지어 보였다. 그러자 다윗도 살짝 웃었다. 그리고는 두 사람은 누가 먼저랄 것도 없이 서로 와락 끌어 안았다. 그 순간 잠잠해 있던 군중들이 다시 환호를 질러댔다.

예루살렘 시내에 있는 종려 나무.
이 종려 나무들은 오랜 이스라엘
역사속에 자주 등장하는 나무로
다윗이 전쟁에서 승리하고 돌아왔
을 때, 그리고 예수님이 나귀를 타
고 예루살렘으로 입성할 때 백성
들이 흔들던 것이었다.

그 환호 소리가 얼마나 크던지 사울이 다윗에게 뭐라고 귓속말로 얘기했지만 다윗은 알아 들을 수가 없었다. 그때였다. 어디선가 한 여자가 소리를 질렀다.

"사울이 죽인 원수는 수천 뿐이지만 다윗이 죽인 원수는 수만명이예요!"

그 순간, 또 다시 정적에 휩싸였다. 다윗을 끌어안느라고 지그시 감았던 사울의 눈이 크게 떠졌다. 아무리 군중들의 함성이 커서 시끄러웠다고는 했지만 그 여인의 소리가 똑똑히 들렸던 것이다.

그 소리에 더 놀란 것은 다윗이었다.

사실 여인의 소리 때문에 놀라기도 했지만 조금전까지만 해도 뜨겁게 안아 주던 사울의 팔이 그 여인의 소리가 들리는 순간 사울이 소스라치게 놀라면서 팔의 힘이 순간 빠지는가 싶더니 잠시 뒤 바르르 떠는 반응이 더 놀라웠던 것이다.

다윗은 자신의 귓가에서 사울이 침을 꼴깍 삼키는 소리가 들렸다. 그런데 군중은 두 사람의 이런 복잡한 상황과는 아랑곳 하지 않고 일제히 소리를 질러 대기 시작했다. 마치 음률이라도 타듯이 똑같은 소리로…

"사울은 천천이요 다윗은 만만이라…"

도엑은 그 순간 바로 옆에서 벌겋게 달아오르는 사울의 얼굴을 보았다. 사울은 다윗을 이끌고 빨리 그 자리를 피하고 싶었다.

다윗의 어깨를 감싸안고 돌아서서 접견실로 들어가려는 순간, 누군가 던진 올리브 나뭇가지 하나가 사울의 등으로 날아와 맞혔다. 그것은 다윗에게 축하하는 의미로 던진 것인데 하필이면 그 나뭇가지가 사울의 등에 맞았고 그 순간 사울에겐 축하의 의미가 아닌 짜증이 되어 버린 것이다.

사울이 돌아섰다. 그리고는 뭔가 큰 소리로 짜증을 내고 싶었지만 사울은 순간 긴 호흡만 내 쉴뿐 다시 돌아서야 했다. 가슴이 답답해져 왔던 것이다.

그날 저녁은 다윗과 그의 군사들의 환영 잔치가 이루어지기로 예정이 되어 있었다. 하지만 사울은 몸이 아프다는 핑계로 그 행사를 모두 취소를 하고 혼자 침실에 앉아 있었다.

다윗이 전쟁에서 이기고 돌아 온 날, 예전같았으면 기분이 좋아도 한참 좋았어야 할 날에 사울은 영 기분이 망치고 말았다. 사울의 귀에는 아직도 그 여인의 외침 소리가 떠나지 않고 있었다.

"사울이 죽인 원수는 수천 뿐이지만 다윗이 죽인 원수는 수만명이예요!"

이런 젠장할… 사울은 그 소리를 떨쳐 낼려고 해도 도무지 떠나질 않았다.

더구나 군중들이 입을 모아 합창을 하던 소리가 온 방안에 메아리치기 까지 하는 것이다

"사울은 천천이요 다윗은 만만이라…"

바로 그때였다. 누군가 사울의 침대밑에서 기어나오는 것이 아닌가? 순간 사울이 놀라서 옆에 있던 칼을 꺼내 들었다.

"넌 누구냐?"

머리를 길게 늘어뜨린 사람은 분명 여인이었고 그 여인이 침더밑에서 완전히 빠져 나오자 그제서야 머리를 뒤로 쓸어 넘겼다. 그 여인은 바로 조금전 사

울이 다윗을 끌어안았을 때 소리를 질렀던 여인이 아니던가?

"네 이년… 여기가 어딘 줄 알고 감히 들어왔느냐?"

그러자 그 여인이 눈을 부라리며 대들었다.

"당신이 아직도 왕인 줄 알아요? 이제 이 나라의 왕은 다윗이라니까요"

"뭐라구?"

사울은 더 이상 말 할 필요도 없이 사정없이 그 여인을 향해 칼을 휘두르기 시작했다.

바로 그때 아브넬 장군이 뛰어 들어왔다.

"왕이시여, 무슨 일이십니까?"

"내 저년을 용서치 않을거야."

사울은 여전히 흥분한 채로 칼을 휘두르고 있었다. 그러나 아브넬의 눈에는 아무것도 보이질 않았다. 그저 사울은 허공을 향해 칼을 휘두르고 있었을 뿐이며 그 칼날에 벽에 걸린 커텐만 갈기갈기 찢어져 사울의 방안에 어지럽게 널려 있을 뿐이었다.

잠시후, 아히도벨도 뛰어 들어왔다.

"무슨 일입니까?"

"왕께서 또 악몽을 꾸신 것 같소이다."

"그럼 다윗을 불러다 수금을 연주하게 할까요?"

"다윗은 무슨 다윗이야? 지금 누구 때문에 이러는 건데?"

아브넬이 소리를 버럭 질렀다.

그러자 사울이 아브넬을 쳐다 보았다. 순간 아브넬은 자신이 말 실수를 했다고 생각했는지 속으로 뜨끔했다.

겉으로 말은 안했지만 아브넬 역시 사울왕이 다윗을 견제하기 시작했다

는 것을 눈치챘는데 그걸 겉으로 발설하는 것은 곧 사울에 대한 또다른 모욕
이 될 수도 있다는 것을 의미하는 것이 아닐까?

"다윗을 불러오겠습니다."

어느샌가 도엑이 들어와 말했다.

"지금 왕에겐 다윗이 필요합니다. 두 사람간에 대화가 필요하죠"

도엑이 사울에게 다가가며 다시 말했다.

사울은 여전히 깊은 호흡을 몰아쉴 뿐 대답이 없었다.

"괜찮겠습니까?"

아브넬이 물었다.

"데려 와"

사울은 그제서야 침대에 풀썩 주저 앉았다.


잠시후, 다윗이 들어왔다.

# 포경 200개

사울은 여전히 가쁜 숨을 몰아 쉬다가 다윗이 들어오자 한참이나 그를 노려 보았다. 사울의 느닷없는 그 눈길에 다윗은 당황했다. 다윗 역시 사울의 입술이 떨어지기 전까지는 수금을 손에 든 채 그 자리에 멈춰 설 수 밖에 없었다.

"승리의 주인공이 오셨군?"

확실히 사울의 말투엔 비아냥이 담겨 있었다.

"나를 위해 연주를 해 주겠나?"

다윗은 그제서야 수금을 가슴에 끌어 당겨 손끝으로 서서히 뜯기 시작했다. 수금 소리가 사울의 침실안을 짓눌렀던 적막을 밀어내고 가득 채우다 못해 또 다시 다윗의 귓가로 되돌아 왔지만 그래도 다윗의 온 신경은 사울에게로 향했다.

다윗의 눈은 여전히 사울을 뚫어지게 쳐다 보고 있었다. 사울은 다윗의 수금 소리를 듣고는 처음엔 안정이 되는가 싶더니 어느정도 시간이 흐르자 또 다시 두 손으로 헝클어진 자신의 머리카락을 움켜쥐었다. 그리고는 수금의 연주소리가 점점 더 깊어질수록 머리를 움켜쥔 사울의 손에 힘이 더욱 들어갔다. 그의 입에선 뭔가 알아듣지 못할 소리로 중얼 거리기까지 했다.

그래도 다윗은 전혀 요동치 않고 계속해서 연주를 했다.

바로 그때였다.

"다 필요 없어 다 필요없다구!"

하면서 사울이 자신의 침대 바로 옆에 있던 칼을 꺼내서 다윗을 향해 냅다 던진 것이다.

그 순간 다윗은 거의 반사적으로 몸을 피하면서 중심을 잃고 바닥에 쓰러졌고 사울이 던진 칼은 벽에 꽂혔다. 수금이 땅에 떨어지면서 현 하나가 끊어졌는지 방안엔 띵 하는 소리가 아주 작게 여운으로 남아 있었다.

다윗은 이미 어느정도 사울의 이런 돌발적 행동을 예상했었는지 그다지 놀라는 눈치는 아닌 것 같았다. 사실 다윗에게는 위험하기로 따지자면 지금의 상황보다 훨씬 더 위험한 적이 얼마나 많았던가? 아무도 도와주지 않는 들판에서 양떼를 돌보다가 나타난 집채만한 사자와 곰과 단둘이 맞서서 싸워야 했던 적도 있었고 또 얼마전엔 천하무적 골리앗과 단둘이 맞서 싸워 이겼던 그가 아닌가? 사자와 곰 그리고 골리앗에 비하면 비록 손을 뻗으면 닿을 것에 있는 사울이 칼을 내 던진다 하더라도 그것 쯤은 별게 아니었다.

그것이 사울을 더욱 화나게 만들었다. 사울은 또 다른 칼을 하나 꺼내 이번에는 바닥에 쓰러져 있는 다윗을 향해 던졌다. 그러나 그 순간 다윗 역시 뒤로 몸을 굴렸다. 이번엔 칼이 바닥에 꽂혔다.

사울이 또 다른 칼을 찾았지만 칼은 더 이상 보이지 않았다. 사울이 침대 밑을 그리고 침대 뒤를 돌아다니며 칼을 찾는 동안 다윗은 바닥에서 일어났다. 그리고 줄이 끊어진 수금을 챙겨 들고 밖으로 뛰쳐 나갈려고 했다. 그러나 사울이 벌써 입구를 가로 막았다.

"넌 뭐야? 넌 뭔데? 나를 이렇게 괴롭히는 거야?"

사울은 눈을 부라리며 다윗을 노려 보았다. 사울의 이마와 콧잔등엔 벌써 땀으로 흠뻑 젖어 있었다. 다윗도 이에 못지 않게 사울을 뚫어져라 쳐다 보았다. 이때 요나단이 뛰어 들어왔다.

"무슨 일이시죠?"

요나단은 사울의 방안에서 뭔가 심상치 않은 일이 벌어졌다는 것을 이미 공기를 통해 알아차렸다. 벽과 바닥에 꽂힌 사울의 칼이 요나단의 눈에 들어왔다.

"아무일도 아냐."

사울이 벽에 꽂힌 칼을 뽑으며 말했다. 요나단이 다윗을 데리고 나간 후 도엑이 사울의 침실로 들어왔다. 그때는 사울도 어느 정도 안정이 되어 있는 상태였다.

"왕이시여. 왜 왕의 손에 피를 묻히실려고 그러십니까?"

도엑이 사울의 흐르는 땀을 닦을 수 있도록 손에 헝겊을 건네 주면서 말했다. 사울이 도엑을 바라 보았다.

"그게 무슨 소리야?"

도엑은 곧 바로 대답하지 않았다. 한참이나 사울의 얼굴을 바라보다가는 입을 열었다.

"저는 이미 왕의 마음을 다 알고 있습니다."

마치 속맘을 들켜 버린 사람처럼 그제서야 사울은 다시 고개를 숙였다.

"다른 사람의 손을 빌려야죠."

"다른 손? 누구?"

"왕이시여, 이걸 아십니까? 왕의 딸 미갈공주님과 다윗의 관계를 말입니다."

그 순간 사울은 손에 들고 있던 헝겊을 떨어 뜨렸다. 몹시 놀라는 눈치였다.

"그게 무슨 말이야? 내딸 미갈과 다윗이 뭘 어쨌다고…"

"흥분하지 마십시오."

"그건 말이 안돼…"

사울이 소리를 질렀다.

사실 도엑의 표현은 잘못 되었다. 미갈과 다윗의 사이엔 아무턴 관계도 없었다. 단지 다윗이 골리앗을 쓰러뜨리고 수많은 백성들의 환호를 받으며 왕궁 안으로 들어올 때 미갈이 멀찌감치서 다윗을 보고는 그때부터 혼자 흠모해 왔던 것이었다. 원래 자신의 감정이나 자신의 이야기를 남들에게 하기 좋아했던 미갈이었기 때문에 그런 미갈의 다윗에 대한 감정은 왕궁안에서 알만한 사람이라면 다 아는 사실이었을 뿐이다. 그걸 도엑도 알게 된 것이다.

그런데 도엑은 사울에게 그렇게 표현한 것이다. 두 사람의 관계라는 표현으로…

"말이 안된다는 건 저도 잘 알고 있습니다. 있을 수도 없는 일이죠. 그러나 이미 왕궁안에는 소문이 파다하게 나 있습니다. 제 생각엔 그걸 이용하자는 겁니다. 제게 생각이 있습니다."

"도대체 무슨 말인지 못알아 듣겠어. 좀 쉽게 설명을 해 봐. 다른 사람 누구의 손을 빌리자는 것이며 내딸과 다윗의 관계를 어떻게 이용하자는 거야?"

사울은 이미 판단력을 잃은 사람 같아 보였다.

도엑은 사울의 손을 잡았다. 그리고는 침대에 둘이 나란히 앉았다.

"걱정하지 마십시오. 제가 알아서 처리하겠습니다."

도엑이 이번엔 다윗을 찾아갔다.

"놀랬지? 자네는 왕께서 진짜로 자네를 죽이려고 칼을 던졌다고 생각하나?"

다윗은 대답을 하지 않았다.

"난 자네가 무슨 생각을 하고 있는지 알아, 하지만 그렇지 않아. 왕께서는 지금 자네를 테스트 하는 중이네. 왕의 사위가 되려면 그정도는 검증 받아야하는 게 아닌가?"

그 말에 다윗은 깜짝 놀랐다.

"왕의 사위라뇨?"

다윗은 사울 왕이 이제야 약속을 지키려는 것으로 생각을 했다. 하지만 겉으로는 놀라는 척을 해야만 했다.

"미갈 공주가 자네를 흠모하고 있다는 얘기는 알고 있지? 왕도 다 알고 있어. 세상의 어느 아버지가 딸의 행복에 반대하고 싶겠나? 사울왕께서도 이미 자네가 골리앗과의 전투를 보시고 사윗감으로 내정을 했다네. 하기야 자네 정도면 왕의 사위로 뭐가 부족하겠는가?"

다윗은 도엑의 말을 듣고 좀 충격적이었다. 다윗 역시 미갈 공주가 자신을 좋아하고 있다는 얘기는 얼핏 들어 알고 있었지만 그것이 이렇게 도엑의 입에서 얘기가 나올 정도로 확산되었으며 그걸 사울왕도 알고 있다는 사실이 놀라웠고 그러면서 자신을 테스트하기 위해 굳이 칼을 던지는 방법을 사용했는지 이해가 가지 않았다. 그러면서도 또 한편으로 오래 전 일이 떠올랐다.

그것은 바로 7년 전 일이다. 사무엘이 베들레헴의 다윗의 집을 찾아왔을 때 자신에게 기름을 부으며 이스라엘을 맡기겠다고 했던 말이었다.

그렇다면… 아 이것이 바로 사무엘이 말한 것이었구나.

다윗의 머리속엔 아주 짧은 시간에 자신이 그동안 겪어야 했던 일들이 정리되었다.

이스라엘 왕을 향한 하나님의 계획이라고 할까? 사무엘이 맨처음 다윗에게 기름을 부었던 일, 그리고 다윗이 사울왕의 개인 음악사로 들어가 왕의 최측근에 있으면서 사울왕을 알게 된 일, 그리고 골리앗과 싸워서 이기고 이스라엘 백성들의 인정을 받게 되고 또 이제는 사울왕의 사위가 되는 일들… 다윗이 생각하기에 이것이야 말로 이스라엘 왕으로써 기본적인 훈련이며 하나의 과정이 아니고 무엇일까?

"모하르는 어떻게 하구요?"

다윗이 도엑에게 물었다

모하르(mohar)란 결혼을 앞두고 신부의 값을 장인어른이 정하게 되는데 그러면 신랑될 사람은 장인어른이 요구하는 돈을 마련해서 장인에게 갖다 주는 그당시의 풍습을 말하는 것이다.

"모하르? 모하르가 있지."

다윗은 도엑의 입을 바라 보았다.

"사울왕께서 바라는 모하르는… 자네 혼자의 힘으로만 블레셋 군사의 포경을 100개만 가져 오게."

그것은 정말 뜻밖이었다. 포경을 100개를 가져오라니…

"그건 돈이 아니잖습니까?"

"왕은 딸을 돈 받고 파는 것이 아니라 시집을 보내는 것이므로 돈이나 지참금은 필요없다고 하셨네. 다윗 자네는 이미 다른 덕은 갖추었으니 금이나 돈을 아버지에게 얻어 가지고 올 필요가 없고 다만 블레셋을 무찌르는 용기를 보고 싶은 것일세. 미갈 공주 역시 그런 용기가 있는 사람 적을 이기고 승리한 증거가 있는 사람에게 시집가는 것보다 더 큰 유익이 어디 있겠느냐?'

정말 난감한 일이 아닐 수 없었다. 블레셋 군사의 포경 100개라…

일반적으로 적군을 살해 했다는 증명을 위해서 잘라가는 신처 일부는 목이나 손목 그리고 콧등이었다. 그러다보니 수많은 아군과 적군이 피를 흘리며 쓰러지는 전쟁터에서 어떤 군사들은 아군의 신체를 잘라가 마치 적군의 것인 냥 숫자를 불리기도 하는 일이 간혹 있었다. 그러나 포경은 그럴 수 없다. 블레셋이든 아말렉이든 이스라엘 백성이 아닌 민족은 할례를 하지 않았기 때문에 적어도 이스라엘 사람의 것을 가져 올 수는 없는 일이다. 도엑은 한마디로 철저한 계산을 갖고 있었던 것이다. 그렇다면 다윗은 혼자서 적진에 몰래 들어가 블레셋 군사를 100명을 죽여야 하고 바지를 벗겨서 일일이 포경을 칼로 베어와야 하는 수고가 따른다. 그야말로 목숨을 내놓고 하지 않으면 안되는 일이었고 또 도엑은 블레셋 군사의 포경 100개가 아닌 다윗의 목을 원했던 것이다.

사울은 도엑으로부터 다윗이 블레셋 군사들의 바지를 벗기다가 목이 베었다는 소식이 오기만을 기다렸다. 그러나 도엑이 가져 온 소식은 다른 것이었다.

"다윗이 돌아왔습니다."

"죽지 않구? 그럼 포경은 가져 왔다고 하던가?"

"그말은 아직 듣질 못했습니다."

"들어오라구 해. 아마도 실패했을꺼야. 50개나 갖고 왔을까?"

다윗이 사울왕 앞에 섰다. 그동안 다윗이 적진으로 뛰어 들어가 얼마나 피 튀기는 전투를 하고 왔는지는 그의 옷에서 베어나오는 비린내로 대충 알수가 있었다.

그의 손에는 작은 주머니가 들려 있었다. 그리고는 사울이 시키지도 않았는데 다윗은 그 주머니를 열어서 거꾸로 들어올렸다. 다윗의 발 앞엔 200개도 훨씬 넘어보이는 포경이 쏟아졌다.

사울과 도엑은 그저 한동안 바닥에 아무렇게나 나뒹구는 블레셋 어느 남정네의 것인지도 모를 누런 살점들을 물끄러미 내려다 볼 뿐이었다.

사울에겐 이젠 다른 방법이 없었다. 딸 미갈을 다윗에게 주고 다윗을 사위로 맞이하는 수밖에…

# 결혼식날 밤

하연색 천으로 된 베일로 얼굴을 가린 미갈이 반짝이는 보석들로 장식된 옷을 입고 방에서 나오자 밖에서 기다리던 많은 여자들이 박수를 치며 노래를 했다.

"무화과 나무에는 푸른 열매가 익었고 포도나무는 꽃이 피어 향기를 토하네 나의 사랑 나의 어여쁜 자야 일어나서 함께가자."

양손에 칼을 하나씩 든 여자들이 칼을 흔들며 춤을 추며 앞서 행진을 하자 그 뒤를 여자 하인으로 구성된 들러리가 꽃잎을 뿌리며 따라 갔고 미갈은 그 꽃잎을 밟으며 걸어갔다. 사울의 둘째 딸 미갈은 지금 다윗과 후파(huppah)라 불리는 결혼식을 하기 위해 회랑으로 나가는 중이었다.

이 시간 다윗 역시 왕궁안에 있는 자신의 임시 처소에서 머리에 황금색 띠를 두르고 미갈과 마찬가지로 하얀색 천으로 된 베일로 얼굴을 가린 채 나왔다.

신랑과 신부는 결혼식하는 날 서로 베일로 얼굴을 가리다가 신방에 들어가서 마침내 단둘이 있게 되는 순간 베일을 걷어 내게 되어 있기 때문이다.

다윗의 뒤에는 양가죽으로 만든 작은 북과 현악기인 키이노, 소리가 요란한 탬버린등으로 구성된 악사들이 따라가면서 끊이지 않게 연주를 하며 따라 갔다.

미갈의 행렬쪽에서 들리는 여자들의 노래 소리와 다윗의 행렬 쪽에서 들리는 악기의 연주 소리가 점점 가까워 지다가 마침내 양쪽의 행렬이 만나자 이번에는 다윗과 미갈이 손을 잡고 어디론가 또 다시 걸어갔다. 두 사람의 앞과 뒤에는 칼춤을 추는 여인 그리고 꽃잎을 뿌리며 노래를 부르는 여인과 요란한 소리를 내며 연주를 하는 연주팀까지 하나가 되어 그야말로 행렬은 꽤나 길어 보였다.

이윽고 이들이 도착한 곳은 며칠 전 베들레헴에서 결혼식에 참석하기 위해 올라 와 있는 다윗의 형제들과 아버지 이새, 그리고 어머니 나즈밧이 임시로 묵고 있는 숙소였다. 숙소 안에 있던 이들은 이미 신랑 신부의 행렬이 가까이 오자 미리 나와서 기다리고 있었던 것이다.

일행이 멈췄고 연주와 노래도 중단 되었다.

다윗이 이새와 나즈밧 앞으로 다가갔고 나즈밧은 다윗을 보자 눈물을 흘렸다. 다윗은 어머니가 지금 흘리고 있는 눈물의 의미를 알고 있었다.

이새가 손에 들고 있던 주머니를 아들 다윗의 손에 쥐어 주었다. 모하르였다. 모하르 문제는 이미 다 해결 되었지만 지금 이새가 아들의 손에 쥐어주는 것은 일종의 형식적인 것이었다.

주머니를 받아 든 다윗은 베일을 살짝 들어 올려 이새의 볼에 키스를 했다. 그러자 다시 연주팀의 연주와 가무팀의 춤이 시작되었다. 행진을 다시 시작한다는 신호였다.

다윗과 미갈은 다시 행진을 시작했고 그 뒤를 다윗의 모든 식구들이 따라 붙었다.

행렬이 왕궁안의 회랑에 도착했다. 여자 하인들의 노래소리도 남자들의 악기 연주소리도 멈췄다. 회랑에는 이미 사울이 제사장과 함께 자리를 잡고 서 있었으며 그 양옆에는 미갈의 오빠인 요나단과 이스보셋 그리고 아브넬 장군과 도엑등 많은 왕궁 식구들이 도열해 서 있었다.

다윗의 행렬 바로 뒤에서 쫓아온 이새가 사울을 보자마자 허리숙여 겸손히 인사를 했다. 하지만 사울은 이새의 인사를 받는둥 마는둥 했다.

다윗은 베일 너머로 굳어있는 사울의 그런 표정을 읽고 말았다.

제사장의 기도가 이어졌다.

"하나님이 선택하신 아들 다윗과 그의 앞날을 축복해 주기 위해 준비해 놓으신 미갈, 이 두사람에게 은총과 자비가 있을 지어다."

제사장의 간단한 기도로 회랑에서의 의식은 끝마쳐졌고 이제 다윗과 미갈은 두사람만의 공간인 왕궁의 2층에 마련된 신방으로 갈 차례다. 다윗은 사울을 쳐다보았다.

사울의 표정은 여전히 어두웠다. 아니 온통 불만으로 가득차 있는 사람처럼 보였으며 금방이라도 두 눈에서 불똥이 떨어질 것 같았다. 다윗은 사울의 그런 눈이 이렇게 무서워 보인적은 처음인 것 같았다. 다윗은 얼른 사울의 눈에서 피하고 싶었다.

미갈의 손을 잡고 2층으로 향했다. 2층으로 향하는 계단을 올라가는 다윗과 미갈의 뒷모습을 사울은 뚫어져라 쳐다 보았다. 그것은 분명 저주의 눈빛이었다.


2층 신방에 들어서자 안에는 두 명의 하녀가 기다리고 있었다. 방안은 꽤 넓었고 방안을 둘로 나누는 커다란 커텐이 얇게 드리워져 있었다. 감만 먹으면 커텐 너머에 있는 침대가 모두 보일 정도로 얇은 커텐이었다.

하녀들은 한사람씩 달라 붙어 다윗과 미갈의 겉옷을 벗겨 주었다. 다윗과 미갈은 속옷 차림이 되었지만 두 사람의 얼굴엔 아직도 베일이 씌워져 있었다.

하녀들이 방을 나갔다.

다윗이 먼저 미갈의 베일을 벗겨주었고 미갈이 다윗의 베일을 벗겨 주었다. 이제 두 사람은 서로의 눈동자를 바라 볼 수 있게 되었다.

다윗이 말했다.

"당신은 나의 아내요 나는 오늘부터 영원히 당신의 남편이오. 오늘부터 아무도 나 이외에 당신을 범하는 자는 없을 것이오."

미갈이 말했다.

"저에 대해서 아는게 얼마나 되죠?"

"내가 당신을 아는 것 보다 당신이 나를 아는게 더 많겠지."

"당신이 날 선택한 것이 아니라 내가 당신을 선택한 것이니까요."

"당신의 신비로움이 날 사로잡소. 당신을 선택할 수밖에 없는 신비로움…"

"왕의 딸이니 자격있죠."

"난 왕의 딸을 소유하는 주인이오."

다윗은 미갈을 끌어 안았다.


다윗과 미갈이 신방으로 들어간 이후 베들레헴에서 올라 온 다윗의 가족과 이웃들이 모여서 음식을 먹으며 이야기를 하는 방, 그리고 사울왕의 가족과 왕궁식구들이 모여서 음식을 먹으며 이야기 하는 방으로 나뉘어 잔치를 벌이기 시작했다.

그 당시의 결혼식은 신방을 차리는 동안 하객들은 잔치를 계속하면서 신랑신부가 합방을 했다는 증거물, 다시 말해서 얼룩진 침대보를 신랑이 들고 나올 때까지 기다리고 곧이어 신랑신부가 이 잔치에 합류하는 것이 풍습이었다.

"다윗이 왕 앞에서 연주하던 수금 말야. 그거 내가 가르킨 거잖아."

다윗의 형제 중에 누군가 음식을 먹으며 말하자 옆에 있던 또 다른 형제가 말했다.

"다윗이 골리앗을 쓰러뜨린 투석실력 말야. 그건 내가 가르친거라구"

이미 잔치상은 베들레헴 시골의 양치기 소년에서 왕의 사위로 변신한 다윗의 영웅담을 찬양하는 분위기로 바뀌어 있었다.

"무슨 소리야? 다윗의 그 모든 것은 아버지께서 가르쳤지."

또 다시 누군가가 아무 생각 없이 내 뱉는 이 말에 그때까지 참고 있던 이새가 입을 열었다.

"누가 가르쳤건 다윗의 재능은 하나님의 선물이다."

그러자 떠들던 분위기가 조용해 졌다.

이때 이새의 제일 큰 아들 엘리압이 한마디 던졌다.

"또 그말씀이군요 다윗은 하나님이 정해놓은 아이였다는… 이제 그 얘기는 그만하시죠. 왕의 사돈이 되었으니…"

엘리압의 말은 확실히 감정이 담겨 있는 것 같았다.

"다윗이 예전에 들판에서 사자를 잡았다는 게 사실이요?"

누군가 또 다시 다윗의 이야기를 꺼냈다. 아마도 왕궁의 식구였던 것 같았다.

"그럼요. 그것도 맨손으로 잡았죠."

"물론 사자의 등 뒤에서 잡았겠지?"

"눈가리개를 하고 잡았지."

잔치상은 다시 예전의 왁자찌껄한 분위기로 바뀌었다.

"다윗이야 말로 이새 어르신께서 말씀하신 대로 하나님이 정허놓은 인물인가 봅니다."

음식물이 입에서 튀어나올 정도로 떠들며 웃어재끼자 누군가 옆에서 또 결정적인 말을 했다.

"그래요, 그건 사무엘 선지자께서도 한 말이죠 안 그래요?"

바로 그때였다. 사울이 들어왔다.

잔치상에 앉아서 음식을 먹던 사람들이 모두 행동을 멈췄다. 사울은 방 안에 있던 사람들의 얼굴을 한사람씩 찬찬히 돌아 보더니 잔치상 앞에 앉으며 입을 열었다.

"교활한 인간을 칭찬하기에 침이 마르는구나."

어느새 사울의 뒤를 따라 들어온 요나단이 받아쳤다.

"교활한 인간이라뇨? 누굴 말하는 거죠?"

그러나 사울은 대답 대신 자신의 말을 계속 이었다.

"내 식탁에서 나와 함께 음식을 먹게 했더니 이젠 내딸과 누웠다. 그 인간 은 내게서 하나님과 백성과 내 자식까지 빼앗아 갔어."

사울의 맞은 편에 앉아 있는 이새의 손이 바르르 떨리기 시작했다. 사울 이 이새의 눈을 노려 보자 이새는 고개를 숙였다.

"이제 내게 뭐가 남았겠어? 다음엔 내 왕관이겠지! 이 왕관 말이야"

사울은 거의 흥분지경이었다.

"아버지 그렇지 않습니다. 다윗이 언제 아버지의 왕관을 달라고 하던가 요?"

요나단이 말했다.

"내가 분명히 말한다. 다윗이 살아있는 한 나도 왕좌도 안전치 못하다."

"무슨 증거로 그런 비난을 하십니까?"

그러나 사울은 아직도 이새의 눈을 똑 바로 보고 소리를 질렀다

"내가 얘기를 할까? 사무엘이 당신 집에 찾아가지 않았었느냐?"

그러자 이새가 고개를 들어 떨리는 목소리로 말했다

"왕이시여, 그때 그건…"

그러나 사울은 이새의 말을 끊었다.

"또 얘기를 할까? 사무엘은 당신 막내 아들에게 기름까지 부었어. 맞지?"

"왕이시여, 그건 단지 축복이었을 뿐입니다. 다윗은 아무 잘못도 없습니다. 그때 그의 나이 15살, 아무것도 모를 나이 아닙니까?"

사울이 그 자리에서 벌떡 일어났다. 사울은 분명히 분노로 가득차 있었고 지금 그의 감정으로는 어떤 행동을 할지도 몰랐다. 그러나 사울의 독소리는 자기 스스로 애써 진정시키려는 듯 차분했지만 그래도 호흡은 여전히 가빴다.

"사무엘이 다윗에게… 내 자리를 약속했다. 나 역시 다윗이 어릴땐 자식처럼 사랑했었는데…"

사울의 눈에 눈물이 고여 있었다.

"그럼 기뻐하세요. 그가 이젠 아버지의 사위가 되었잖아요. 이젠 가족이예요."

사울은 앞에 있던 술잔을 벌컥 벌컥 들이켰다.

어느새 그의 턱수염과 옷은 흘러내린 술로 흠뻑 젖어 버렸다.

# 염소의 간

다윗이 자신의 둘째딸 미갈과 결혼한 이후 사울의 우울증은 더욱 심해져만 갔다. 밖으로 나오는 일도 없었고 밖으로 나와도 혼자 먼발치를 바라 보는 시간이 많아진 것이다.

사울이 이렇게 혼자 있을땐 아무도 가까이 가지를 못했다. 도저히 골똘히 생각에 잠겨있는 사울에게 말을 걸 자신이 있는 사람이 없었기 때문이다.

왜 하나님은 다윗 편에만 계신 것일까? 왜 나에겐 하나님이 축복해 주지 않으시는 걸까? 왜? 왜? 왜?

아무리 생각을 해도 자신이 사무엘 선지자로부터 철저히 외면을 당하고 하나님으로 부터 왕의 자리를 빼앗길 정도로 잘못을 저지른 것이 무엇인지 생각이 나질 않았다.

우선 사무엘이 사울에게서 고개를 돌린 결정적인 원인부터 더듬어 보자.

사울이 왕이 되고 나서 얼마후 그의 아들 요나단이 아버지 사울의 고향인 기브아에 갔을 때 툭하면 블레셋 군인이 쳐들어와 이스라엘 백성들을 괴롭히는 것을 알게되자 곧이어 블레셋과의 전쟁을 벌였고 그 전쟁에서 요나단이 압승을 했었다.

그것이 결국 벌집을 건드린 꼴이 되어 블레셋은 보복을 다짐하며 30만명의 보병을 앞세워 다시 이스라엘을 쳐들어왔고 요나단은 아버지 사울에게 긴급 지원 요청을 했다. 사울은 이스라엘이라는 국가를 만든 이후 강제 징집을 제도로 하지 않았기 때문에 그때 그때 필요할 때마다 백성들에게 호소해서 군인을 모았었다. 그래서 그때도 역시 이스라엘의 건장한 남자를 모아 사면초가에 빠져 있는 기브아로 전쟁을 하러 가기 위해 만반의 준비를 했고 출찰하기 직전 사무엘 선지자를 불러다가 하나님께 제사를 드리려고 했던 것이 바로 사울이었다.

그런데 사무엘은 당장 시간이 급한 사울의 입장에는 아랑곳하지 않고 7일씩이나 기다리라는 이해할 수 없는 통보를 보내왔다. 보병 30만명의 블레셋 군사들이 에워싸고 있는 기브아는 그야 말로 풍전등화였고 겨우 겨우 모아놓았던 이스라엘의 젊은 군사들은 7일동안 슬금 슬금 빠져 나가 겨우 3백명밖에 남지 않는 상황이었다. 그래서 결국 사울이 택한 것은 사무엘이 오기만을 무작정 기다리느니 자신이라도 대신 하나님께 제사를 드리고 기브아토 출정하는 것이 옳은 판단이었다고 생각했다.

단지 그것뿐이다. 사울은 도저히 자신의 잘못이 무엇이었는지 잘 이해가 가지 않았다. 오랜 세월이 흐른 지금까지도 말이다..

그 후 20년의 세월이 흐르는 동안 사무엘은 사울왕을 찾아 오지도 않았다. 왕을 시켜 달라고 사무엘에게 찾아가 부탁한 적도 떼를 쓴 적도 없는 사울을 덜컥 한나라의 왕으로 기름을 부어놓고 사무엘은 20년동안이나 사울을 찾아 오지 않았었다.

사울은 그게 너무 섭섭했었다.

그런데 20년 만에 찾아와서 아말렉을 진멸하라, 진멸하되 여자고 남자고 아이고 동물이고를 가리지 말고 모두 죽이라는 느닷없는 명령을 내려서 사울은 오랜만에 찾아온 사무엘이 반갑고 고마워 곧바로 아말렉을 진멸했다. 도대체 왜 어린아이와 여자까지 그리고 가축까지 죽이라고 했는지 도무지 이해할 수 없었지만 사울은 그 이유도 묻지 않고 시키는데로 다 했었다. 그것만으로도 사울은 충분히 무언가에 섭섭해하고 있는 사무엘의 마음을 돌려놓을 수 있을

만 하다고 생각했었다. 하나님이 선택한 민족, 하나님이 세우신 나라 이스라엘의 자존심은 분명히 세우지 않았는가?

단지 부하들이 나름대로 외교 전략상 아말렉의 왕을 죽이지 말자는 말을 듣고 포로로 잡아온 것 뿐이었는데… 그것이 그렇게도 잘못된 행동이었단 말인가? 자신이 직접 기름을 부어 왕으로 세운 사울을 왕좌에서 내쫓기 위해 새로운 인물에게 기름을 붓고 온갖 영광과 축복을 주어 이토록 번민하게 만들 정도로?

아무리 하나님을 불러도 하나님은 대답이 없고 사무엘은 전혀 찾아오지도 않고…

그에 비하면 다윗은 어떤가?

다윗은 이제 완벽한 하나님의 사람 같았다. 무슨 생각을 갖고 무엇을 원하는지는 모르지만 적어도 사울이 보기엔 다윗은 그가 원하는데로 일들이 착착 진행되어 가는 것만 같았다. 다윗은 전쟁터에 나가도 절대 지는 법이 없었다. 백성들의 인기도 한몸에 받고 있었고 또 키도 크고 얼굴도 잘생기고…

결국은 자신의 둘째딸 미갈도 가져 가고 말았다.

도대체 왜 이렇게 되는 것일까? 그렇다면 이제 남은 것은?

오직 한가지 뿐이다.

사울의 몰락 뿐, 분명 사울은 이름도 모르는 산속이나 들판에서 헤메고 있게 될지도 모르는 일이다. 그것이 두려웠다. 이제 어쩌란 말인가? 사울은 몹시 괴로웠다. 초조해졌다. 괴로워 미칠 지경이었다.

백성들은 어쩌면 사울이 스스로 왕의 자리를 물러 나기를 바라고 그 자리에 어서 빨리 다윗이 앉기를 바라는지도 모른다는 생각까지 들었다. 주변에서 얼쩡 거리는 많은 왕궁의 식구들까지도 언제 어디서 자신을 죽이려 음모를 꾸미고 있을지 모른다는 생각이 들었다.

"다 필요없어! 다 필요없다구!"

결국 사울은 방안의 물건을 내 던지기 시작했다.

"다윗을 데려와 다윗을…"

사울의 외침은 거의 울부짖음이었다.


잠시후 다윗이 사울의 침실로 들어왔다.

밖에서 노심초사 사울의 발작이 일어날 것을 대비해 기다리고 있던 신하들이 다윗을 찾는 사울의 소리를 듣고 사울이 다윗의 수금 연주에 진정하고 싶어하는 줄 알고 다윗을 불러 온 것이다.

그러나 사울은 다윗이 침실로 들어오자 마자 달려가 목을 조였다.

"네 이놈, 네가 나한테 원하는게 뭐야?"

놀란 다윗이 사울의 손을 잡아 풀었다. 아무래도 다윗의 손아귀 힘이 사울보다 훨씬 셌기 때문에 있는 힘을 다해 달겨든 사울의 손이라 할지라도 금방 풀렸다. 다윗의 손힘이 얼마나 셌는지 사울이 뒤로 나가 떨어졌다.

사울이 다시 칼을 빼들었다.

"네가 날 죽이려 하는 걸 알아, 내가 네 손에 죽을 거 같애? 그 전에 내가 널 죽이고야 말겠어. 네 이 놈!"

하면서 사울이 다윗을 향해 칼을 힘껏 던졌다.

다윗은 그 칼을 피했고 칼은 벽에 팅 하는 소리와 함께 꽂히고 파르르 떨었다. 사울이 또 다른 칼을 찾는 동안 더 이상 이 안에 있어선 안되겠다고 생각한 다윗이 뛰쳐 나갔다.

사울이 밖을 향해 소리를 질렀다.

"저 놈을 잡아라, 저 놈이 날 죽이려 했다!"

칼을 뽑아 든 아브넬이 뛰어 들어왔다.

"무슨 일입니까? 지금 다윗이 뛰쳐 나가던데요?"

"저놈을 잡아라!"

"저놈이라뇨? 왕의 사위를 말하시는 겁니까?"

"사위는 무슨 사위? 저 놈은 날 죽이려 했어"

다윗의 뒤를 쫓기 위해 뛰어 나갔던 아브넬이 잠시후 다시 사울을 찾아왔다.

"어찌 되었는가? 다윗은 어딨어?"

"왕이시여 지금 다윗이 미갈공주와 함께 방에 있습니다. 그래도 들어가서 끌어올까요?"

"내딸과 함께 있단 말이지?"

"그렇습니다."

"교활한 인간 같으니라구… 여자의 치마폭으로 숨어들어갔어."

사울은 깊은 생각에 빠졌다.

"밤새 다윗이 도망가지 못하도록 밖에서 지키고 있다가 내일 아침 날이 밝는대로 끌어내 내게로 끌고 와라"

아브넬과 병사들은 다윗의 방안에 들어가지 않고 밖에서 밤새워 기다리다가 다음날 아침에 동이 트자 마자 문을 열고 들어갔다. 침대엔 미갈이 누워 있다가 느닷없는 방문자들 때문에 깜짝 놀라 일어나 앉았다.

"무슨 일이죠?"

미갈이 침대보를 끌어당겨 몸을 가리며 말했다.

"죄송합니다. 사울왕께서 지금 당장 다윗을 데려오라고 분부하셨습니다.

지금 다윗은 많이 아파서 일어날 수가 없어요. 전혀 움직이지도 못하고 꼼짝 못합니다. 그런데 어떻게 데리고 가시겠다는 거죠?"

아브넬이 미갈의 옆에 누워 침대보를 머리끝까지 끌어 올려 자고 있는 다윗을 보았다. 분명히 다윗이 누워 있었다. 하얀 침대보 위로 빨간 피가 베어나와 있었고 거친 숨을 내쉬는지 침대보가 조금씩 들썩이고 있었다. 아브넬은 다윗이 어젯밤 사울과의 다툼 끝에 칼에 찔렸고 그래서 피를 흘리며 침대에 누워 있는 것으로 생각을 했다.

"아버지께서 왜 다윗을 데려오라고 하는지 저도 대충은 알고 있습니다. 하지만 지금 이렇게 피를 흘리며 기절해 있는 사람을 어떻게 끌고 가겠다는 거죠? 돌아가세요. 그리고 아버지께 말씀하세요. 다윗은 지금 피를 너무 많이 흘려 기절해 있으며 절대로 걸어갈 수 없다구요. 정 다윗을 만나시려거든 나중에 다윗이 깨어나고 치료가 된 다음에 만나라고 하세요. 그래도 늦지 않을 테니까요. 어서 돌아가세요."

미갈의 이같은 말을 들은 아브넬은 어쩔 도리가 없었다.

그러나 사울은 이같은 아브넬 장군의 보고에 또다시 소리를 질러댔다.

"무슨 소리야? 당장 끌고와. 다윗이 걸어올 수 없다면 침대째 그대로 끌고 와. 지금 당장 다윗이 누워 있는 침대를 그대로 끌고 내앞으로 가져오라. 내손으로 내칼로 직접 죽이리라."

잠시후, 사울앞에 다윗이 누워있는 침대가 여러명의 병사들에 의해 들려왔다. 아직도 침대보 위로는 빨간 피가 베어 나왔고 몇방울은 바닥에 뚝뚝 떨어지고 있었다. 그 뒤엔 옷을 급하게 차려 입은 미갈이 머리 손질도 하지 못한 채 따라왔다. 사울은 칼을 뽑아 들었다. 그리고는 칼끝으로 침대보를 살짝 찔렀다.

"다윗, 일어나거라. 이제 엄살은 통하지 않는다."

침대보 속에선 아무런 반응이 보이질 않았다. 다만 침대보 속에서 약간씩 움직임이 있을 뿐이었다.

"네가 원하는게 뭔지 난 알고 있어. 하지만 그렇게 되지는 않을거야. 어서 일어나 다윗!"

여전히 다윗이 일어날 생각을 않자 사울은 마침내 칼끝으로 침대보를 잡 아채 확 벗겨 버렸다. 그 순간, 주변에 있던 사람들 모두가 깜짝 놀라지 않을 수 없었다.

침대보 속에는 나무로 된 드라빔이 있었고 그 드라빔의 가슴 부분에 시뻘 건 피가 잔뜩 묻어있는 염소의 간이 있었던 것이다. 드라빔은 나무로 된 사람 모양의 인형이었다. 그 나무 인형위에 이제 잡은지 얼마되지 않은 듯 염소의 간 이 김을 모락 모락 올랐고 작은 경련이 일고 있었다.

사울은 미갈을 쳐다 보았다.

미갈은 공포에 질린 듯 부들 부들 떨고 있었다.

"다윗이 도망가도록 도와 주지 않으면 저를 죽인다고 해서 어쩔 수가 없었 어요. 정말이예요. 저는 아무것도 몰라요."

미갈의 말이 끝나기도 전에 사울의 칼은 허공을 가르고 침대위의 드라빔 을 향해 내려쳤다.

"네 이놈을… 네 이놈을…"

분노로 폭발해 버린 사울은 칼을 휘두르며 말을 잇지 못했고 그 대신 펄떡 이던 염소의 간이 방안에 흩뿌려졌다. 하지만 미갈은 어젯밤 급하게 피해 들 어온 다윗을 창문을 통해 미리 도망가게 해 놓고는 이같이 침대를 꾸며 놓았던 것이다.

# 목걸이

이스라엘 사람들은 사울의 시대에도 그믐이 끝나고 상현달이 시작되면 월초(day of the new moon)라고 생각했는가 보다. 어둠속에서 살짝 드러내는 상현달이 시작되는 첫날과 둘째날이면 이스라엘 전국의 지방에서 축제가 벌어졌는데 마을 사람들이 모여 음식을 함께 먹고 나팔을 불며 특별한 제사를 지냈다.

이때 사울왕 역시 왕궁의 식구들과 지방 관리를 불러모아 이틀 내내 나라의 일을 함께 의논했고 저녁이면 함께 식사를 하는 것을 정례화 했었다. 이렇게 왕궁의 식구들과 함께 식사를 할 때 사울의 자리는 항상 일정했다.

사울은 언제나 벽을 등지고 앉았고 바로 그 옆엔 군대장관 아브넬의 자리, 그리고 왕의 맞은 편에는 요나단과 다윗이 나란히 앉았었다. 그러나 왠일인지, 어제에 이어서 오늘도 다윗의 자리는 비어 있었다. 그러나 사울은 아무말도 하지 않았다.

사실 며칠전 사울이 다윗을 죽이기 위해 간밤에 미갈과 함께 잠자고 있는 방안까지 들어가 침대째 끌고 나온 것을 이미 알만한 사람들은 다 알고 있는 사실이 아닌가? 그 날의 사건으로 다윗은 왕궁을 뛰쳐 나가 사무엘이 있는 라마로 도망을 갔는데 사울이 그곳까지 다윗을 잡으러 왔다가 또다시 악령이 심하게 들어 하루종일 옷을 벗고 많은 사람들 앞에서 누워 있었던 사실 또한 입소문을 통해 알만한 사람은 다 아는 사실이 되어 버린 상태였다.

이제 왕궁 식구들뿐만 아니라 백성들도 사울이 다윗 때문에 심한 질투감을 느끼며 이성을 잃고 포악해 질 정도라는 사실도 알고 있는 상태였다.

따라서 특별한 일이 아니면 꼭 참석해야 하는 이 월례회의에 이틀씩 이나 다윗이 빠진 것에 대해서 누구하나 지적하거나 말을 꺼내는 자가 없었다.

사울도 대충 그런 사실을 알고 있는 것 같았다.

벌써 식사를 시작한지 꽤 오랜 시간이 흘렀는데도 수십명이 한꺼번에 식사를 하는 방안에서는 식기를 부딪히는 소리만 간간이 들릴 뿐 무거운 정적만이 감돌 뿐이었다.


사울에게 갑자기 외로움이 밀려왔다.

지금 이시각 자신의 옆과 맞은 편에서 함께 식사하는 사람들은 많지만 그들 중 아무도 사울의 편은 없는 것만 같았다. 오히려 이들조차도 다윗의 편에 있는 것만 같다는 생각이 들었다. 누군가 한사람이라도 나서서 '왜 다윗은 안 보이는 거야?'하고 대신 화를 내 주었으면 좋으련만 아무도 다윗얘기를 꺼내지 않는 것으로 보아 모두들 다윗의 이야기가 오늘 저녁 식사의 화제로 떠오르지 않기를 바라는 것만 같았다.

"괘씸한 것들…"

사울의 입속에선 이 말이 계속해서 멤돌았다. 더구나 식사하기 직전 하나님께 기도하던 제사장 마저도 예전의 기도와는 다르게 사울에 대한 축복의 기도가 훨씬 짧아졌다는 느낌마저 들었다.

다윗은 왜 사무엘이 있는 라마로 도망갔을까? 아버지 이새가 있는 베들레헴도 있고 그보다 훨씬 먼 남쪽도 있는데… 아마도 다윗은 고도의 전략을 세운 것만 같았다. 다윗이 사무엘이 있는 라마로 도망을 가면 사울은 분명히 라마로 자신을 잡기 위해 올 것이고 그러면 사무엘은 다윗을 보호해 줄 것이고 사울은 사무엘과 대적해야 하는 상황… 그것은 곧 다윗은 하나님의 편이 되는 것이고 자신은 하나님과 대적하게 되는 상황이 만들어 지고 마는 것이다. 아주 자연스럽게… 사울은 그런 생각에 이르자 갑자기 입속에 있는 음식이 모래알 처럼 느껴졌다.

"내가 당했어. 이 교활한 인간 때문에… 아주 철저히…"

사울이 주먹으로 식탁을 내려쳤다. 안그래도 무거운 분위기가 갑자기 찬물을 끼얹은 듯 모두 얼어 붙고 말았다. 가뜩이나 사울의 눈치를 보면서 식사를 하던 모든 사람들의 행동이 멈췄다.

누군가는 그 순간 물을 마시다가 도로 토해내기까지 했다.

"다윗은 지금 어디있느냐?"

그 순간 모두들 사울의 이글거리는 눈동자만 바라 볼 뿐 아무도 대답을 하지 못했다.

"다윗이 어딨냐고?"

사울의 목소리가 더 커졌다.

그때 요나단이 불을 끄기 위해 나섰다.

"사실은 제가 아버님께 말씀을 드렸어야 하는데…"

"뭘?"

"다윗은 지금 베들레헴에 가 있습니다.

일년에 한번 드리는 매년제에 참석하라고 얼마전에 다윗의 형님이 직접 찾아와서 얘기를 했다고 하길래 제가 그렇게 하라고 했습니다."

매년제는 이스라엘 민족이 해마다 지킨 희생제사의 일종으로써 이 제사에는 가족 전체가 참석해왔다. 따라서 다윗이 매년제 때문에 고향으로 갔다고 하면 사울도 어쩔 수 없을거라고 요나단은 생각했던 것이다. 하지만 사울의 반응은 달랐다.

"네 이놈 요나단! 이젠 너까지 나를 배반하려고 드느냐? 네가 다윗과 짜고 그놈을 숨기고 있다는 걸 내가 모를 줄 아느냐? 내가 그렇게 바보인줄 아느냐? 넌 다윗과 너무 친해."

순간 요나단의 심장이 멎는 듯 했다. 사울이 이렇게까지 자신에게 화를 내는 것을 본 적이 없기 때문이다. 더군다나 수많은 사람들이 있는 자리에서…

"아버지…"

요나단은 그저 사울의 눈을 바라 볼 뿐이었다.

"네가 이걸 몰라. 그놈이 살아있는 한 네 애비의 목숨도, 네 목숨도 우리 가족 모두의 목숨이 온전하지를 못해, 왜 그걸 몰라? 이 놈아. 어디있어? 다윗 지금 어디있냐구? 당장 사람을 보내서 잡아오란 말야."

요나단은 갑자기 아버지 사울이 안쓰러워졌다. 이렇게까지 흥분할 일이 아니었는데…

"다윗이 왜 죽어야 합니까? 도대체 다윗이 무슨 잘못을 저질렀죠?"

그 순간 사울은 옆에 앉아 있던 아브넬의 허리춤에서 칼을 빼들었다. 그리고는 칼끝을 요나단의 코에 갖다 대었다. 그러자 식탁에 앉았던 사람들이 모두 그 자리에서 일어났다.

사울의 팔에 얼마나 힘이 들어갔는지 요나단의 코 끝에 닿아있는 칼날이 바르르 떨고 있다는 것을 요나단 혼자만이 느낄 수 있었다. 요나단의 눈에서 갑자기 눈물이 쏟아져 나왔다.

사울도 요나단의 눈물을 분명 보았을 것이다.

요나단이 그 자리에서 일어났다. 사울의 칼끝도 요나단과 함께 따라 올라갔다.

아브넬이 조심스럽게 사울의 팔을 잡았다.

"왕이시여…"

아브넬이 들릴 듯 말 듯 사울의 귀에 대고 조용히 불렀다.

"고정하시옵소서…"

그리고는 사울의 팔을 조심스럽게 밑으로 내렸다.

사울의 손에 들렸던 칼이 바닥에 차가운 쇳소리를 내면서 떨어졌다.

그러자 요나단이 뒤로 한발자욱 물러섰고 결국 그 자리를 뛰쳐 나갔다.

왕궁에서 정신없이 뛰어나온 요나단이 도착한 곳은 들판이었다. 이제 막 그 모습을 드러내기 시작한 상현달이 코스모스의 씨앗처럼 아주 가늘게 밤 하늘에 떠 있었다. 그 달빛만으로는 도저히 발아래 뭐가 있는지 가늠할 수도 없을 만큼 어두웠다.

요나단은 손을 뻗어 손끝으로 들판에 자란 잡초들의 느낌을 읽으며 천천히 걸어갔다. 어디선가 구름이 떠밀려와 그나마 겨우 빛을 제공해 주던 달마저 감춰 버렸다. 들판은 더 어두워 졌고 바람마저 불어와 잡초속에서 머리를 길게 내밀고 자란 이름모를 들풀들이 소리를 내며 흔들렸다.

그때 였다.

"요나단?"

누군가 수풀속에서 요나단을 부르는 소리가 들렸다.

"그렇다네"

요나단이 대답을 하고 그 자리에 멈춰서자 잠시후 어둠의 끝에서 한 남자가 나타났다.

"날세 다윗"

다윗이 어둠속에서 얼굴을 드러냈다.

그는 아직도 경계의 눈빛이 강했고 손에는 칼이 들려 있었다.

요나단의 주변을 살폈다.

"혼자 왔네, 안심하게…"

그제서야 다윗은 칼을 허리춤에 찔러 넣었다. 다시 요나단의 얼굴을 뚫어 져라 쳐다보았다. 분명히 요나단은 맞는데 더 이상 말이 없는 것이 이상했다. 요나단의 눈에서 눈물이 흐르고 있다는 것이 달빛을 통해 간신히 알 수 있었다.

"자네의 표정을 보니 아버님의 화가 아직도 풀리지 않았다는 것을 알 수 있겠구만"

그제서야 요나단이 입을 열었다.

"이곳을 떠나게. 아버님 곁을 떠나게 여기 있으면 자넨 죽게 될 거야"

"오늘 저녁 식탁에서 어떤 일이 있었는지 알겠네."

"미안하네, 하지만 우리가 서로 여호와의 이름을 걸고 맹세한 것을 잊지 말기 바라네, 그 약속은 하나님께서 영원히 그 증인으로 살아 계`니 우리의 후손들도 영원히 지켜야 할 것이야"

다윗은 초조해 졌다.

이제 요나단을 통해서 자신의 처지가 더욱 명확해 진 셈이 되었다.

"이제 어디로 가지?"

다윗의 목소리가 떨리고 있었다. 이제까지 다윗의 떨리는 목소리를 들어

요나단은 손을 뻗어 손끝으로 들판에 자란 잡초들의 느낌을 읽으며 천천히 걸어 갔다.

본적이 없는 요나단이었다.

요나단은 자신의 목에 걸려있던 목걸이를 끌러서 다윗의 손에 쥐어주었다.

"이건 내가 자네를 돕고 있다는 표시일세. 이걸 갖고 지금 놉에 있는 사원으로 가서 제사장 아히멜렉을 찾아 이걸 보여 주게나."

다윗은 그 목걸이를 바라 보았다.

"나와 함께 가자"

다윗이 말했다

"그럴 수 없어"

"자네 입으로 우린 우정의 맹세를 했다고 하지 않았나?"

"난 아버지와도 맹세를 했네. 아버지와 아들의 맹세는 어쩌고?"

"난 널 위해 목숨도 버릴수 있다. 하지만 너와의 신의를 지키는 것처럼 부자간의 신의도 버릴 수 없네, 함께 가지 못하는 날 용서해라."

다윗은 말없이 요나단을 바라 보았다

"너는 나의 보살핌보다 더 큰 사랑을 받고 있지만 내 아버지에겐 아무것도 없다."

두 사람은 와락끌어안았다

"늘 하나님과 함께 하길… 네가 내안에서 빛나는 것처럼 네게 하나님의 은총이 빛나리라."

또 다시 어둠속으로 사라지는 다윗을 바라보며 요나단은 한없이 눈물을 흘릴 뿐이었다.

그렇게 헤어지는 두사람의 모습을 멀찌감치서 몰래 숨어보는 한 사람이 있었다. 그는 아마도 요나단의 뒤를 밟아 이곳까지 쫓아온 것 같았다. 그는 요나단이 발길을 옮기기 전에 먼저 그곳을 빠져 나왔다.

# 피의 노래

요나단이 다윗에게 얘기한 놉이라는 곳은 사울왕궁이 있는 기브아에서 남서쪽으로 약 10km 떨어진 곳에 위치해 있는데 이곳엔 엘리 제사장의 후손들이 공동체를 이루고 살아가고 있었다. 놉에서도 가장 높은 곳에는 문이 하나 있는 성이 있었는데 그곳엔 아히멜렉이라는 대제사장과 백여명의 제사장들이 모여 살고 있었다. 이 성은 안에서 문을 걸어잠그면 절대로 밖에서 안으로 들어갈 수 없는 천혜의 요새와도 같은 곳이었다.

요나단과 눈물을 흘리며 헤어진 뒤 다윗은 밤새 달려 다음날 새벽이 되서야 놉에 도착했다.

다윗은 성의 문지기에게 요나단의 목걸이를 보여 주고 안으로 들어갔다.

잠시후 흰 수염이 손바닥만큼이나 길고 눈은 깊숙히 들어가 있는 노인이 다가와서 인사를 했다

"제가 제사장 아히멜렉입니다."

다윗은 공손히 인사를 했다.

"부마께서 어찌 이곳까지 혼자 오셨습니까?"

다윗이 대답했다.

"저는 왕의 명령을 받고 길을 나섰습니다. 왕께서는 저에게 임무를 맡기면서 부탁하시기를 나에게 맡기신 임무를 어느 누구에게도 알리지 말라고 하셨습니다. 제사장께서도 제가 이곳에 왔다는 말을 아무에게도 하지 마셨으면 합니다."

물론 거짓말이었다.

"걱정하지 마십시오. 저는 다윗 당신의 편입니다."

그제서야 다윗은 경계를 늦추었다.

"지금 혹시 저에게 무엇이든 먹을 것을 주실 수 있겠습니까?
저는 어제 오후부터 아무것도 먹지 못했습니다."

아히멜렉이 대답했다.

"죄송합니다. 당장 드릴 수 있는 음식이 없는데…"

"아무거나 좋습니다. 허기만 채울 수 있다면…"

아히멜렉은 조금 난감한 눈치였다.

"먹을 것은 없고 방금 진설대에서 내린 진설병이라는 떡이 있긴 한데… 아
시다시피 그 떡은 거룩한 떡이라서…"

진설병이란 성소안에 진설대라는 곳에 올려놓은 12개의 누룩없는 떡으로
일주일 한 번씩 새로 만든 떡과 바꿔 올려 놓는데 내려온 떡을 제사장이 아무
도 없는 곳으로 가져가 혼자만 먹을 수 있는 것이었다.

12개의 떡은 열두 지파를 상징하는 것이었다. 아히멜렉은 고민을 했다.
율법대로라면 아무에게도 줄 수 없는 떡이었지만 배가 고파하는 다윗의 부탁
을 외면할 수 도 없는 노릇이었다. 결국 아히멜렉은 율법보다 앞서는 것은 사
랑이라고 생각했다.

"제가 드리지요. 그러나 한가지 조건이 있습니다. 이떡은 거룩한 떡이기
때문에 부마께서도 여자를 가까이 했을 경우 드실 수가 없습니다."

그러자 다윗이 대답했다.

"저는 이곳에 오기 전 며칠 전부터 아내와 잠자리를 하지 못했습니다. 그
런건 걱정하지 않으셔도 됩니다."

잠시후 아히멜렉은 빨리 익기 위해 가운데 구멍이 뚫려 있는 진설병을 가

예루살렘에서 만난 한 유대인. 이마에 두른 검은 상자 속엔 성경말씀이 적힌 작은 두루마리가 들어있다.

져 와 다윗에게 주었고 다윗은 허겁지겁 진설병을 먹어치웠다. 그 모습을 옆에서 아히멜렉이 지켜 보고 있었다.

어느 정도 허기를 채운 다윗은 갑자기 피곤이 몰려왔다.

"하나님께선 저에게 왜 이토록 시련을 주시는지 모르겠습니다."

다윗의 말은 진심이었다.

누구보다도 하나님을 의지하고 매사에 하나님께 기도하면서 살아온 자신에게 하나님은 왜 이토록 힘든 길로 내 모는 것일까? 오래전 사무엘이 베들레헴까지 찾아와 하나님께서 이 나라를 다윗에게 맡기겠다고 약속까지 하셨으면서 하나님은 다윗에게 왕의 자리는 커녕 사울에게 쫓기는 신세가 되어 밤새도록 발바닥이 부르트도록 들판길을 달리게 하셨을까?

다윗은 자신도 모르게 '하나님을 볼 수만 있다면…'이라는 말을 내뱉고 말았다. 그러자 아히멜렉이 자리에서 일어났다.

"따라오시죠."

아히멜렉이 다윗을 건물의 뒤쪽으로 데려갔다. 그곳엔 작은 동굴이 있었다. 동굴의 입구는 작아서 허리를 숙이고 들어가야 했지만 몇발자욱 안으로 들어간 뒤에는 점점 넓어지는 형태의 동굴이었다.

다윗은 앞장선 아히멜렉을 따라 동굴 안으로 들어갔다. 한참이나 들어갔을까? 동굴의 끝에는 힌 천으로 가리워진 곳이 있었다. 아히멜렉과 다윗은 그 앞에 섰다. 천 뒤에는 뭔가 커다란 황금빛이 나는 커다란 상자가 놓여져 있는 것을 어슴프레 볼 수 있었다.

"저것이 무엇이죠?"

다윗이 물었다.

"하나님을 직접 본 사람은 지금까지 두 사람 뿐이었습니다. 모세와 야곱…

모세가 이스라엘 백성들을 이끌고 이집트에서 나와 광야에서 헤멜 때 하나님은 모세를 산으로 부르셨고 그 산에서 모세에게 하나님의 손으로 10가지의 계명을 돌판에 새겨 주셨죠. 저것이 바로 그 십계명이 적혀 있는 돌판이 들어있는 법궤입니다."

그랬다. 그것은 하나님의 법궤였다.

그 옛날 블레셋으로부터 빼앗겼다가 다시 찾아온 법궤, 그리고 또 다시 블레셋의 공격으로 불타 버린 실로에서 겨우 찾아온 법궤가 바로 이곳 눕의 산꼭대기에 보관되어 있었던 것이다.

"하나님의 십계명? 제가 볼 수 있습니까?"

"성직자만이 볼 수 있죠"

"그런데 하나님의 계명이 왜 이렇게 깊숙한 곳에 숨어 있습니까? 보다 높은 보좌위에 있어야 하는데…"

"250년동안 그런 안식처를 기다려왔습니다. 하지만 아직도 하나님의 계명을 모실만한 공간이 마련되지를 않고 있죠."

다윗은 하나님께 기도를 했다.

"하나님, 이 종의 맹세를 들으소서. 저의 두 발이 정착하게 되면 하나님의 신전을 지을 때까지 결코 눈감고 잠자지 않고 위대한 하나님의 법궤가 쉴곳을 만들겠나이다."

동굴에서 나온 다윗은 그늘에 앉아 잠시 쉬고 있었다.

이때 아히멜렉이 숨을 헐떡 거리는 청년 한사람과 찾아왔다.

"지금 이곳을 급히 떠나셔야 겠습니다."

아히멜렉이 말했다.

"무슨 말씀이시죠?"

다윗이 놀란 눈으로 묻자 옆에서 헐떡 거리던 청년이 말했다.

"저는 요나단 왕자께서 보냈습니다. 아마도 어젯밤 요나단 왕자와 다윗부마께서 밤중에 들판에서 만나는 것을 누군가 보았고 그 장면을 도엑에게 얘기했다고 합니다. 그래서 도엑이 이곳에 있는 사람에게 밀고하도록 했고…"

청년은 숨이 목까지 차 올라 말을 잇지 못했다.

"그래서?"

"그래서 그 밀고를 들은 사울왕이 지금 군사들을 이끌고 이곳으로 달려오고 있습니다. 빨리 피하셔야 합니다."

그 말을 들은 다윗의 마음이 급해졌다.

아히멜렉이 말했다.

"저를 따라 오시죠. 뒤쪽으로 비밀문이 있습니다."

아히멜렉은 다윗을 데리고 갔다. 그리고는 작은 비밀문 앞에서 헝겊에 겹겹이 쌓인 길다란 물건을 건네 주었다.

"이것이 무엇입니까?"

"이것은 당신이 블레셋 장군으로 부터 빼앗은 칼입니다."

다윗은 그 칼을 보고 금방 알아낼 수 있었다.

"이 칼은…"

"그렇습니다. 골리앗의 칼이죠. 이 칼은 이곳 놉에 있는 유일한 무기입니다. 이 칼을 가져 가십시오. 저는 무슨 영문인지는 모르지만 하나님께서는 당신을 보호하라고 하셨습니다. 제발 무사하시길…"

다윗은 그 칼을 받아 들고 아히멜렉을 바라 보았다. 다윗의 눈에는 왠지 모를 눈물이 맺혔다. 아히멜렉이 다윗의 손을 꼭 잡았다.

"시간이 없습니다. 빨리 피하셔야 합니다."

젊은이의 말에 다윗은 서둘러 그곳을 떠났다. 또 다시 정처없는 도피의 길이 시작되는 순간이었다.

저 멀리서 뿌연 먼지를 일으키며 달려오는 무리들이 보였다. 그것을 보고 누군가 문을 닫아 걸어 잠그려 했지만 아히멜렉은 문을 닫는 것을 말렸다. 그리고는 아히멜렉이 성안에 있는 백여명이나 되는 모든 제사장들을 불러 모았다.

제사장들이 넓은 마당에 줄을 맞춰 섰다. 그들은 이전에도 여러번 이렇게 줄을 맞춰 서 본 경험이 있는 사람들 처럼 민첩한 동작으로 움직였다. 아히멜렉이 그들 보다 조금 높은 계단위로 올라가 두 팔을 높이 들고 찬양을 하기 시작했다. 그러자 나머지 제사장들도 모두 아히멜렉을 따라 찬양하기 시작했다.

백여명이나 되는 제사장들의 찬양소리는 성밖을 넘어갈 정도였다. 이윽고 말 발굽소리가 가까워 졌고 잠시후 문을 통해 사울이 나타났다. 사울의 뒤로는 요나단과 아브넬 장군, 그리고 도엑과 여러명의 무장한 병사들이 따라왔다.

사울 일행이 도열해 있는 제사장 앞에 도착했음에도 불구하고 제사장들의 찬양소리는 멈출 줄을 몰랐다.

사울이 무슨 뜻인지 모르는 소리를 질렀다. 아마도 그 소리는 왜 자신이 왔는데도 아는 척을 하지 않느냐는 뜻 같았다.

그러자 찬양소리가 멈췄다.

"다윗은 어디있느냐?"

사울이 아히멜렉을 향해 말했다.

"나는 모릅니다."

아히멜렉이 대답을 했다

"거짓말하지 마라."

"성직자는 거짓말을 하지 않소."

"다윗이 여기 있었지?"

"여기 있었소"

"언제 떠났지?"

"얼마 전이오."

"어느쪽으로 갔느냐?"

"보지 못했소."

두 사람 사이엔 말할 수 없는 긴장감이 흐르고 있었다.

"네가 어째서 이새의 아들과 공모하여 나를 죽이려고 하느냐?"

"성직자는 누구를 죽이지 않소이다. 더구나 제가 어떻게 왕을 반역하려고 공모하겠습니까? 그것은 저와 제 집안을 억울하게 모함하고 의심하는 일입니다. 저는 그런일에 대하여 조금도 아는 바가 없습니다."

아히멜렉의 목소리엔 조금의 흐트러짐도 없었다.

"그 놈은 이 나라의 왕인 나를 죽이려 하고 있어. 나도 사무엘 선지자로부터 기름부음을 받아 왕이 된거야. 하나님께서 나를 선택했기에 왕이 된 거라구."

아히멜렉이 대답하였다.

"왕이시여, 신하들 중에서 다윗만큼 충직한 사람이 누가 있습니까? 더구나 그는 이 나라의 부마요 왕의 신변을 보호하는 사람으로서 궁중에서도 누구에게나 존경받는 사람이 아닙니까?"

"그놈에 대해서 좋게 이야기하는 놈은 누구를 막론하고 반역자다."

그 말에 아히멜렉은 대답을 하지 않았다.

"다시 한 번 묻겠다. 다윗은 어디로 갔느냐?"

아히멜렉은 눈을 감고 있었다. 사울이 어떤 말을 해도 대답을 하지 않겠다는 뜻 같았다.

"얘기를 하지 않겠다 이거지? 좋아 제사장이 마음을 바꿀때까지 이들을 하나씩 죽이고 말을 하면 살육을 멈추리라."

아브넬이 말했다.

"왕이시여, 제사장에게 창을 던질 수는 없습니다."

"제사장은 무슨 제사장이야? 이들은 모두 썩은 고기의 구더기같은 자들이다. 여호와께 바치는 제물로 자신의 배에 살을 찌우는 자들이야. 이들은 반역자니 내명을 거역하는 자도 반역자다.”

그러면서 사울은 옆에 서 있는 병사 하나를 가리켰다.

“너!”

그러자 사울의 지목을 받은 병사는 두려워 떨며 말했다.

“왕이시여, 저는 할 수 없습니다.”

그때였다. 병사의 말이 끝나기도 전에 사울이 들고 있는 긴 창이 날아가 병사의 가슴에 꽂혔다. 병사는 그 자리에서 헉 하는 소리와 함께 고구라졌다.

제사장들이 눈을 감았다. 사울이 이번엔 다른 병사를 가리켰다.

“너!”

하면서 또 다른 긴 창을 던지려고 했다.

그러자 요나단이 사울의 손을 붙잡았다.

“왕께 복종할 자 아무도 없느냐?”

사울이 다시한번 소리를 질렀다.

한동안 침묵이 흘렀다. 그때였다.

“제가 하겠습니다.”

도엑이었다.

도엑은 자신의 허리춤에서 칼을 꺼내더니 제사장들에게로 가까이 갔다. 아히멜렉이 두 손을 높이 들고 다시 찬양을 하기 시작했다.

도엑은 도열해 있는 제사장들 사이로 들어가더니 눈을 감고 찬양을 하고 서 있던 늙은 제사장 한사람의 배에 칼을 찔러 넣었다가 잡아 뺐다. 제사장은 외마디 비명과 함께 그 자리에 쓰러졌다.

아히멜렉과 나머지 제사장들의 찬양소리가 더욱 커졌지만 도엑은 옆에 서 있는 또 다른 제사장의 배에 칼을 찔러 넣었다. 그렇게 제사장들이 하나 둘 쓰

러지자 사울은 말 위에서 온몸을 뒤흔들며 소리를 질러댔다

"왜 대답을 안하는 거야? 다윗이 뭔데? 다윗이 뭔데?"

사울 옆에 서 있던 요나단과 아브넬은 두 눈을 질끈 감았다.

어느새 꼿꼿하게 서서 찬양하는 제사장의 숫자보다 땅바닥에 피를 흘리며 쓰러져 있는 제사장의 숫자가 더 많아졌다. 성 안은 피비린내가 진동했고 도엑이 돌아다니며 칼로 찌를 때마다 질러대는 제사장들의 비명소리가 찬양소리와 함께 하늘을 가득 메웠다.

사울은 여전히 소리를 질러댔다. 그의 눈은 광기로 가득했다. 그러더니 결국 손에 든 긴창을 던져 아히멜렉의 가슴에 꽂았다.

아히멜렉의 찬양 소리가 멈췄다. 그리고는 가슴에 꽂힌 긴창을 두손으로 움켜쥐고 그 자리에 허물어지듯 풀썩 주저 앉았다. 아히멜렉이 쓰러지자 나머지 제사장들이 사방으로 도망가려 했지만 병사들이 달려가 제사장들을 모두 죽이고 말았다.

사울은 또 다시 소리를 질렀다.

"다윗이 아직 멀리 도망가지 못했을 것이다. 이 성 근처에서 보이는 움직이는 모든 것들은 다 죽여라. 남자고 여자고 어린아이고 늙은이고 가리지 말고 모두 죽여라."

그날 놉에서 죽은 제사장은 아히멜렉을 포함해서 모두 85명이었다고 성경책은 전하고 있으며 역사가 요세푸스는 놉의 마을에서 죽음을 당한 사람까지 합하면 385명이나 된다고 했다. 한때는 하나님의 선택을 받아 이스라엘 백성들의 환호속에 왕의 자리에까지 오른 사울이였지만 질투에 눈이 멀고 하나님을 두려워 하는 마음이 사라지자 마침내 광기로 가득차 하늘도 울고 땅도 울

수 밖에 없는 끔찍하고도 잔인한 짓을 저지르고 만 것이다.

나중에 그 피비린내 나는 살육의 현장에서 용케도 살아 남은 아히멜렉의 아들 아비가일로부터 이 사실을 듣게된 다윗은 시편 52편에 다음과 같이 울며 기도했다.

"강포한 자여, 네가 어찌하여 악한 계획을 스스로 자랑하는그, 네 혀가 심한 악을 꾀하여 날카로운 삭도같이 간사를 행하는 도다. 네가 선보다 악을 사랑하며 의를 말함보다 거짓을 사랑하는도다. 그런즉 하나님이 영영히 너를 멸하심이여 너를 취하여 네 장막에서 뽑아내며 생존하는 땅에서 네 뿌리를 빼시리로다."

# 어머니의 땅

　이스라엘의 북쪽에 있는 갈릴리 호수에서부터 내려오는 요단강은 황량하기 짝이 없는 이스라엘 광야에 그나마 푸른 나무들이 자랄 수 있는 환경을 마련해 주었다. 요단강 주변엔 수십명의 사람이 들어가도 멀리서 보면 도저히 찾을 수 없는 수풀이 우거져 있는 곳도 있었지만 정작 그 수풀을 헤치고 요단강에 이르면 그것은 강이라기 하기엔 너무나 어리숙한 모습의 물줄기가 흐르고 있다. 요단강은 작은 개울에 불과했고 흐르는 물소리도 작았다.

　그 요단강가의 숲속에 다윗이 숨어 있었지만 아직도 상현달의 미미한 달빛으로는 다윗의 모습을 찾아낼 수는 없었다.

　벌써 몇 시간째 숨을 죽이며 쪼그리고 앉아 있는 다윗은 소리없이 흐르는 요단강 물속에서 자신의 모습을 발견했다. 며칠 째 정리하지 못한 머리카락이 요단강을 타고 불어오는 바람에 흩날렸고 축쳐진 두 눈은 왠지 처량해 보이기까지 했다. 갑자기 다윗의 귀에 놉에서 피를 흘리며 죽어간 수 많은 제사장들과 사람들의 비명소리가 들리는 듯 했다.

　자신이 그곳을 찾아가지 않았다면 그 선한 눈빛의 아히멜렉이 죽지도 않았을 것이며 하나님의 법궤가 모셔져 있는 놉의 성이 그렇게 피비린내 나는 현장이 되지는 않았을 것을… 그 모든 것이 자신으로 인해 불거졌다고 생각을 하니 다윗의 눈에선 자꾸만 눈물이 흘러 나왔다.

　그리고는 계속해서 한숨만 나왔다.

　그때였다. 어디선가 수풀을 헤치는 소리가 들렸고 다윗은 다시 몸을 낮추었다.

저 쪽에서 작은 휘파람 소리가 두 번 들려왔다.

"어딨소?"

저쪽에서 누군가 불렀지만 다윗은 대답하지 않았다.

"나다 애비야."

이 소리는… 그렇다, 다윗의 아버지 늙은 이새의 목소리였다.

그제서야 다윗은 일어났다.

"여깁니다."

그러자 저쪽에서 한 무리의 사람들이 나타났다. 맨앞에 다윗의 아버지 이 새와 어머니 나즈밧이 보였고 그 뒤로 다윗의 형제들이 손에 보따리를 들고 서 있었다. 다윗은 아버지 이새를 보자 마자 끌어안았다.

요단강 근처의 수풀. 이곳엔 어른키만한 잡초들이 무성하다.

"이게 무슨 일이냐? 아들아."

"아버지, 죄송합니다. 저 때문에 고생을 시켜 드려서…"

그리고 옆에 서 있던 어머니 나즈밧의 손을 잡았다.

"네 아버지와 난 그동안 사울왕에게 끌려가서 네가 어디있냐고 물으며 괴롭힘을 당했단다. 우리는 아무것도 모른다고 해도 계속해서 우리를 얼마나 괴롭히던지…"

나즈밧은 어느새 울먹였다.

"내가 이러지 말라고 그랬잖아. 왜 이래?"

이새가 나즈밧을 나무랬다. 사실이 그랬다. 다윗이 뒤쪽에 서 있는 형제들을 보았을 때 그중에 몇사람은 다리를 절고 있었고 또 몇사람은 얼굴이 퉁퉁 부어 있었다. 형제들 역시 사울왕에게 끌려가 맞은 것 같았다.

"형님들, 죄송합니다. 이 모든게 전부 저 때문입니다."

"그나 저나 이제 우리는 어디로 가는거냐?"

어둠속에서 형제중에 한 사람이 물었다.

"저와 함께 모압땅으로 가시죠. 제가 모압의 왕에게 이미 얘기를 다 해서 허락을 받아 놓았습니다. 모압의 궁안에 들어가서 살면됩니다."

"그곳엔 사울이 찾아 오지 못하겠지?"

어둠속에 있던 다윗의 형제중에 또 누군가 얘기했다.

"그럼요."

잠시후 다윗 가족 일행이 요단강에 도착하자 그곳엔 미리 준비해 놓은 작은 뗏목이 기다리고 있었다. 가족들이 모두 뗏목에 올라타자 뗏목은 조심스럽게 강물을 타고 흘러 내려갔다. 다윗은 깊은 생각에 잠겼다.

아히멜렉을 비롯한 85명의 제사장과 그 마을에 사는 주민들을 모두 도륙하고 돌아온 사울은 이미 제 정신이 아니었다

한 발걸음만 더 빨리 달려갔던들 다윗을 잡을 수 있었고 아히멜렉이 다윗의 행선지를 알려 주었던들 그런 피비린내 나는 일은 없었을 거라고 생각했다. 간발의 차이로 다윗을 놓친 것이 그렇게도 안타까울 수가 없었다. 이제 사울의 모든 생각과 목표는 다윗을 잡아 죽이는 것에 집중되었다.

도엑도 마찬가지였다. 자신이 그렇게 85명의 제사장을 죽이게 될 줄은 몰랐다. 이번에는 반드시 다윗을 잡을 수 있을거라 생각하고 사울왕을 앞세워 놉언덕까지 올라갔음에도 불구하고 다윗이 남겨놓은 비웃음소리만 들었다고 생각하니 화가 치밀었고 사울왕앞에서 뭔가 충성의 행동을 보여 주지 않으면 자신의 목숨마저 위험하다는 생각이 들자 그런 용기가 생겼나 보다.

결국 사울은 또다시 사람들을 풀어 다윗의 소재를 찾는데 골몰했지만 도엑은 사울과 달랐다. 다윗의 가족을 끌어다가 심문해 보면 뭔가 다윗에 대한 소재가 나올지도 모른다고 생각한 것이다.

도엑은 먼저 다윗의 형제를 한사람씩 불러다 심문했지만 다윗에 대한 어떤 정보도 들을 수가 없었다. 결국 도엑은 다윗의 소재를 제보하거나 다윗을 생포해 오면 거대한 상금까지 준다고 발표하기 까지 했었다. 하지만 아직까지 다윗의 소재를 말하는 사람은 없었다. 그러니 베들레헴에서 긴장의 나날을 보내던 다윗의 가족들이 받아야 했던 고통은 어느정도 였을까? 가족들은 언제 또다시 불려가 무슨 고통을 받게 될지 두려워 떨 수 밖에 없었다. 그래서 더욱 다윗은 고향으로 내려갈 수가 없었다. 다윗이 선택할 수 있는 길은 두 가지 라고 생각했다. 한 가지는 이스라엘 주변 국가로 망명을 하는 것이었다.

그 첫 번째 나라로 오랫동안 이스라엘과 긴장관계를 유지해 오며 여러차

레 전쟁을 치뤘던 블레셋으로 갔다. 그런데 그곳에서 너무 일찍 자신의 얼굴이 노출이 되는 바람에 블레셋에서의 망명생활도 실패로 돌아가게 되었고 그 다음에 생각해 낸 것이 바로 요단강을 건너 모압땅으로 가는 것이었다.

모압은 어머니의 나라였다. 그 옛날 베들레헴에 살던 엘리멜렉과 나오미 부부가 기근으로 인해 두 아들을 데리고 모압땅으로 이사를 갔고 그곳에서 두 아들은 룻과 오르바라는 모압여인과 결혼했는데 그곳에서 두 아들이 모두 죽자 나오미는 며느리 룻만을 데리고 베들레헴으로 돌아온 적이 있었다. 바로 그 룻의 후손이 바로 다윗이 아니던가?

옛 모압성

이 같은 사실을 모압의 왕도 이미 알고 있었고 그래서 다윗의 도움을 외면하지 않았던 것이다. 다윗은 자신의 가족들을 왕궁에서 보호해 주겠다고 약속한 모압의 왕 앞에 엎드려 말했다.

옛 모압성의 축소모형

"내가 이스라엘의 왕이 되면 모압땅의 은혜를 절대 잊지 않겠습니다."

일단 모압땅에 가족을 옮겨놓은 다윗은 이스라엘로 다시 돌아와 헤브론 남쪽의 유다광야로 갔다. 그곳엔 사울왕의 모병을 피해 도망 나온 젊은 청년들, 그리고 사울왕의 이성 잃은 행동에 신물이 나 왕궁을 도망나온 사람들, 그리고 심하게 부려먹는 주인으로 부터 뛰쳐 나온 일꾼들이 모여 살고 있는 곳이었다. 다윗은 그곳에 가면 사울을 싫어하는 부류의 사람들이 모여 있기 때문에 적어도 자신의 위치를 고자질 할 사람은 없을 거라고 생각을 한 것이다.

다윗의 그런 예상은 그대로 들어 맞았다. 다윗이 유다광야에 나타났다는 소식을 들은 무리들이 다윗을 찾아왔다. 그 숫자는 400명에 달했다.

"저는 당신들이 받는 고통을 압니다. 이 모든게 사울왕 때문이라는 것도 잘 압니다. 지금은 우리가 이렇게 물 한모금 나오지 않는 광야에서 생활하지만 곧 하나님께서 저에게 무슨 일을 어떻게 해야할지 알려 주실겁니다. 그때까지 우리의 힘을 모읍시다."

다윗이 말했다.

"다윗, 당신을 우리의 대장으로 모시겠습니다."

"당신이 우리의 왕이 되어 주십시오."

"우리는 당신이 죽으라면 죽고 살라면 살겠소이다."

여기 저기서 손을 높이 들며 외치는 그들의 눈에선 분노와 혈기가 뚝뚝 떨어졌다. 그들 중에 한 남자가 다윗앞으로 걸어나왔다.

"사울은 이제 왕도 아닙니다. 그는 하나님을 떠났고 어둠의 자식이 되었습니다."

"하지만 사울 역시 하나님께서 선택하시고 기름을 부어 이 나라의 왕으로 세운 사람입니다."

다윗은 그 남자의 분노로 뒤섞인 목소리를 진정시키려 했다. 하지만 그는 멈추지 않았다.

"물론 한때는 그랬죠. 그런데 그런 자가 어떻게 하나님께 찬양을 하는 아히멜렉 제사장의 가슴에 창을 꽂고 도엑을 시켜 수십명의 죄없는 제사장들을 일순간 핏덩이로 만듭니까? 더구나 놉에 살던 백성들은 무슨 죄가 있어서 죽인답니까? 그날의 피비린내는 사흘이 지나도록 가시지 않았고 그날의 비명이 아직까지 제 귀에 쟁쟁한데 제가 어찌 그를 왕으로 생각하겠습니까?"

다윗은 깜짝 놀랐다.

"당신은 어찌도 그렇게 그날의 상황을 잘 아시오?"

"저도 그 현장에 있었습니다."

"당신은?"

"저의 아버지가 바로 아히멜렉이었습니다. 저는 아비아갈이라고 합니다."

그의 이야기를 듣는 순간 또다시 다윗의 눈에는 눈물이 맺혔다.

"아비아갈…"

다윗은 아비아갈을 덥썩 끌어안았다.

"당신의 아버지는 내가 죽이거나 다름없소. 나를 용서하시오."

"아닙니다. 이 모든게 사울이 하나님을 두려워 하지 않았기 때문에 생긴일이죠. 당신은 잘못이 없습니다."

# 바위보다 더 단단한 맹세

　다윗을 따르는 400명의 식구와 함께 먹고 잠자는 공동체 생활이란 결코 쉬운 일이 아니었다. 여기서 얘기하는 400명이란 어린아이와 여자들을 뺀 숫자이니까 그들까지 포함하면 적어도 천명은 넘는 숫자였다. 우선 이들이 먹을 음식도 만만치가 않았지만 그 보다도 많은 숫자가 광야에서 생활하게 되면 사람들의 눈에 쉽게 노출이 될 수 있었기 때문이다. 결국 다윗은 물을 찾기가 더 어렵다 하더라도 남의 눈에 쉽게 띄지 않는 깊숙한 계곡속으로 들어가는 것이 안전하다고 생각을 하고 유다광야에서 더 남쪽으로 내려간 십이라는 곳으로 장소를 옮겼다.

　그곳에도 이미 200여명의 도망자들이 모여 살고 있다가 다윗의 무리들이 오자 그들과 뜻을 모아 합세해 버렸다. 이제 다윗의 군사는 600명이 된 셈이다.

　혼자의 몸으로 도피생활을 하던 시절에 비하면 주변에 자신을 따르는 많은 사람들이 있다는 것이 얼마나 큰 힘이 되어 주었는지 모른다. 하지만 그런 생활속에서도 기브아의 왕궁에 두고 온 아내 미갈이 보고 싶었다. 도대체 미갈은 어찌 되었을까? 자신을 탈출시켰다고 해서 사울에게 불이익은 받지나 않았을까? 다윗은 사울이 자신의 부모와 형제들에게 한 행동을 보면 자신의 딸이라 할지라도 그냥 내버려 두지 않았을 것이라고 생각했다. 여러 가지 사울의 이성 잃은 행동을 종합해 생각해 보면 사울은 충분히 그러고도 남을 사람 같았다.

　하지만 사울은 다윗이 왕궁에서 도망간 이후로 미갈을 길림 사람 라이스의 아들 발디라는 남자와 결혼을 시켜 버렸다. 한마디로 더 이상 다윗을 사위

로 생각하지 않고 식구라고 생각하지 않겠다는 의지였다. 다
윗에게 있어서 미갈과의 결혼이 이스라엘의 두 번째 왕이 되
기 위한 하나의 과정으로 생각을 했을 뿐 진정 사랑해서 결혼
한 여인은 아니었다. 그당시 결혼도 미갈에 의해서 행해진 것
이지 다윗이 먼저 미갈을 좋아하거나 결혼을 요구한 것이 아
니었기 때문이다. 하지만 그럼에도 불구하고 미갈이 다른 남
자와 새로운 결혼을 했다는 소식은 고통이 아닐 수 없었다.

유대광야에서 만난 베드인족의 텐
트. 다윗과 그의 무리들은 아마도
이런 텐트속에서 도피생활을 했을
지도 모른다.

결국 다윗은 유대광야에서 아히노암이라는 여인을 아내
로 맞이했는데 나중에 아히노암은 다윗의 장남인 암논을 낳
게 된다.

그렇게 천 여명의 대식구들과 유다광야에서 지내던 어느
날이었다. 한 남자가 다윗에게 찾아와 말했다.

"블레셋 군사들이 그일라에 쳐들어 와 백성들을 괴롭히
고 곡식을 약탈해 가고 있습니다. 우리가 가서 도와줘야 하지
않을까요?"

그러자 옆에 있던 다른 이가 발끈해서 말했다.

"무슨 소리야? 그일라는 국경지역 아닌가? 그곳은 국경
이라서 사울의 군사들이 지키고 있는 곳이야. 위험해."

"위험하다니? 위험하다고해서 백성들이 고통을 당하고
있는데 칼을 든 군사가 외면할 수 있나?"

"그게 아니야. 우리의 적은 블레셋이 아니라 사울왕이란
말일세. 만에 하나 우리가 그곳에서 블레셋과 싸우고 있다는
걸 사울의 군사가 알면 보상금에 눈이 어두운 그일라 사람들

이 가만있을 것 같애?"

분위기가 어수선해졌다. 그때였다.

"저는 다윗이 하자는 대로 하겠습니다."

그렇게 말한 남자는 요압이었다. 요압은 다윗의 조카였다. 이복 누이 스루야의 맏아들이었지만 워낙 누이의 나이가 많고 다윗이 막내다 보니 조카임에도 불구하고 다윗하고 나이가 비슷했다. 요압은 다윗이 유대광야로 나온 이후부터 계속해서 따라 다니는 중이었으며 누구보다도 다윗의 큰힘이 되어 주었다.

"고맙네 요압."

요압은 다윗에게 주먹을 쥐어 보였다.

"아비아달"

다윗이 손을 들어 의견이 분분한 사람들을 진정시키고 아비아달을 불렀다.

"놉에서 피신할 때 에봇을 가져 왔소?"

"가져왔습니다."

"그럼 에봇을 가져오시오"

잠시후 아비아달이 에봇을 입고 왔다. 에봇은 제사장들이 가슴에 차는 것으로 앞가슴을 가릴만한 크기의 네모난 천위에 12지파를 상징하는 12개의 보석이 박혀 있었다.

아비아달은 에봇의 뒷면에 들어있던 우림과 둠밈을 꺼내들었다.

우림과 둠밈은 그 옛날 다윗이 베들레헴에서 목동을 하고 있을 때 사무엘이 찾아와 하나님께 뜻을 물을 때 사용하던 것과 똑같은 모양이었다.

"당신이 제사장이니 하나님께 물어야겠소."

아비아달은 주먹보다 작은 돌 두 개를 양손에 올려놓은 다음 가슴에 갖다 대고 하늘을 향해 기도했다.

12개 지파를 상징하는 보석으로 된 에봇을 가슴에 두르고 제사를 드리고 있는 제사장의 모습. 제사장들은 이 에봇의 뒤에 우림과 둠밈을 두고 다니다가 하나님의 뜻을 물을 때 꺼내서 하늘을 바라보며 기도를 했다.

"저희가 그일라로 가서 블레셋 족속과 싸우면 이길 수 있겠습니까?"

그러자 아비아달의 양손에 들려 있던 우림과 둠밈에서 이상한 빛이 감돌더니 이내 강한 빛이 나와 아비아달의 얼굴을 비췄다.

그 빛을 확인한 다윗이 말했다.

"자, 하나님이 약속하셨네. 주저하지 말고 그일라로 가세."

그일라는 이스라엘의 남북을 가로 지르는 길과 동서로 연결되는 길이 만나는 곳으로 언제 어느 곳에서 적이 쳐들어 올지 모르는 곳이었다. 특히 블레셋과는 가까운 곳이어서 툭하면 블레셋의 군사들이 쳐들어와 이곳 사람들을 괴롭히곤 했었다. 그래서 그일라는 빗장을 안에서 지르면 밖에선 공격하기 힘든 성벽도시로 바뀌어진지 얼마 되지 않은 상태였다.

그래서 그랬는지 다윗과 그의 군사들이 그일라에 도착했을 땐 블레셋 군사들이 성벽 안에서 걸어 잠근 문 안쪽으로는 공격하지 못하고 성벽 밖에 살던 이스라엘 사람들의 물건만 약탈하고 있는 중이었다. 다윗이 이끄는 600명의 군사가 그일라에 도착했다는 소식을 들은 블레셋 군사들은 제대로 대항하지도 못하고 도망갔으며 오히려 그들이 타고온 말과 무기를 여기 저기 버려두었을 정도였다.

블레셋 군사들을 모두 쫓아 버린 다윗과 그의 부하들은 '별 것도 아닌 것들이…' 하면서 의기양양 했다.

그때 누군가 달려와서 말했다.

"다윗 장군, 지금 사울의 군사들이 이곳으로 내려 오고 있다고 합니다."

"이제야 내려오는 군, 그동안 이곳 사람들이 블레셋에게 시달림을 받는 것을 몰랐단 말인가?"

다윗의 곁에 있던 부하 한사람이 투덜거렸다.

"그들의 목표는 블레셋이 아니라 우리들이오. 사울은 다윗 장군과 우리를 잡기 위해서 달려오는 거란말이오."

"그럼 이제 어쩌지?"

"성안으로 들어갑시다. 그일라 백성들이 우리를 보호해 줄거야"

"큰일 날 소리를 하고 있어. 다윗 장군에게 엄청난 상금이 걸려있다는 걸 몰라? 우리가 그일라 성안으로 들어가면 그곳 사람들은 우리를 사울에게 넘겨 줄게 뻔한데."

또 다시 다윗의 부하들 사이에 의견이 분분했다. 어떻게 해야할까? 사울이 도착하기 전에 이곳에서 빠져 나갈 것인가? 아니면 그일라 성안으로 들어가서 숨는 것이 낳은 것일까? 다윗이 다시 한번 아비아달을 찾았다.

아비아달이 이번엔 알아서 에봇을 가져 왔다.

"하나님께 물읍시다."

다윗이 아비아달에게 얘기를 하자 아비아달은 에봇속에서 다시 우림과 둠밈을 꺼내 하나님께 묻기 시작했다.

"하나님 사울이 이곳에 와서 그일라 사람들을 죽일지 모릅니다. 그러면 그일라 사람들이 다윗 장군을 내 주겠지요? 어찌하면 좋겠습니까? 이곳을 피하는 것이 옳을까요?"

아비아달 곁에 있던 다윗을 비롯한 수많은 부하들이 아비아달의 손에 들린 우림과 둠밈을 뚫어져라 바라 보았다. 잠시후 아비아달의 기도가 끝나자 우림과 둠밈은 강한 빛을 냈다.

그것을 목격한 다윗의 부하들은 다윗의 명령이 떨어지기도 전에 벌써 퇴각할 채비를 갖추기 시작했다. 다윗은 600명을 이끌고 사울이 도착하기 전에 그곳을 서둘러 빠져 나왔지만 정작 사울은 다윗의 무리들이 그일라를 빠져 나갔다는 소식을 듣고 더 이상의 진격을 멈추었다. 사울은 다윗의 무리들이 그일라 성안에 들어가 있으면 밖에서 포위하기만 해도 된다고 생각을 했었던 것이다. 그러나 다윗을 반드시 찾아내겠다는 사울의 욕심은 끝나지 않았다.

그일라에 도착하기도 전에 발길을 돌렸던 사울은 또 다시 다윗을 찾기 위해 3천명의 특공대원을 뽑아 유다광야로 찾아온 것이다. 그때 다윗은 유대광

다윗이 사울을 피해 숨어 있었던 엔게디 골짜기 입구. 이곳은 척박한 유대 광야 중에서도 유난히 숲과 물이 많은 곳으로 유대 광야를 여행하던 여행자가 모처럼 찬공기를 마실 수 있는 곳이다.

야의 엔게디라는 곳의 굴속에 몇 명의 부하와 함께 숨어 있었다.

"다윗, 누군가 굴안으로 들어오고 있습니다."

확실히 누군가 굴속을 향해 들어오고 있었고 다윗을 비롯한 모두가 숨을 죽이며 바라보고 있었다.

"누굴까?"

다윗이 작은 소리로 물었다.

"모습이 사울인 것 같습니다."

"사울이라구?"

이럴수가…확실히 사울이었다. 치렁치렁한 장식으로 된 갑옷을 입고 옆에 칼을 차고 있는 것이 영락없는 사울의 모습이었다.

다윗과 부하들은 굴속에서 숨을 죽이며 사울의 행동을 지켜 보았다. 사울은 굴속으로 들어와 칼을 옆에 내려놓더니 밖을 향해 앉아서 작은 신음소리를 내며 용변을 보는 것 같았다.

그때 다윗의 부하가 말했다. 아주 작은 소리로…

"장군, 지금이 기회입니다. 여호와께서 말씀하시길 내가 너의 원수를 네 손에 넘겨 줄테니 그때에는 네가 마음대로 원수 갚을 수 있을 것이라고 했잖습니까? 오늘이 바로 그날입니다. 당장 가서 죽여 버립시다. 혼자 들어왔으니 아무도 모르잖습니까?"

그러자 다윗이 말했다.

"여호와께서 기름 부어 세우신 왕에게 내가 감히 칼을 들 수가 있겠느냐?"

그러면서 다윗은 칼을 빼들고 살금살금 사울의 뒤로 가까이 다가가더니 잠시후 다시 돌아왔고 그의 손에는 사울의 옷자락이 들려있었다. 다윗이 사울의 옷자락 뒷부분을 칼로 잘라 온 것이다. 그때까지도 사울은 자신의 뒤에서 무슨 일이 일어나고 있는지를 전혀 눈치채지 못하고 있는 것 같았다.

잠시후 볼 일을 마친 사울이 굴속에서 나갔고 다윗이 쫓아나갔다. 사울은 여전히 아무것도 모른채 언덕 아래로 걸어내려갔고 다윗은 그 자리에 멈춰 서 있었다. 어느 정도 사울과 다윗의 거리가 멀어지자 사울을 불렀다.

"사울왕이시여!"

사울이 깜짝 놀라 뒤돌아 보았다. 그곳엔 다윗이 무릎을 꿇고 앉아 있었다.

사울은 깜짝 놀라는 눈빛이었다.

"다윗?"

"그렇습니다. 왕께서 그렇게도 찾아 헤메는 왕의 사위 다윗입니다."

그 말에 사울은 발끈했다.

"사위는 무슨?"

"왕께서는 아직도 제가 왕을 죽이려 한다고 믿으십니까? 저는 단언컨데 여호와께서 기름 부어 세우신 왕을 해치고 싶지 않습니다."

"내가 그 말을 믿을 것 같느냐?"

그러자 다윗이 손을 높이 들었다

"자, 제가 손에 들고 있는 것이 무엇인가를 똑똑히 보십시오."

다윗은 사울의 옷자락을 들어 보였다. 그것은 분명히 사울의 것이었다.

사울은 놀라서 뒤돌아 자신의 옷을 들여다 보았다. 분명히 옷이 잘라져 있었다. 사울은 놀라서 말을 잇지 못했고 다윗의 소리는 이어졌다.

"저는 굴속에서 왕을 충분히 죽일 수 있었지만 이 겉옷 자락만을 잘라 냈습니다. 이것을 보시면 제가 반역자가 아니요 왕을 헤치려고 흉계를 꾸미는 사람이 아니라는 것을 확실히 아실 겁니다."

"네 이놈 네가 나를 능멸하는 구나."

"능멸하다뇨? 저는 악인이 아니므로 왕께 함부로 손대어 죄짓지 않을 겁니다. 제가 이런 사람인데 이스라엘 왕께서는 도대체 누구를 잡아 죽이려고 이렇게 쫓아다니시는 겁니까?"

그 말에 사울은 한동안 말이 없었다. 그리고는 잠시후 떨리는 목소리로 말했다.

"다윗, 네 앞에 서 있는 내가 왜 이렇게도 부끄럽기 짝이 없는가? 나를 죽일 수 있었는데도 너는 나를 살렸다. 나는 오늘 다시 태어났다. 다시는 내가 너를 잡으려 하지도 않고 죽이려 하지도 않겠다. 너는 나보다 나은 사람이다. 너야 말로 하나님이 세우신 이 나라 이 백성을 다스릴 진정한 왕이 될 것이다. 부탁하나 해도 되겠나?"

사울의 목소리는 애처롭기 까지했다. 그러나 다윗은 대답하지 않았다.

"네가 이 나라의 왕이 되면 나의 후손들을 죽이지 않고 이스라엘 역사에서 내 이름을 지워버리지 않겠다고 맹세해 다오."

"맹세합니다."

"정말인가?"

"왕을 향한 저의 맹세는 이곳 유다광야에 있는 바위보다 더 견고합니다."

사울은 천천히 돌아서서 자기의 군사들이 있는 곳으로 걸어갔다. 사울의 군사들이 활을 쏴도 도달하지 않을만큼 먼 언덕위에서 다윗은 그의 부하들과 함께 말을 돌려 기브아로 향하는 사울의 일행을 지켜 보았다.

"제발 다시는 이런 일로 사울과 부딪히지 않아야 할텐데…"

다윗을 찾아 나서는 사울을 따라 내려왔다가 영문도 모른채 갑자기 발길을 돌리는 군사들 틈속에 처진 어깨로 터벅 터벅 유대광야를 걸어가는 사울의 모습을 바라보면서 다윗은 그렇게 생각했을 것이다.

아주 멀리서, 사울이 고개를 돌려 다윗이 있는 쪽을 향해 바라 보는 것이 다윗의 눈에 보였다.

엔게디 계곡에 있는 작은 폭포.
이곳은 유대광야 중에서도 보기 드물게 시원한 물줄기가 떨어지는 폭포가 있어 지금도 많은 사람들이 찾는 곳이다.

# 땅에 박힌 칼

다윗에게 부끄러운 모습을 보이고 만 사울은 기브아로 돌아온 뒤로 더욱 괴로웠다. 도대체 뭐하는 인간일까? 무슨 생각을 갖고 있는 인간일까? 대체 다윗의 머리속엔 뭐가 들었길래 코 앞에 둔 사울을 죽이지 않은 것일까? 나는 이미 다윗의 손에 죽었던 목숨이나 다름없다는 생각에 이르자 사울은 미칠 것만 같았다.

게다가 들리는 정보에 의하면 다윗은 이미 자신의 둘째딸 미갈과 결혼하고 나서 왕궁을 도망나간 뒤 두차 례의 혼인을 한 상태라고 하지 않던가?

다윗의 두 차례에 걸친 결혼은 사울로 하여금 또 다른 분노와 불안감을 더하게 되었다. 그것은 다윗의 결혼이 사울 이후의 왕으로써 지지기반을 확립하기 위한 전략이라고 느껴졌기 때문이다. 실제로 다윗은 이스르엘 여인 아히노암과 한차례 결혼을 함으로써 므깃도와 벧산 인근의 가문들과 관계를 확립하게 되었고 갈멜지역의 부유한 여인 아비가일과 결혼함으로써 헤브론 인근 지역들과도 원활한 유대관계를 확립하게 되었다.

다윗이 아히노암 말고 헤브론의 여인 아비가일과 결혼하게 된 배경도 다분히 전략이라고 볼 수 있다.

다윗은 600명이나 되는 거대한 식구들을 이끌고 있었기 때문에 늘 식량에 대한 부담감이 컸었다. 그래서 갈멜지역의 나발이라는 부유한 사람의 양떼를 돌봐 주었고 그 대가로 식량을 요청했지만 나발은 다윗의 이런 요청을 묵살했고 결국 10일도 안되어서 즉사를 하고 말았다. 그때 비교적 호의를 갖고 대해 주었던 나발의 아내 아비가일을 다윗은 아내로 맞아들이면서 나발이 갖고 있던 재산과 식량들을 확보할 수 있었던 것이다. 다윗과 아비가일의 결혼이야기는 사무엘상 25장 2절에서 44절까지 자세하게 기록되어 있다.

다윗의 이런 친족 연계망으로 인해 나라 전역에서 모인 이스라엘의 장로회의는 다윗에게 우호적인 입장을 취했다. 따라서 사울이 월초 정례 국정회의 때 지방에서 올라온 장로들은 사울의 실정(失政)과 다윗을 찾아 헤메는 일에 대해서 마땅치 않게 말해 사울의 입지는 더욱 약화 될 수밖에 없었던 것이다. 사울은 다윗의 그런 행보에 대해서 여전히 불안과 불만을 떨칠 수가 없었다.

그러던 어느날 아브넬 장군이 사울을 찾아왔다.

"왕이시여, 슬픈 소식을 가져왔습니다."

"뭔가?"

사울의 반응은 날카로왔다. 일종의 과민반응이었다

"사무엘이…"

아브넬이 말끝을 흐렸다.

"사무엘이 왜? 또 날 찾아왔나? 그 늙은이는 잊을만 하면 한번씩 찾아오는 군. 나한테 무슨 볼일이 또 있다고 하던가?"

"그게 아니고…"

아브넬이 말끝을 또 흐렸다. 그 순간 사울에게 뭔가 불길한 느낌이 들었다. 사울이 아브넬을 똑바로 쳐다보았다.

"죽었는가?"

"그렇습니다."

그 순간 사울은 온몸이 허물어지듯 주저 앉았다. 갑자기 숨이 탁 막혀 오는 것 같았다.

'사무엘이 죽다니… 그렇다면 이젠 두 번 다시 만날 수 없다는 것인데…'

사울과 사무엘 사이엔 아직도 해결하지 못한 감정의 문제가 있지 않던가? 언젠가는 반드시 두 사람이 만나서 서로 깊은 대화를 나누며 꼭 해결하고 넘어가리라 생각을 했었는데 사무엘은 먼저 떠나 버린 것이다.

"이렇게 보내선 안되는데… 이렇게 보내선 안되는데…"

사울은 침대에 앉아 망연자실한 표정으로 이렇게 읊조렸다.

그의 눈에선 눈물이 흘렀다.

"내가 나쁜 놈이야. 내가 잘못했어. 내가 먼저 찾아갔어야 하는데… 내가 왕이라고… 내게 권력이 있다고 자존심을 내세워 찾아가지 않았던 거야. 누가 내게 왕의 자리를 허락했는데… 누가 내게 왕의 칼을 쥐어 주었는데… 내게 사무엘이 없었던들 내가 무엇하나 제대로 했겠나? 사무엘이 아니라 내가 죽었어야 했어. 내가 나쁜놈이야."

사울의 머리속엔 벌써 사무엘과 얽힌 수많은 기억의 편린들이 머리속을 어지럽혔다. 33년전, 라마 성읍에서 길을 묻던 사울과 처음 만나 깊게 패인 주름살 속의 검은 눈동자로 바라보며 '당신은 이제 평범한 사람이 아니라 이 나라 이 민족을 책임지고 이끌어갈 왕이 되신 것입니다.'

'이제 당신은 주님의 백성을 다스리며 사방에서 괴롭히는 원수들로부터 이 백성들을 해방시키셔야 합니다. 여호와께서는 당신에게 기름을 부어 자신의 기업을 다스리는 영도자로 세우신 것입니다.'

그것 뿐인가? 사무엘은 미스바언덕 위에서 수많은 사람들을 모아놓고 사울을 가리키며

'주께서 뽑으신 이 사람을 보시오. 온 백성 가운데 이만한 인물이 없소이다.' 라고 하지 않았던가?

그리고 블레셋과의 전투를 앞두고 전투에 나가기 전에 하나님께 제사를

드려달라고 부탁을 했음에도 불구하고 사무엘은 사울에게 일주일 씩이나 기다리게 해놓고는 이스라엘 군사들이 모두 도망갈때까지 나타나지 않아 애태우게 하지 않았던가? 기다리다 못해 사울이 대신 제사를 지내자 그제서야 나타난 사무엘이 화를 내며

'만일 당신이 의인이었고 내 말을 불순종하는 것보다 성급하게 행동하지 않았다면 당신과 당신의 후손은 오랫동안 이 나라를 다스릴 수 있었을 텐데 너무나 안타깝소.'

그일 후 사무엘은 20년동안이나 사울을 찾아오지 않았다. 제사를 대신 드린 것이 뭐 대단한 일이라고 자기가 기름부어 세운 왕을 20년씩이나 외면할 만큼씩이나 화가 났단 말인가? 그때도 사울은 얼마나 사무엘을 그리워했던가…그러다가 20년만에 갑자기 나타나 아말렉을 진멸하라고 시켜서 시키는대로 다 하지 않았던가? 단지 아말렉의 아각왕만 생포한 것 뿐이었는데 사무엘은 사울에게 하나님의 영이 떠나갔으며 이스라엘을 빼앗아 가겠다는 극단적인 얘기까지 서슴치 않았던가?

사울은 사무엘의 그런 행동도 시간이 흐르고 세월이 지나면 어느정도 풀리고 그러다 보면 또 다시 예전처럼 좋은 관계가 될 수 있을거라고 생각을 했었다. 그런데 그러기도 전에 사무엘은 86세의 나이로 떠나고 만 것이니 이제 자신의 억울함을 누구에게 하소연을 한단 말인가?

아 사무엘…

사울은 목이 메었다.

사울의 읊조림은 어느새 숨이 턱까지 올라와 헉헉대는 통곡으로 변했다.

이러다간 사울마저 어떻게 될지 모를 것 같다는 생각이 아브넬에게 들었다.

"왕이시여, 고정하시옵소서."

유대광야의 계곡을 와디(wadi)라고 한다. 비가 오지 않는 건조기엔 군데 군데 풀이 자라고 곳에 따라선 물웅덩이도 가끔 보이는 곳이지만 비가 오는 겨울철이 되면 이곳은 물살이 센 계곡으로 변한다.

사울이 벌떡 일어났다.

"내 이놈을…"

아브넬이 깜짝 놀랐다.

"이 모든 것이 다윗 때문이야. 다윗만 아니었으면 내가 사무엘과 멀어지지 않았을거야. 사무엘과 내 사이에 다윗이 끼어 들어서 그래… 다윗을 잡아. 다윗을 잡아서 다시는 내 앞에 나타나지 못하도록 할꺼야. 내 칼을 다오. 내 칼 어딨나? 다윗을 잡으러 가자."

사울은 이미 유대광야에서 살고 있는 사람들로부터 다윗이 아직도 그곳을 떠나지 않고 있다는 제보를 듣고 유대광야의 하길라 라는 와디로 찾아와 진을 쳤다. 태양빛이 뜨거운 유대광야에서 그나마 그늘을 만날 수 있는 곳이 와디이기 때문이다.

그러나 다윗은 이미 정탐꾼에 의해서 사울의 군사가 근처 와디에 자리를 잡았다는 정보를 입수한 상태였다. 말이 정탐꾼이지 사실 이번 경우는 사울의 왕궁에 있는 부하들이 미리 연락을 해 온셈이다. 그만큼 왕궁에서 조차도 사울을 지지하기 보다는 다윗을 더 걱정하는 사람이 많이 생겼다는 증거였다. 사울이 도착했다는 소식을 듣고 다윗이 와디로 찾아오자 이미 미리 동향을 살피고 있던 다윗의 부하들이 작은 소리로 보고를 했다.

"한 3천명쯤 데리고 온 것 같습니다."

"이번엔 많이도 데리고 왔군. 나 한사람을 잡기 위해 3천명씩이나 끌고 오다니…"

"그러길래 지난번 동굴에서 죽였어야 한다고 했잖습니까?"

누군가 옆에서 볼멘 소리를 했지만 다윗은 대꾸도 하지 않았다.

이미 한나절 이상을 광야로 들어온 사울의 군사들은 지쳐 보였고 이제 해가 질 무렵이 되자 계곡 아래쪽에서 일정한 대열을 갖추고 천막을 치고 있는 중이었다.

"사울이 보이나? 어딨지?"

"사울은 저 군사들의 정중앙에 천막을 친 것 같습니다. 보통 사울의 천막옆엔 왕을 상징하는 깃발을 꽂아놓는데 오늘은 그런 것이 보이지 않는 걸로 보아 급하게 출발한게 틀림없습니다. 그러나 잘 보십시오. 사울의 군사들의 천막을 보면 가운데 천막을 중심으로 해서 작은 천만들이 원형으로 쳐져 있지 않습니까? 저 가운데에 있는 천막이 바로 사울의 천막이라는 얘기죠."

"알았네."

다윗은 곧바로 계곡 아래로 내려갈 태세였다.

"어딜 가시려구요?"

"내가 가서 사울을 만나 보고 오겠네."

"아니 지금 제 정신입니까?"

"왜?"

"사울은 장군과 대화를 하려고 온게 아닙니다. 장군을 죽이려고 왔습니다."

"하나님께서는 나를 사울의 손에 죽도록 선택하신게 아니야."

그리고는 조심스럽게 계곡 아래로 내려갔다.


와디의 밤은 빨리 온다. 그만큼 계곡이 깊기 때문에 어둠이 빨리 찾아오는 것이다. 다윗이 계곡의 바닥까지 내려왔을 때 사울의 진영에서 피워 올린 모닥불이 환하게 타오르고 있었다. 둥글게 자리를 잡아 설치된 천막의 주변으로 몇 명의 군사들이 창을 들고 보초를 서고 있었지만 그들도 지쳤는지 대체로 경계가 느슨했다. 다윗은 그 중 한 보초를 향해 돌멩이를 던졌다. 그러자 보초는 소리가 나는 쪽으로 걸어왔고 그 순간 다윗은 뛰쳐나가 한방에 보초의 이마를 가격했다. 소리도 내지 못하고 그 자리에 풀썩 주저 앉은 보초를 끌어다가 바위 뒤에 숨긴 다윗은 조심스럽게 사울의 천막을 향해 전진해 나갔다.

다행히 마주치는 사람은 없었다. 역시 다윗의 부하가 말한 것이 맞았다. 사울의 천막은 한 가운데 있었고 그 천막앞에만 유난히 보초들이 또 서 있었다. 그러나 그 보초들 역시 피곤에 지쳤는지 서 있었지만 눈을 감고 있었다. 다윗은 조심스럽게 사울의 천막안으로 들어갔다.

천막안에는 작은 등불이 아른거리며 타고 있었고 그 불빛에 한 남자가 자고 있다는 것을 알 수 있었다. 다윗은 조심스럽게 등불의 심지를 잡아올렸다. 천막안이 조금 더 밝아졌다. 드디어 사울이 보였다. 사울은 작은 소리로 코를 골며 자고 있었고 손에는 칼이 들려 있었다.

다윗은 잠자고 있는 사울의 얼굴을 한동안 내려다 보았다.

'에이 바보같은 사람 같으니라구…'

피곤과 분노와 광기가 서로 뒤섞여 있는 표정으로 자고 있는 사울의 모습을 보자 갑자기 연민이 느껴졌다. 왜 스스로 자신을 저토록 괴롭히는 것일까? 잠을 잘 때도 손에서 칼을 놓치 못하고 자는 사울이 갑자기 불쌍하게 생각되었다. 분명 다윗의 다른 부하가 있었다면 어서 빨리 사울을 죽여버리자고 말했을 것이다.

다윗은 조심스럽게 사울의 손에서 칼을 빼기 시작했다. 그나마 사울은 칼을 꽉 잡지 않았기 때문에 조금씩 손에서 칼이 빠져 나올 수 있었다. 거의 칼이 다 빠져 나오려는 순간, 사울의 코고는 소리가 멈췄다.

순간 다윗은 몸을 바짝 엎드렸다.

사울이 눈을 떴다. 사울의 눈이 다윗의 눈과 마주쳤다.

다윗은 사울과 눈이 마주치자 당황해 어찌할 바를 몰랐다. 인사를 해야 할지 아니면 아직도 사울의 손에 들려 있는 칼을 빼앗아야 할지… 그 순간 다윗은 사울의 손에 있는 칼을 빼앗으려 했다. 하지만 사울의 동작이 더 빨랐다. 사울의 손이 높이 들렸고 허공을 갈라 다윗의 머리를 향해 내리쳤다. 그러자 다윗의 머리카락이 잘려져 나간 허공에 나풀거렸다. 몇 개의 머리카락은 등잔불에 떨어져 지지직 하는 소리와 함께 타들어갔다. 천막안은 어느새 역한 냄새로 가득찼다.

"네 이놈, 내가 널 찾아 여기까지 왔다. 그런데 이젠 네 발로 날 찾아왔구나."

"왕이시여, 제가 잘못했나이다. 사죄를 드릴려고 찾아왔으니 저의 사죄를 받아주시옵소서."

"이제 와서 사죄는 무슨 사죄?"

"왕이시여, 부디 한 번만 용서를 해 주시면…"

다윗의 말은 거의 애걸에 가까웠다. 다윗의 눈에선 눈물이 흐르고 있었고 천막의 구석까지 물러난 다윗은 두손까지 빌면서 사울에게 부탁을 했다. 하지만 사울의 눈에선 불빛이 튀어 나왔다.

"널 용서할 수 없어. 절대로!"

하면서 사울의 칼날이 또 다시 허공을 가로질렀고 잠시후 다윗은 피투성이가 되어 바닥에 풀썩 엎어졌다. 바닥엔 다윗의 몸에서 솟구쳐 나온 피로 범벅이 되었고 사울의 얼굴에도 다윗의 피가 묻었다. 칼을 쥔 손으로 얼굴을 한 번 쓱 닦았지만 사울의 얼굴은 더욱 빨개졌다. 그리고 사울은 눈을 꾹 감은 채 정체를 알 수 없는 괴성을 질러댔다. 그 소리가 얼마나 컸던지 목이 아플정도였다. 사울이 또 다시 눈을 떴다. 꿈이었다.

순간 사울은 너무나 생생했던 조금전의 상황이 꿈이었던 것이 다행인지 아니면 아쉬운 것인지 잘 분간이 되질 않았다. 그런데 손에 칼이 보이지 않았다. 밤새 꼭 쥐고 자던 칼이 없어진 것이다.

"아브넬!"

밖에서 아침 출정 준비를 하던 아브넬이 들어왔다.

"부르셨습니까?"

아브넬이 아무렇지도 않게 물었다.

"그가 왔었다."

"그라뇨?"

"다윗이 왔었어."

"그럴리가요. 제가 밤새 왕을 지켰는데요."

"왔었어. 아주 가깝게… 난 느낄 수 있다."

사울은 자신의 칼이 없어졌다는 이야기는 하지 않았다.

그때였다. 밖에서 소리가 들렸다. 아주 멀리서 들리는 소리였다.

"아브넬!"

다윗의 소리였다. 계곡위에서 아래쪽을 향해 질러대는 소리라서 메아리가 쳤다. 아브넬이 천막밖으로 뛰어나갔다. 다윗이 높다란 계곡위에 서 있었다.

"너는 왕의 장군이 아니더냐? 그런 네가 왜 왕을 지키지 않고 잠만 자는가? 나는 어젯밤 너의 왕을 죽이려고 진지에 들어갔다가 나온 사람이다. 여호와께서 기름 부어 왕으로 세우신 자를 똑바로 지키지 못하였으니 이제 너는 죽어 마땅한 자가 아니냐?"

아브넬의 손에 칼이 들려 있긴 했지만 너무 멀리 있는 다윗이기에 어찌할 방법이 없었다. 이때 사울이 천막안에서 나왔다. 아브넬은 뭔가 이 사태를 빨리 마무리 하고 별일이 아닌 것으로 만들고 싶었다.

"저 놈이 글세 밤새 우리 막사에 들어왔다고 떠들지 뭡니까?"

그러나 다윗은 계속 소리를 질렀다.

"사울왕이시여. 왜 약속을 어기셨습니까?"

그제서야 사울은 다윗의 목소리를 알아들었다.

"다윗, 네가 다윗 맞느냐?"

"그렇습니다."

"어젯밤에 날 찾아왔었지?"

그러자 아브넬이 중간에서 끼어들었다. 확실히 초조한 목소리였다

"아닙니다. 저 놈이 거짓말을 하고 있는 겁니다."

"왜 아직도 제 말을 못 믿으시는 겁니까?"

다윗은 계곡 아래로 칼을 힘껏 던졌다

칼이 허공을 날아와 사울왕의 발앞에 꽂혔다.

그 순간 아브넬이 깜짝 놀랐다. 분명 사울의 칼이었다.

"보십시오. 제 말이 거짓입니까? 왕께선 왜 저 와의 약속을 잊고 또 이렇게 저를 찾아 죽이기 위해 나섰습니까? 만일 하나님께서 왕의 마음을 충동해서 저를 원수로 여기고 쫓아 다니게 하신다면 저는 기꺼이 하나님께 바치는 향기로운 제물이 되겠습니다. 하지만 만일 사람들이 왕의 마음을 자극해서 죄도 없는 저를 잡아 죽이신다면 하나님께서도 그들을 벌하시고 말겁니다. 그러니 제가 하나님의 곁에서 멀리 떠난 이 타향에서 죽는 일이 없도록 도와 주십시오."

사울은 바닥에 꽂힌 칼 앞으로 걸어가 그 자리에 무릎을 꿇었다.

어젯밤 꿈속에서 다윗이 사울 앞에서 꿇었던 것처럼… 꿈속에선 다윗이 두손을 모아 빌면서 살려 달라고 했지만 지금은 사울이 머리를 조아리고 있는 것이다. 그것이 너무나 비통했다. 꿈속에서 다윗은 사울에게 그토록 살려달라고 애원을 했지만 사울은 칼을 휘둘러 다윗을 피투성이로 만들었다. 그런데 다윗은 밤새 자기곁에 있었으면서도 죽이기는커녕 칼만 빼앗아 갔다. 왜 사울과 다윗은 이렇게도 차이가 있는 것일까?

차라리 자기를 죽이고 갔더라면…

이것은 더 자신을 비참하게 만드는 것이 아닌가?

사울이 대답했다.

"다윗!"

사울의 목소리는 메아리가 되어 좁은 계곡안을 타고 위로 올라갔다.

"내가 잘못했다. 네가 내 생명을 귀중히 여기고 아껴 주었으니 나도 네게 더 이상 해를 입히지 않겠다. 내가 큰 죄를 지었다."

"왕이시여, 허락하소서, 저 계곡위는 금방올라갈 수 있습니다. 계곡을 잘 타는 몇 놈만 시켜도 다윗은 금방 잡을 수 있습니다. 바로 눈앞에 있는데…"

아브넬이 옆에서 이야기했다. 어떻게 해서든 이 미칠 것 같은 상황을 마무리하고 싶었던 것이다.

그러나 사울의 대답은 차가웠다.

"돌아가겠다."

# 물은 엎어지고

사울이 기브아로 돌아간 이후, 다윗은 고민에 빠지지 않을 수 없었다. 동굴에서 살려 보낸 이후 사울은 다시는 다윗을 찾아 헤메지 않겠다고 눈물까지 흘리면서 철썩같이 약속을 했지만 그 약속을 어기고 또 다시 찾아오지 않았던가? 특공대원으로 구성된 3천명이라는 군사까지 이끌고 말이다.

지금은 또 다시 약속을 하고 돌아갔지만 사울은 언제 어떻게 또 다시 다윗을 찾아 헤멜지 모른다는 생각을 하니 유대광야도 안전한 곳은 못 되었다.

다윗은 부하들을 불러 모았다.

"블레셋으로 갑시다. 여기서 가까운 가드라는 곳의 아기스왕을 다시 찾아 갑시다."

"가드라면 일전에도 한 번 찾아갔다가 금방 발각이 되서 장군이 미친 사람 행세를 했던 곳 아닙니까? 그런데 그곳으로 또 가잔 말입니까?"

"나도 가고 싶지 않소. 하지만 우리가 사울의 손아귀로 부터 안전한 곳은 차라리 적국으로 들어가는 겁니다. 그곳엔 사울이 찾아올 수가 없잖소."

"여호와는 이스라엘의 하나님이십니다. 그런데 만일 우리가 이곳 약속의 땅을 떠난다면 하나님의 보호에서 벗어나 이교도의 신 앞에 엎드리는 것 밖에 안되지 않소이까?"

다윗의 부하들은 다윗의 그런 생각에 동의하지 않는 것 같았다.

그때 옆에서 요압이 말했다.

"우리는 그동안 유대광야에서 자갈을 침대 삼아 이슬을 맞으면서 잠을 자왔소. 누가 볼까봐 숨어서 광야의 쓰레기 더미속에서 살아왔단 말이오. 이것도 하나님의 보호란 말이오?"

요압의 말도 일리는 있었다.

"그럼 당신은 지금까지 누구의 보호로 살아왔소? 하나님의 보호없이 어떤 기적으로 그 모든 학살을 견뎌냈단 말이오?"

그때 다윗이 말했다.

"난들 블레셋으로 가고 싶겠소? 블레셋이 어떤 나라입니까? 블레셋은 오래전부터 하나님이 선택한 이 나라를 쳐들어와 괴롭혔던 자들이오. 그리고 그 옛날 난, 블레셋의 장군 골리앗을 쓰러뜨린 사람이오. 아마도 블레셋의 왕들이 날 만나면 가만 두지 않을지도 모르는 일이지. 그런데도 내가 블레셋으로 가자고 하는 이유는 더 이상 우리가 설 곳이 없기 때문이오. 블레셋으로 가는 것을 반대하는 당신의 생각도 틀린 것은 아니오. 하지만 이 나라 밖에선 하나님의 태양도 뜨겁지 않고 바람은 더 사나운가? 우리가 블레셋 땅으로 들어간다고 해서 하나님을 외면하는 일이오?"

그러자 나머지 사람들은 아무말도 하지 않았다.

"이곳에 남아있고 싶은 사람들은 그렇게 하시오. 나머지는 나와 함께 블레셋으로 넘어갑시다. 그곳에서 하나님의 은총을 기다립시다."

결국, 유대광야에 남겠다고 자청한 몇사람을 제외하고는 모두들 다윗과 함께 블레셋으로 넘어갔다.


유대광야에서 아기스왕이 있는 블레셋의 가드까지 가는 길은 그다지 멀지 않았지만 워낙 깊은 계곡이 많고 바위산이 많아 결코 만만치 않은 거리였다. 그러나 가드까지 가는 길이 다윗에겐 왜 이렇게 가깝게만 느껴지는지 몰랐다. 아무리 천천히 가려고 해도 목적지는 점점 가까워져만 갔다.

블레셋이 대체 누구란 말인가? 태어나서 처음 전투에 나가 싸워야 했던 이도 블레셋의 장수 골리앗이었고 그동안 다윗은 블레셋과 전투를 수없이 벌이며 오로지 블레셋을 이스라엘 땅에서 쫓아내는 것만이 다윗의 지상 목표였지 않았던가? 그런데 이젠 그 블레셋을 자기발로 찾아가 도와 달라고 부탁을 해야 하는 처지가 되었으니 다윗의 자존심은 이미 상할대로 상해 버리게 된 것이다. 정말 가기 싫은 블레셋 땅이었지만 어쩔 수 없이 호랑이 굴속으로 자기발로 들어가게 되는 자신의 신세가 왜 이렇게 처량한지…

온갖 신상으로 둘러쌓인 블레셋의 가드의 왕 아기스 왕궁은 다윗에게 무척이나 낯선곳이었다.

그 옛날 느티나무 밑에서 목을 잘랐던 골리앗 보다 훨씬 더 큰 신상밑에서 한참이나 기다리고 있을 때 드디어 아기스가 나타났다. 아기스의 주변엔 벌써 창과 칼로 무장한 블레셋의 장군들이 경계의 태세를 갖추고 금방이라도 다윗을 향해 달겨들 것 처럼 바라보고 서 있었다. 아기스는 블레셋 장군들에게 손짓을 하며 나가 있으라고 명령했다.

"경계를 풀게. 이제 이곳엔 자네와 나 단 둘일세."

아기스는 다윗에게 포도주가 든 잔을 건넸다. 하지만 다윗은 잔만 받아든채 마시지는 않았다. 아직까지 아기스의 호의를 받아들일 입장이 되지 않았기 때문이다.

"그동안 사울을 피해 다니느라 얼굴이 많이 상했군, 골리앗과 맞서 싸울 때의 그 총명함이 많이 사라진 것 같아."

아기스의 말엔 확실히 다윗을 조롱하는 뜻이 담겨 있었다. 그러고 보니 왕앞에 서 있는 자신의 모습이 그렇게 초라해 보일 수가 없었다.

"당신의 하나님은 당신을 골리앗으로부터 구해 주었
는데 왜 사울에게선 구해 주지 않는 것일까?"

"만약 당신이 내 피난처를 주신다면 그리 하실 것이
오."

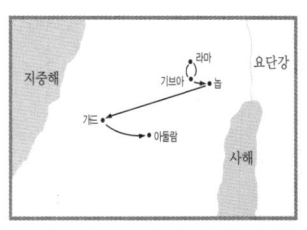

어디서 그런 용기가 나왔는지 모르겠다. 적의 왕에게
피난처를 제공해 달라니… 도저히 입에서 쉽게 나올 것 같
지 않았던 말이 아기스가 하나님을 조롱하는 소리를 하자
자신도 모르게 튀어 나온 것이다. 그것 뿐이 아니었다.

"우리는 당신을 도와 당신들의 적과 싸울 것이오."

그말에 아기스는 깜짝 놀라는 눈치였다. 단지 피난처
에서 숨어 지내겠다는 것 뿐만이 아니라 블레셋의 적과 싸
우겠다니?

"물론 사울과 대적하겠다는 것은 아니겠지?"

순간 다윗은 아기스로부터 허를 찔렸다고 생각했다.

"사울은 하나님이 선택하신 인물이오. 나는 기름부
음 받은자에게 항거하지 않소"

"블레셋의 적은 이스라엘이오. 당신은 내게 우리의 적
과 싸우겠다고 하면서 사울과는 대적하지 않겠다니 말이
안되잖소."

다윗은 뭔가 대답을 해야만 했다. 하지만 무슨 대답
을 해야할지 다윗의 머릿속은 순간 복잡해졌다.

"사울은 당신을 죽이기 전까지 눈을 감지 못할 것이오.
그런데도 당신은 사울을 대적하지 않겠다니…나는 사울

을 잘 알아, 하지만 당신은 잘 몰라."

다윗은 그제서야 손에 든 포도주 잔을 들이켰다.

"목이 타나 보군."

아기스는 다윗의 속맘을 이미 알아차린 것 같았다.

"나는 지금부터 도박을 할 셈이오. 아마도 다른 왕 같았으면 당장이라도 당신과 당신의 부하들을 죽이려고 하겠지만 나는 생각이 달라."

아기스의 생각은 이랬다.

그동안 이스라엘이 풍전등화와 같은 위험에 처해 있을 때 다윗은 사울왕을 위해서 그리고 이스라엘 백성들을 위해서 전투에 나가 승리를 했던 뛰어난 장군이 아닌가? 그런데 그런 다윗에게 사울은 고마움과 격려를 해 주기는커녕 죽이겠다고 덤벼들었으니 지금 다윗은 그 어느때보다도 사울왕에 대한 배신감으로 가득차 있을 것이고 결국 이렇게 적국에 찾아와 두손 들고 항복을 하고 있으니 상할대로 상한 다윗의 자존심을 역이용해 보자는 생각이었다.

그렇다면 아기스왕의 입장에서 보면 다윗은 자신의 부하들과 함께 이스라엘과 싸울 수도 있을 것이고 또 블레셋을 괴롭히는 인근 부족들과의 싸움도 대신 치뤄 줄 수 있지 않을까? 그렇게 되면 아기스왕은 가만히 앉아서 다윗의 전투성과를 보고만 들으면 되는 일이다.

"좋아, 당신에게 시글락을 피난처로 주겠소. 그곳에서 당신의 가족과 부하들과 함께 지내시오."

"감사합니다"

"하지만 당신에게 부탁이 있소"

"…"

"당신이 이스라엘의 왕이 되면 블레셋 땅을 돌려 주시오."

아기스왕이 얘기하는 블레셋 땅이란 무엇을 의미하는지 모르지만 일단 다윗은 아기스 왕궁에서 물러나와 600여명의 대가족을 이끌고 시글락으로 향했다.

황량하기 이를데 없는 유대광야에서 숨어지내야 했었던 다윗과 그의 부하들은 아기스왕이 제공한 피난처인 시글락은 너무나 편안한 곳이었다. 다윗을 인질로 삼지 않고 오히려 시글락이라는 성읍을 하나 떼어주면서 살게 해 주었으니 아기스왕이 고맙기는 했지만 그렇다고 해서 다윗의 마음이 편했던 것은 절대로 아니었다.

그러나 어쨌든 자신들에게 피난처를 제공한 아기스왕에게 뭔가 안심을 시키고 환심을 사야겠다고 생각한 다윗은 시글락에서 자신의 부하들과 정렬을 재 정비한 다음 곧바로 전투에 나갔다. 주로 가드의 남쪽에 있는 소수 민족들을 향해 전투를 벌였는데 그곳은 이스라엘이 아닌 아말렉 족속이나 그술 족속들이었다.

다윗의 전투방식은 예전과 달랐다. 일단 그곳에서 포로는 잡아들이지 않았다. 그당시 블레셋은 소수민족의 포로들을 잡아다가 노예로 부렸지만 다윗은 그들을 모두 현장에서 죽이고 양이나 소나 나귀와 낙타같은 가축이나 물건들만 빼앗아와 그 모든 것들을 아기스 왕에게 갖다 바쳤다.

다윗은 이 전리품들이 어느 지역을 침략해서 빼앗은 것이라는 얘기는 하지 않았기 때문에 아기스왕은 다윗이 이스라엘 지역을 쳐들어가 그곳에 재산을 빼앗아 온 것으로 알았다. 다윗이 포로를 생포하지 않고 모두 현장에서 죽인 이유도 자신이 획득한 전리품이 이스라엘에서 빼앗은 것이 아니란 것을 아기스왕의 귀에 들어가지 않게 하기 위해서였던 것이다. 하루도 쉬지 않고 온갖 전리품들이 도착하자 아기스왕은 다윗을 신뢰하지 않을 수 없었다. 심지어는 '다윗이 그토록 자기 동족을 약탈하여 미움을 받게 되었으니 그는 영영 내 종이 될 수 밖에 없다.'고까지 생각하게 되었다.

그런데 문제가 생겼다. 아기스가 전투를 마치고 시글락으로 돌아온 다윗을 자신의 왕궁으로 불러 들였다.

"그동안 자네가 우리 블레셋을 위해서 많은 전투를 성공적으로 치룬 것에 대해서 내가 고맙게 생각하고 있네."

다윗은 대답하지 않았다.

"우리의 창고엔 자네가 이스라엘과 싸워 빼앗은 물건들로 가득차 있어."

순간 다윗은 가슴이 철렁 내려 앉는 것 같았다.

"이제 내가 새로운 부탁을 하겠네. 들어 주겠나?"

"왕께서 분부하시는 거라면 어찌 제가 거절할 수가 있겠습니까? 왕께서는 저희가 유대광야에서 숨을 곳을 찾지 못하고 있을 때 거두워 주셨습니다."

"그래서 부탁을 하는 것일세."

"무슨 부탁입니까?"

"그동안 자네는 자네 군사들만 이끌고 이스라엘을 공격했었는데 이번엔 우리 블레셋의 다섯 방백이 연합하여 이스라엘을 공격하기로 했네… 물론 나도 그 전쟁에 나가지. 자네도 나를 위해 같이 전쟁에 나갈 수 있겠나?"

그 순간 다윗은 하늘이 무너지는 듯 했다.

다섯 방백이라 하면 블레셋의 다섯 도시, 아스글론, 아스돗, 가드, 가사, 에글론의 왕들을 일컫는 것인데 이 다섯 왕이 연합하여 이스라엘을 공격한다면 이것은 사울이 아니라 그 어떤 군사들이 대적해도 이길 승산이 없는 전투인 것이다. 그런데 그 전투에 아기스왕과 함께 참여 하라니…

비록 지금은 이스라엘을 떠나 블레셋에 망명하고 있는 입장이라고는 하지만 어떻게 그 전투에 참가할 수가 있단 말인가.

다윗의 손끝이 떨렸다.

"왜 대답이 없지? 복수를 할수 있는 좋은 기회가 생긴 것이 아닌가?"

아기스는 단 한순간도 다윗의 표정을 놓치지 않을 태세였다.

이때 다윗은 표정관리를 잘 해야 한다고 생각했다. 그러나 도무지 어떻게 해야 할지 생각이 떠오르지 않았다.

"무슨 생각을 하고 있지?"

순간 다윗은 대답을 했다.

"어떻게 하면 이길 수 있을까 전략을 생각하고 있습니다."

왜 그런 대답을 했는지 다윗은 자신의 입을 찢고 싶을 정도로 원망스러웠다. 그러나 이미 물은 엎어졌다.

"역시 자네 답구만 어서 가서 전투를 준비하게."

아기스의 왕궁을 나오는 다윗의 눈에는 눈물이 맺혔다. 그리고 중얼거렸다

"이 사실을 빨리 사울에게 알려야 하는데…"

# 너무나도 놀라운 계획

　이스라엘을 공격하기 위해 블레셋의 다섯 왕이 각자의 군사들을 이끌고 일단 모이기로 한 곳은 지중해쪽의 해안 도시 욥바 바로 옆에 있는 넓은 평지의 아벡이란 곳이었다. 그곳에서 각 나라의 군사들이 한데 모여 연합작전을 짜고 공격루트를 정하기 위한 일종의 전략회의이자 사열의식을 갖추기로 한것이다. 아기스왕을 따라 아벡으로 향하는 다윗의 발걸음이 물론 가벼울 리가 없었다.

　그렇다면 다윗은 왜 아기스왕을 따라 간 것일까? 충분히 도망갈 수도 있었을 것이고 또 다른 핑계를 대서라도 그 전투에서 빠질 수가 있었을 텐데… 정말 어쩔 수 없이 끌려간 것일까? 우리는 여기서 좀더 냉정하게 다윗의 계산된 행동과 그 행동을 끌어낸 의도를 들여다 봐야 한다.

멀리 보이는 곳이 욥바. 지중해 주변에 있는 도시로 무척이나 아름답다.

BC1500년경, 고대 이집트의 무덤에서 발굴된 수레의 모습. 이 수레의 바퀴는 이스라엘의 위쪽에 있는 레바논의 백향목으로 만들어진 것으로 알려져 있다.

블레셋에 망명한 이후로 본격적으로 가깝게 들여다 본 블레셋은 확실히 이스라엘과는 다른 점이 많았다.

일단 블레셋은 이스라엘 보다 훨씬 먼저 왕권 체제를 갖춘 왕국의 형태를 갖고 있었기 때문에 이제 막 사울을 왕으로 처음 세운 이스라엘 보다는 훨씬 체계적이고 상명하복의 구도가 갖추어진 안정된 국가라고 볼 수 있다. 더군다나 블레셋은 앞서도 밝혔듯이 이스라엘에 비해서 훨씬 제련시설이 발달되어 있었다. 제련시설의 발달은 철을 이용한 다양하고 위협적인 무기를 양산해 낼 수 있었다. 아직도 긴 나무 끝에 동물의 뼈를 붙여서 전투에 나서는 이스라엘 군사에 비하면 훨씬 발달된 형태였다. 거기다가 골리앗이 그랬던 것처럼 적의 칼과 창을 방어하기 위한 갑옷과 동그란 형태의 마차 바퀴는 그 당시 이스라엘을 비롯한 암몬이나 모압족속의 눈에는 가히 파괴적인 신문명이나 다름없었다고 볼 수 있었다.

철로 만든 갑옷과 마차 바퀴는 블레셋 군사들을 무소불위의 천하무적을 만들기에 충분했다. 아무리 적의 칼이 날카롭다 해도 칼날이 뚫고 들어오지 못하는 갑옷을 입었으니 무엇이 두려웠겠으며 철로 틀을 짜맞춘 바퀴로 굴러가는 마차는 군사들의 식량과 무기를 조달해 주는 병참의 원활한 흐름을 도와 주니 제 아무리 전투가 길어져도 블레셋 군사들은 두려울 게 없었다.

다윗의 눈에는 이런 시스템이 너무나 새로웠고 부러웠었다.

그것만이 아니다. 블레셋만의 가장 큰 장점이었던 제련기술은 돌을 다룰 수 있는 연장을 만들어냈고 그 연장을 이용한 석조기술이 엄청나게 뛰어났었던 것이다. 아직까지 흙벽돌과 움막, 그리고 동굴속에서 살고있던 이스라엘 백성들에 비하면 블레셋의 건축물들은 상상을 초월할 정도의 거대하고 튼튼했다.

다윗이 정말 깜짝 놀란 것은 아기스의 왕궁이었다.

커다랗고 둥근 돌기둥이 수십개가 나열되어 있는 접견실이며 각종 동물과 사람의 형태로 이뤄진 우상들이 곳곳에 자리잡은 복도, 그리고 다른 나라에서 찾아온 손님들을 임시로 거처하게 하는 장소, 더군다나 아무런 예고없이 600명이나 되는 군사들을 이끌고, 더 구체적으로 얘기하면 천 명이 훨씬 넘는 대규모의 식구들을 데리고 갑자기 아기스왕에게 찾아왔음에도 불구하고 바로 그 자리에서 살 수 있는 거처를 마련해 주는 그 여유로움은 이제껏 사울의 왕궁에선 도저히 찾아볼 수 없는 일들이었다.

더군다나 블레셋의 다섯왕들 사이엔 긴밀한 협조체제가 있었지만 또 은근한 경쟁의식도 있었다. 그래서 어느 한 왕이 기둥을 열 개를 세우면 그것을 본 다른 왕은 그 보다 더 많은 숫자의 기둥을 세우는 식이었기 때문에 자연히 왕궁이 호사스러울 수 밖에 없었다. 이 보다 훨씬 전인 100여년 전 삼손이 무너뜨린 가사의 다곤신전의 경우만 보더라도 돌로 된 기둥이 촘촘히 서 있었으며 2층 베란다에 3천명이 올라가서 흥겹게 놀 정도의 건축물이었다고 기록되어 있으니 그 규모와 건축기술이 어느정도인지를 가늠해 볼 수 있지 않을까? 그 모든 것이 잘 갖추어진 왕권체제와 제련기술에 의한 석조기술, 그리고 끊임없는 전쟁을 통해 노예확보가 뒷받침 이 되어 주었기 때문이다. 그에 비하면 이스라엘의 사울왕궁은 어떤가? 사울은 왕으로써 모든게 어설펐다. 그럴 수

밖에 없었던 것이 한 나라를 다스리고 통치하고 적으로부터 지킨다는 것은 누구도 해 본적이 없었던 새로운 일들이었기 때문이었다. 통치도 그랬고 군사 관리도 그랬고 왕궁 살림도 그랬다. 최근에 발굴된 기브아의 사울 왕궁터엔 도저히 한나라의 왕이 살던 곳이라고는 할 수 없을 만큼 협소하고 초라하기 이를 데 없다고 하지 않았던가?

다윗의 눈에는 이런 블레셋의 잘 정돈된 모습들이 나중에 자신이 왕이 되었을 때 분명한 도움이 될 수 있으리라고 생각했고 하나 하나 잘 배워 두었다. 특히 시글락에서 아말렉 족속등 남부 지역을 향해 전투를 나갈 때에는 아기스 왕에게 부탁을 해서 블레셋의 발달된 철제 무기까지 보급받아 충분히 확보해 놓기 까지 했었다.

그리고 다윗에게 가장 흥미로운 부분이 바로 다섯 개의 도시국가가 어떻게 각자의 왕권체제를 갖추고 독립적으로 살아가다가 중요한 시기엔 하나로 뭉쳐 주변국가와 대항하거나 공격하는 방식을 취할 수 있느냐였다.

어떻게 모이고 어떻게 연합작전을 짜며 어떤 방식으로 식량과 무기를 보급하는지 평소에 같이 훈련을 하지 않고 개별적인 훈련을 하던 다섯 도시국가의 병사들이 하나의 목적을 갖고 전투에 임하는지가 다윗에겐 너무 궁금했었다.

그런데 드디어 그 기회가 이번에 온 것이다. 그러나 그런 것들을 배우고 익히기엔 상황이 너무나 비참했다. 하필이면 블레셋의 이번 상대가 이스라엘이라니… 그래서 더욱 다윗은 아벡으로 가는 동안 내내 고민이 된 것이다.

일단은 여러가지 욕심에 아기스를 따라 나서기는 했지만 아무리 그렇다고 해도 부모형제가 있고 장차 자신이 왕으로 다스릴 나라를 향해 블레셋 군사들과 함께 창을 높이 들고 진격해 나갈 수는 없는 노릇이 아닌가? 이제야 본격적으로 사울왕과 그의 부하들에게 처절한 복수를 하게 되었다며 신이 나서 따라

오는 그의 부하들과는 달리 다윗의 표정은 너무나도 어두웠다.

"하나님, 어찌하면 좋습니까? 저를 이스라엘의 왕으로 세우시겠다면서 어찌도 이런 말도 안되는 상황을 만드십니까? 저를 이 가혹한 현실에서 구원하소서."

다윗의 기도는 끊이지 않았다

아벡의 넓은 평원엔 벌써 아스글론, 에글론, 가사, 아스돗에서 모여든 군사들이 깃발을 높이들고 모여 있었다.

그렇다면 블레셋의 다섯 도시국가 군사들은 왜 아벡에 모인 것인가?

팔레스타인의 해안을 따라 맨 남쪽엔 가사가 있었고 그 윗쪽으로 아스켈론과 아스돗이 있었는데 비교적 내륙 지방에 있는 에글론과 가드가 조금씩 이동하면 그나마 중심지역이 아벡이었다. 더 중요한 것은 바로 이곳 아벡에서부터 이스라엘의 북쪽 갈릴리 지방으로 향하는 길이 나 있었기 때문이다. 그렇다. 이번 블레셋의 목표는 이스라엘로 부터 갈릴리를 떼어내는 작전이었다. 그러기 위해선 이스라엘에서 갈릴리로 가는 길목 다시 말해서 이스르엘 평야쪽 수넴 지역을 차지해야 했었던 것이다.

아기스가 탄 마차와 함께 다윗이 탄 마차가 수많은 군사들을 이끌고 아벡의 평원에 도착했다.

아기스는 다윗이 이번 전투에 참가한다는 말에 고무되어 다윗을 자신의 경호대장을 임명했기 때문에 가드에서 부터 아벡으로 오는 동안 내내 다윗은 아기스의 바로 옆에 자리를 잡을 수 있었다.

수많은 블레셋의 깃발들이 평원에 부는 바람에 펄럭이자 그것만으로도 장관이었다. 거기에다 멀리서부터 들을 수 있는 수많은 블레셋 군사들의 사기

시글락으로 가는 길. 브엘세바에서 북쪽으로 올라가다 보면 텔 엘 쿠웨일페(Tell el-khuweilf도)라는 곳이 나오는데 그곳이 바로 다윗이 유대광야에서 만난 이스라엘 백성들과 함께 블레셋으로 망명했던 시글락이다. 하지만 이곳은 나중에 다윗이 왕이 된 후 이스라엘의 땅으로 포함시키게 된다.

충천한 고함소리와 철로 만든 각종 무기들이 부딪히는 소리는 또 얼마나 크던지… 다윗은 이제껏 이스라엘에선 보기 힘든 그 장면에 압도되고 말았다.

드디어 아기스와 다윗이 이끄는 군사들이 아벡의 임시 야전장에 도착하자 미리 도착해서 도열해 있던 다른 병사들이 환호와 함께 나팔을 불어댔다.

아벡의 대평원은 그야말로 전쟁을 앞둔 병사들의 사기로 가득차 있었다. 아기스는 이미 자리를 잡은 네명의 왕들이 있는 단상으로 올라갔고 그들과 함께 반가운 포옹을 했다. 드디어 오랜만에 다섯명의 방백이 모두 모인셈이다. 또다시 나팔소리가 들렸다. 각 부족별로 도열해 서 있는 수 많은 군사들이 다섯명의 왕이 서 있는 연단 앞으로 행진을 하면서 사열을 시작하겠다는 신호였다.

먼저 에글론의 병사들 부터 행진이 시작되었다. 훈련이 잘된 블레셋 병사들은 자존심을 한 껏 세운 빨간 깃털이 달린 투구를 쓰고 발맞추어 행진을 시작하자 다섯왕들은 기분이 좋은지 얼굴에서 웃음을 잃지 않았다.

에글론의 군사들이 지나가고 그 뒤에 아스돗, 에스글론, 가사의 순서대로 행진은 계속 이어졌다. 그리고 이윽고 아기스왕의 군사들이 깃발을 높이 들고 행진을 했다. 물론 그들 맨 앞엔 다윗도 함께 칼을 들고 연단의 블레셋 왕들에게 경례를 하며 지나갔다.

다윗은 그 순간에도 기도를 했다.

"하나님, 저를 정말 전쟁터로 보내실 겁니까? 제가 정말 이스라엘 군사와 이스라엘 왕을 향해 칼을 휘둘러야 하는 겁니까?"

아벡평원

그동안 아기스 왕에게만 충성을 맹세했을 때와는 달리 이렇게 블레셋의 수많은 군사들 속에 파묻혀서 다섯명의 왕에게 경례를 하고 있는 자신의 모습이 너무나도 고통스러웠던 것이다. 바로 그때였다. 아기스 왕 옆에 서 있던 에글론의 왕이 깜짝 놀라면서 아기스에게 얘기했다.

　　"아니 저 사람은…"

　　그 왕은 아기스가 이끌고 온 가드의 군사들 무리 맨 앞에 서서 당당하게 행진하고 있는 다윗을 발견한 것이다.

　　"저 사람은 이스라엘의 왕 사울의 신하 다윗 아닙니까? 내가 저 사람을 알지. 저 사람이 어떻게 블레셋 군사들 속에 서 있단 말이오?"

　　그러자 나머지 왕들도 웅성거리며 그가 가리키는 다윗을 바라 보았다.

　　"맞아 다윗인데?"

　　여기 저기서 동조의 말이 나왔다.

　　그러자 아기스가 나섰다.

　　"아 참, 내가 아직 얘기를 안했구려. 저 사람은 다윗이 맞소."

　　"이스라엘 사람 다윗이 어찌 저들 속에 있단 말이오?"

　　"그는 이미 우리의 신하가 되었소. 다윗은 그동안 자신이 모시던 사울왕이 자기를 죽이려 해서 그의 군사들을 이끌고 내게로 도망왔고 내가 그들을 받아 준 것이오. 이제 그들은 완벽히 우리의 군사가 되었소이다."

　　"무슨 소리를 하는 거요? 다윗이 지금은 당신의 부하가 되었을지는 몰라도 그의 몸속엔 이스라엘 민족의 피가 흐른다는 걸 몰라서 하는 소리요?"

　　"그렇지 않다고 하지 않소이까? 그는 지난 일년동안 우리 가드를 위해서 이스라엘과 많은 전투를 했고 또 많은 전리품을 내게 가져 왔단 말이오."

　　"다윗이 어떤 인물인데? 다윗은 우리의 자랑스러운 장수 골리앗을 죽인

인물아니오?

　지금은 우리와 함께 전투를 하겠다고 나섰을지 모르지만 그건 어디까지나 위장전술이란 말입니다. 막상 전투가 벌어지면 저 친구는 전쟁터에서 우리를 향해 창을 던지고 결국 이스라엘 진영으로 넘어갈 것이오.”

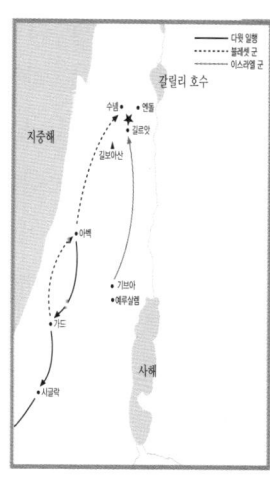

　“다윗이 창을 던질거라면 그동안 수없이 내게 그럴 기회가 있었소. 하지만 아직까지 단 한 번도 내게 대항한 적이 없소이다. 아니면 지금이라도 우리를 향해 공격해 올 수도 있을 것이오. 정말 다윗이 블레셋에 대항할 생각이라면 다섯 명의 왕이 모여있는 지금만한 기회가 또 어딨겠소?”

　“그것만이 아니오. 다윗을 찬양하던 이스라엘 백성들의 노래 소리를 잊었소? 사울은 수천을 죽였지만 다윗은 수만명을 죽였다는… 그 수만명이 누구요? 바로 우리 블레셋 군사들을 얘기하는 것 아니오?”

　“그 수만명중에 내 아들도 끼어 있었어”

　왕들은 마치 봇물 터지듯 한마디씩 떠들어댔다.

　“아기스왕은 믹마스 전투를 잊었소?”

　그 말에 아기스는 할 말을 잇지 못했다. 이미 오래전 믹마스 전투에서 많은 이스라엘인들이 블레셋에 투항했지만 나중에 블레셋을 향해 다시 칼을 들어 회복할 수 없을 만큼의 손실을 입었던 적이 있었기 때문이었다.

　“어서 다윗을 돌려 보내시오”

　결국, 아기스는 행진이 모두 끝난 후 다윗을 따로 불렀다.

"내가 당신의 신인 하나님께 맹세하지만 당신은 내게 충실한 신하라는 걸 알고 있소. 그래서 이번 연합작전에도 당신과 당신의 부하들이 함께 출전해 주기를 바랐고 또 당신은 아무런 불만없이 따라 주었다는 것도 알고 있소. 그러나 나머지 네명의 왕들이 당신이 이번 전투에 참가하는 것을 못마땅하게 생각하고 있으니 어쩜 좋단 말이오."

다윗은 잠자코 듣기만 하고 있었다.

"이곳까지 나와 함께 동행해 준 것만으로도 나는 고맙게 생각하지만 미안하게도 당신과 당신의 부하들은 시글락으로 다시 돌아가 주었으면 좋겠소."

그 순간, 다윗은 가슴이 철렁내려 앉았다. 전투에 참가하지 못하는 것 때문에 가슴이 내려 앉은 것이 아니라 하나님의 빈틈없는 계획에 그만 놀란 것이다.

다윗은 속으로 하나님께 외쳤다.

'아 하나님, 당신의 계획은 이처럼 상상을 초월할 정도로 완벽하시군요. 제게 가르쳐 주실 것은 다 가르쳐 주시고 결정적일 때 발을 빼게 해 주시는군요.'

그러나 다윗은 아기스왕에게 따지듯 물었다.

"왕이시여, 그게 무슨 말씀이십니까?" 여기서 저희 보고 돌아가라니요. 제가 그동안 왕과 가드 백성들을 위해서 못한 것이 무엇이 있습니까? 제가 왕의 휘하에 들어간 이후 저는 단 한 번도 왕께 대적할 생각을 해 본적이 없었습니다. 더군다나 저를 죽이려 하는 사울왕과 맞서 싸울 수 있는 기회를 주신 것에 대해서 저는 무엇보다 감사하고 여기까지 따라왔는데 이제와서 저보고 부하들을 데리고 돌아가라니요."

그 말에 아기스는 더욱 미안했다.

"물론 나는 당신이 내 곁에서 나와 함께 전투를 해 주었으면 좋겠지만 문제는 나머지 네 명의 왕이 몹시 반대를 하고 있으니 나도 어쩔 수가 없는 것이오. 우리는 다섯명의 왕이 항상 의견이 같을 때만 행동을 하게 되어 있소. 그러니 당신이 진정 내 말을 듣는 나의 신하라면 이번 전투에는 빠졌으면 좋겠소. 내일 아침 날이 밝는 대로 시글락으로 돌아가 주시오."

다윗은 고개를 숙이며 너무나도 아쉬운 표정으로 말했다. 물론 연기였다.

"정 그러시다면 어쩔 수가 없는 일이죠."

아기스가 다시 왕들에게로 돌아갔다. 그리고는 잠시후, 블레셋 군사들은 높은 함성을 지르며 이스라엘의 북쪽 이스르엘 평야를 향해서 뿌연 흙먼지를 일으키며 진군해가기 시작했다. 전쟁을 하기 위해 출발한 것이다.

아직도 그들속에 함께 섞여서 진군하지 못하게 된 영문을 모르는 부하들과 함께 다윗은 그렇게 멀어져 가는 블레셋 군사들의 뒷모습을 바라보며 다시한번 하나님께 감사의 기도를 했다.

"아, 이 우주 만물을 창조하신 여호와여, 우리 인간이 상상하지 못하는 당신의 계획은 한치의 무오함이 없나이다."

하지만 그 감사의 기도도 잠시뿐 또 다시 다윗의 눈에선 눈물이 흘렀다.

그나저나 어쩐단 말인가?

저렇게 파죽지세로 몰려가는 블레셋의 군사들을 사울은 알고 있단 말인가? 모르고 있단 말인가?

# 우리에게 실패는 없다

아벡에서 가드를 거쳐 시글락으로 돌아오는 사흘 동안 다윗의 부하들은 하나같이 풀이 죽어 있었다. 그것은 부하들의 입장이 다윗과는 너무나도 달랐기 때문이다.

모처럼 전투 다운 전투를 하게 되는 줄만 알았다가 칼한번 제대로 휘둘러 보지도 못하고 가족들이 있는 시글락으로 돌아온다는 것이 죽기보다 싫었던 것이다. 그러나 그것보다도 자신들은 이제 이스라엘로부터 영원히 배척받았고 또 자신들이 고국을 배신한 몸이 되었으니 블레셋으로 부터라도 확실한 인정을 받는 기회로 삼고 싶었던 것이 더 솔직한 심정이었었다. 그러나 이제 그 기회를 놓쳐 버렸으니 심드렁해질 수 밖에…

그래서 몇몇 부하들은 노골적으로 다윗에게 '대체 이게 뭐하는 짓이냐? 그동안 우리는 아기스왕의 들러리에 불과했던 것이 아니냐?'며 불평을 늘어놓기도 했었다.

그러나 다윗은 부하들의 그런 불만에 아무런 반응을 보이지 않았다.

시글락으로 돌아오는 사흘 동안의 여정이 막 끝나갈 무렵, 시글락 성읍이 이제 막 보일 때쯤 이었다. 다윗의 무리보다 훨씬 앞서 가던 정탐꾼 한 사람이 숨을 헐떡 거리며 뛰어와 다윗의 발앞에 주저 앉았다.

"장군, 큰일 났습니다."

"무슨 일인가?"

"시글락이… 시글락이…"

"시글락이 뭘 어쨌다는 거야?"

그제서야 다윗은 먼발치에 보이는 시글락 성읍을 바라보았다. 분명 그곳에선 검은 연기가 피어 오르고 있었다.

"저게 무슨 연기지?"

뭔가 불길한 예감에 휩싸여서 서둘러 달려간 시글락 성읍은 확실히 뭔가가 이상했다.

예전 같았으면 벌써 다윗의 무리들이 말을 타고 시글락 성읍으로 돌아온다는 소식을 듣고 시글락의 백성들이나 다윗 부하의 가족들이 뛰어나와 반갑게 맞이해 주곤 했었는데, 아니 하다 못해 집에서 키우던 짐승들까지도 뛰쳐나와 시글락 성읍이 들썩 거리곤 했었는데 오늘 따라 성밖에 나와 이들을 맞이해 주는 이가 아무도 없었다. 아이들도 강아지들도… 성밖의 타작마당에 묶어 놓아 두었던 양떼 몇마리들까지도 보이지 않았다.

다들 어디간걸까?

성읍에 다다른 다윗의 무리들은 뭔가 심상치 않은 기운을 감지하고 있었다. 칼을 빼들고 조심스럽게 성읍의 안쪽으로 들어갔다. 그 순간, 다윗과 그의 부하들은 아연실색하며 놀라지 않을 수 없었다.

성안은 그야말로 한바탕 태풍이 몰아쳐 지나간 곳 처럼, 어수선하기 이를 데 없었고 집이란 집은 모두 부숴져 있었으며 곳곳에서 검은 연기가 피어오르고 있었던 것이다.

"이게 어떻게 된거야?"

누군가 옆에서 울먹이며 자기의 집으로 뛰어가자 다윗의 부하들이 모두들 우르르 각자의 집으로 뛰어갔다. 가족들을 확인하기 위해서였다. 그러나 잠시 후 돌아오는 부하들의 모습은 정신을 잃은 듯 했다.

"내 아내가 사라졌어. 아이들도 모두 없어졌어. 어디로 간 거야?"

그랬다. 시글락 성안에는 아무도 없었다. 다윗의 첫 번째 아내 아히노암과 아들 암논 그리고 두 번째 아내인 아비가일도 사라졌다. 다윗 부하들의 가족도 모두다 사라져 버렸다.

아니 사라져 버린 것이 아니라 누군가 이 성의 남자들이 모두 전투에 나갔다는 것을 알고 침략해서 부수고 불을 지르고 힘없는 여자와 아이들을 모두다 끌고 간 것이었다. 부하들은 거의 제정신이 아니었다. 전쟁에서 패하고 돌아오는 것 보다 더 한 충격에 휩싸였다.

도대체 누가 그랬을까? 그리고 사람들은 어디로 끌려간 것일까?

바로 그때였다.

"더 이상 참을 수 없어. 이 모든 것이 전부 다윗 때문에 일어난 일이오."

다윗의 부하중에 한 사람이 외쳤다.

"그게 무슨 소리야?"

옆에서 요압이 막았다.

"나도 왠만하면 이런 얘기하지 않을려고 했는데 이젠 도무지 참을 수 없는 일이오. 이건 어디까지나 다윗 장군이 아기스와 연합해서 이렇게 된거야. 하나님께서 진노하신 거라구."

이제까지 그 누구도 다윗에게 대들지 않았었기 때문에 느닷없이 튀어 나온 이런 얘기는 다윗도 그렇고 다윗의 주변에 있던 사람도 모두 놀라지 않을 수 없었다. 하지만 다윗은 아무말도 하지 않았다.

"이제 우리는 어떻게 되는 겁니까?

이스라엘에서도 버림 받아 돌아가지 못하고 블레셋에서도 버림받고…"

"다윗 장군을 따라서 블레셋으로 넘어오는게 아닌데 그랬어. 우리를 이끌로 만들려고 데려온 거야?"

　다윗은 참담했다. 시글락이 이렇게 잿더미가 된 것도 참담한 일이었고 아
내 아비가일과 아히노암 그리고 장자인 암논까지도 어디론가 끌려가서 참담했
는데 이젠 그를 따르던 부하들 마저 다윗에게 들이대는 현실이 너무나 참담했
다. 다윗은 금방이라도 소리를 지르며 울고 싶은 맘이 굴뚝 같았지'만 수많은
부하들이 자신의 대답을 기다리며 뭔가 속시원한 대책을 기다리고 있는 상황
에서 그럴 수도 없는 노릇이었다. 다만 속으로 하나님을 계속 불러 댔을 뿐이다.

　그때였다. 누군가 불에 탄 건물 속에서 한 흑인을 끌고 나왔다. 그 흑인은
다리가 부러졌는지 걷지를 못하고 질질 끌려나왔다. 다윗의 발앞에 내던져지
듯 쓰러졌다. 그 흑인은 열 대여섯살 쯤 되어 보이는 젊은이였는데 커다랗고 동
그란 두눈에 공포가 잔뜩 배어 있었다.

　"살려 주세요. 저도 어쩔 수 없었어요."

　다윗이 칼을 빼들어 그 흑인의 목에 갖다 댔다.

　"넌 누구냐?"

　"저는 이집트 사람입니다. 근데 아말렉 군사들에게 끌려가 노계로 살다가
이번에 주인과 함께 전투에 참가하게 된 겁니다."

　"근데 왜 숨어 있었어?"

　"다리가 부러졌어요. 그래서 주인이 저를 버렸습니다."

　그 흑인 청년의 말은 이랬다. 아말렉은 맨 처음에 블레셋의 남쪽 지역과
유다 남부지역을 쳐들어가 노략했다가 시글락성에 다윗과 그의 두리들이 아기
스왕과 함께 대전투에 참가하기 위해 모두 빠져나갔다는 첩보를 듣고 시글락
성으로 방향을 바꾸었다는 것이다. 역시 시글락엔 전투 능력이 없는 여인과
아이들만 있었고 아말렉 군사들은 집과 가재도구들에 불을 지른 후 그들을 모

두 포로로 밧줄에 엮어 끌고 갔다는 것이다. 사실, 오래전 사울이 사무엘의 명령을 받고 살고 아말렉의 공격해서 남녀노소 그리고 살아서 움직이는 모든 가축들을 가리지 않고 모두 살육하고 더욱이 아말렉의 왕 아각을 살해한 사건 이후로 아말렉은 호시탐탐 보복의 기회만 노리고 있었던 터였다. 그리고 또 얼마전에는 다윗과 그의 부하들이 아말렉을 공격해서 수많은 사람들을 죽이고 가축들을 빼앗아 아기스왕에게 갖다 바친 일까지 있었으니 그들의 분노는 극에 달해 있었던 것이다.

흑인 청년의 이야기를 듣고 있는 동안 몇몇 다윗의 부하들은 그 자리에 주저 앉아 가족의 이름을 부르며 울기 시작했고 칼을 들이대고 있던 다윗의 손이 부들부들 떨렸다.

"우리의 가족들은 지금 어디로 끌려 갔는가?"

"저도 잘 모르겠습니다."

그 순간 다윗은 칼을 다시한번 높이 들더니 힘껏 내리쳤다.

흑인 청년을 비명을 질렀지만 땅바닥엔 그의 곱슬거리는 머리카락만이 떨어졌다. 잠시후, 꾹 감았던 눈을 뜬 흑인 청년은 얼마나 놀랬는지 벌써 바지가 흔건히 젖어 버렸다.

"아비아달."

다윗이 아비아달을 불렀다.

"에봇을 준비하시오."

아비아달이 에봇을 입고 다시 나타나자 다윗이 하나님께 기도를 했다.

"여호와여, 여호와의 백성을 능멸하는 아말렉 군사들을 쫓아가야 하겠습니다. 우리가 그들을 쫓아가면 우리의 가족을 구출해 올 수가 있겠나이까?"

모두들 아비아달이 손에 들고 있던 우림과 둠밈을 초조하게 바라보았다.

그러자 우림과 둠밈에서 밝은 빛이 나와 아비아달의 얼굴에 아른거렸다. 그 빛이 얼마나 강했던지 아비아달은 눈을 제대로 뜨지도 못할 정도였다.

"여호와께서 말씀하셨소. 지금 우리가 그들을 뒤 쫓아가면 우리의 가족들을 되찾아 올 수 있을 것이오."

다윗이 다시한번 칼을 높이 들고 외치자 조금전까지 울분을 참지 못하던 그의 군사들이 함께 함성을 질렀다. 하지만 모든 부하들이 다윗을 따르는 것은 아니었다. 이미 시글락에서 가드를 거쳐 아벡까지 사흘동안 걸어갔다가 곧바로 똑같은 길을 되돌아 온 다윗의 부하들은 지칠대로 지쳐 있었으며 또 어떤 이들은 더 이상 다윗의 명령에 따르지 않겠다고 버텼던 것이다. 하지만 다윗은 400명의 부하만 이끌고 아말렉 군사들을 뒤쫓았다.

힘없는 노인과 여인들 그리고 어린이들을 이끌고 멀리까지 도망가지 못했을 거라고 생각을 하니 다윗의 발걸음은 더욱 바빠졌다.

드디어 시글락을 노략했던 아말렉의 군사들이 머물고 있는 진지에 다윗과 그의 부하들이 도착했다. 그들은 유대광야 계곡 아랫쪽에 자리를 잡고 있었으며 가운데 커다란 불을 피우고 그 불을 중심으로 천막을 치고 있었다. 벌써 많은 아말렉 군사들은 자기들이 치룬 전쟁에서 완벽하게 승리했다는 기쁨에 음식을 먹고 있었으며 또 어떤 이들은 흥에 겨워 춤을 추기까지 하고 있었다. 시글락에서 끌고간 가축들이 여기저기서 소리를 내며 묶여 있는 것은 보였지만 포로로 끌려간 가족들의 모습은 보이질 않았다.

계곡 윗쪽의 바위 뒤에 자리잡은 다윗이 조심스럽게 손짓을 하자 훈련이 잘된 몇사람이 다가왔다.

"나와 몇 사람은 아말렉 군사들을 개인적으로 맡겠다. 그리고 또 다른 사람은 각자의 위치에서 기다리다가 본격적인 공격을 기다려라. 공격이 시작되면 나머지 사람들은 우리의 가족들이 어딨는지 찾아서 안전하게 **빼와라**."

"만약에 실패하면 가족도 우리도 모두 죽습니다."

"우리에게 실패는 없다. 여호와께서 허락하셨으며 여호와께서 지켜 보호해 주시리라."

다윗의 그런 굳은 표정은 이제껏 본 적이 없는 듯 했다.

드디어 다윗의 1차 공격 신호가 내려졌다.

그 순간, 다윗의 부하들이 민첩하게 계곡 아래로 내려갔고 그들은 음식을 먹고 춤을 추는 아말렉 군사들을 하나씩 기습공격을 했다. 한사람씩 한사람씩 입을 틀어막아 바위 뒤로 끌고간 다음 칼로 심장을 찔렀다. 그들은 비명소리도 지르지 못하고 시체가 되어 허물어졌다. 그러다가 어느정도 아말렉 군사들의 숫자가 줄어 들었을 때쯤 대대적인 공격이 시작되었다. 계곡의 뒤편에서 계곡의 위에서 그리고 천막속에서 다윗의 부하들이 계곡을 뒤흔들 정도의 소리를 지르며 일시에 공격이 시작된 것이다.

갑자기 나타난 다윗과 그의 부하들을 보고 혼비백산한 아말렉 군사들은 대열을 갖추기는 커녕 손에 있는 무기도 놓치고 우왕좌왕 하다가 결국 핏덩이가 되어 쌓여갔다.

그렇게 얼마나 비명과 고함이 뒤섞이는 시간이 지났을까?

"상황 끝!"

누군가 소리를 질렀다. 그리고 이어서 들리는 소리…

"아빠…"

다윗의 아들 암논이었다.

다윗은 달려와 안기는 암논의 얼굴을 부벼댔다. 그 뒤엔 아히노암과 아비가일이 지친 모습으로 서 있었다.

# 아, 사무엘

드디어, 가드의 왕 아기스를 포함한 블레셋 다섯 방백들이 이끄는 수만명의 병사들은 이스라엘의 북쪽 이스르엘 골짜기의 수넴이라는 곳으로 옮겨가 진지를 구축했다. 이 소식을 사울도 듣고 부랴 부랴 기브아에서 군사들을 이끌고 이스르엘 골짜기의 맞은편 길보아 산꼭대기에 자리를 잡았다. 길보아 산은 수넴보다는 훨씬 더 높았고 산세가 험했다. 사울은 분명 군사들을 많이 이끌고 왔을 것이며 그에 대항하기 위해선 뭔가 지형적으로 그리고 전략적으로 유리한 곳에 위치해야 한다고 생각했던 것이다. 그런면에서 볼 때 길보아산은 산꼭대기로 올라가기가 험난해서 블레셋 군사의 중요한 전투장비인 바퀴로 굴러가는 마차나 화살은 큰 위력을 발휘하지 못한다. 그에 비해서 사울의 군사는 블레셋 군사들 보다도 훨씬 더 길보아 현지 상황을 잘 알고 있었으며 험난한 지형속에서 숨었다가 기습하는 식의 전투방식에 뛰어날 거라고 생각했었다.

이번 전투에 임하는 사울의 자세는 예전과는 달랐다.

그도 그럴 수밖에 없는 것이 일단 사울에겐 다윗이라는 전쟁영웅이 떠나가 버렸으며 심지어는 그가 지금 적들의 무리속에 섞여서 자신을 향해 창을 던지려 달려 올지 모른다는 불안감이 심했다. 더군다나 블레셋의 다섯방백이 힘을 합쳐 총력을 다해 이스라엘을 공격하겠다고 모였으니 그것만으로도 충분히 긴장하고 남을 일이었다.

그래서 사울은 기브아를 지킬 기본적인 전투 병력 마저 길보아로 끌고 온 것이다. 그럼에도 불구하고 사울의 군사들은 초라하기 이를데가 없었다. 일단 사울은 그동안 개인적 문제로 다윗을 잡겠다며 수천명의 군사들을 개인용도로 사용하는 행동을 했었다. 그것을 지방의 장로들이 곱게 볼 리가 없었던 것이다. 그래서 이번 사울의 징집 명령에도 군사들이 많이 모이질 않았으며 제대로 훈련 한번 못해 보고 전투에 임한 것이나 다름없었다. 사울은 하는 수 없이 가족들을 총동원했다.

아브넬 장군은 물론이고 요나단, 말기수아, 아비나답, 이스보셋, 알모니, 므비보셋등 여섯명의 아들을 모두 불러 끌고 왔다.


블레셋 군사들의 동향을 살피고 온 아브넬이 길보아 산꼭대기에 마련한 야전의자에 초조한 모습으로 앉아있는 사울을 찾아왔다

"얼마나 되 보이는가?"

"왕께서는 이번 전투에 참가하지 않으시는게…"

"그게 무슨 소리야? 나보고 전투에 나서지 말라니?"

"우리보다 훨씬 많습니다."

"숫자는 우리가 늘 부족했어."

"그러나 이번엔 상황이 다르지 않습니까? 그들의 함성소리가 여기까지 들린다니까요."

"숫자가 많다고 항상 이기는 건 아냐. 여기는 우리땅이야. 남의 땅에 와서 먹고 마시고… 그걸 언제까지 할 수 있을 것 같애? 시간을 끌어 보자."

"저들은 이미 우리의 땅 수넴에서 많은 백성들을 죽이고 식량을 탈취했습니다. 먹을게 부족해 지려면 아직 멀었습니다."

"모든게 내 머리속에 있어. 걱정하지마. 내가 이런 전투 한 두번 해 보나?"

"제발 저의 판단도 믿어 주십시오."

"시끄러!"

사울은 소리를 질렀다. 그것은 아브넬을 혼내기 위해 지르는 소리가 아니라 초조에 떨고 있는 자신의 모습이 들켜버릴 것 같아 자신도 모르게 소리를 쳐른 것이다. 일종의 자기 최면 같은 것이기도 했다.

"에봇을 가져오라고 그래, 하나님한테 물어보면 되잖아"

사울은 그제서야 하나님을 찾았다.

"어딨어? 그 많던 제사장들… 내 앞에서 잘난척 하던 제사장들 전부 어딨냐구?"

"에봇은 없습니다. 대제사장 아히멜렉은 죽었고 그의 아들 아비아달이 가져갔습니다."

"그럼 하나님한테 물어볼 수가 없다는 거야?"

길보아 산꼭대기에 불어오는 바람 때문에 사울의 소리가 잘 들리지 않았다.

"아버님, 그렇게 초조해 하시는 걸 군사들이 볼까 두렵습니다. 안 그래도 블레셋 군사의 숫자가 많다는 소리를 듣고 두려워 하고 있는데 아버님까지 그러시면…"

요나단이 옆에서 말했다

"왜 하나님은 필요할땐 아무말도 없는거지? 하나님, 하나님은 대체 어디서 뭘 하고 있어? 젠장."

사울이 의자를 걷어찼다.

"그럼 사무엘이라도 데려오란 말야."

사울이 죽은 사무엘을 찾는 것을 보니 확실히 제 정신은 아닌 듯 싶었다.

이러다간 안되겠다 싶은 요나단이 사울의 팔을 잡았다.

"아버지."

"사무엘을 데려오란 말야. 사무엘한테 제사를 드리라고 하면 되잖아."

사울의 눈은 벌써 풀렸고 입에선 침이 흐르고 있었다.


길보아에서 가까운 곳에 엔돌이라는 마을이 있었다. 그 마을은 머지않은 곳에 블레셋 군사들이 진을 치고 있다는 소식에 벌써 피난을 떠났는지 밤이 되자 칠흙같이 어두워 죽음의 마을이나 다름없었다.

이 마을의 골목길을 등불도 없이 조심스럽게 걸어가는 두 남자가 있었다.

한 사람은 헝겊으로 얼굴을 둘둘 감고 두눈만 빼꼼히 내놓은 상태였고 또 한사람은 손에 칼을 들었는데 연신 앞뒤를 살피며 따라오고 있었다. 이들의 발걸음은 몹시도 바쁘고 조심스러웠다. 그리고는 이윽고 어느 집에 다다랐다. 문짝은 분명 조금이라도 건드리면 금방 우당탕 소리를 내며 떨어질 것 같았지만 겨우 메달려 있는 것 같았다.

문을 두들겼다.

"계시오?"

안에서 아무런 반응이 들리지 않았다.

"나란 말이오. 나. 어서 문을 열란 말이오"

그제서야, 안에서 인기척이 들렸다.

"열 문이 어딨어? 그냥 밀고 들어오면 되지."

노파의 목소리였다. 그러면서도 노파는 밖으로 얼굴을 내밀었고 그제서야 두 남자는 안으로 들어갔다.

노파가 앉아 있는 방은 기름이 거의 떨어져 심지에 붙은 불이 꺼질 듯 말 듯 흐느적 거리고 있어서 어두컴컴 했지만 그래도 방안에 뭔가 복잡하고 너저분한 것들이 많이 널려있다는 것을 알 수 있었다.

이제 조금 방안의 어둠이 눈에 익숙해지자 방안의 물건들이 눈에 들어왔다. 나무로 만든 사람모양의 인형인 드라빔과 색색의 천에다 개와 돼지의 그림을 그려서 길게 늘어뜨린 것도 보였다. 그러나 바닥은 그냥 흙바닥이었고 노파와 남자는 작은 상자를 사이에 두고 멍석을 깔고 앉았다. 바닥은 한낮의 뜨거웠던 공기를 아직도 머금도 있었는지 따뜻한 온기가 남아있었다.

"오랫만에 찾아왔구먼. 하지만 난 이제 그런거 안 한지 오래됐어."

"할멈, 여러소리 말고 어서 시작이나 하시구려."

손에 칼든 남자가 재촉했다.

"뭘 시작하라는 거요?"

노파가 기분 나쁜 목소리로 말했다.

"망령을 부르는 술법으로 사람을 불러 달란 말이오."

"글세 난 그런 것 안한 다니까. 그것두 몰라? 사울이 이 나라에서 무당과 박수를 모조리 잡아 죽였잖아. 날 죽이려고 그래?"

"걱정마시오. 그런일로 당신이 죽게 하는 일은 없을 테니까."

그제서야 얼굴을 가리고 있던 남자가 대답했다.

"그래두… 난 이제 힘이 없어서…"

그러자 칼을 든 남자가 할멈의 목에 칼을 들이댔다.

"잔말말고 빨리 시키는대로 하란 말야…"

그러나 노파는 전혀 겁을 먹는 것처럼 보이지 않았다. 다만 귀찮아서 빨리 끝내버리고 싶은 표정이었다.

"그럼 누구를 불러 올릴까?"

얼굴을 가린 남자가 대답하였다.

"사무엘이오."

할멈은 자신의 귀를 의심하는 듯 했다

"누구라구?"

"사무엘이오"

그제서야 노파는 등잔불을 들어 남자의 코앞에 들이댔다.

그 순간 노파는 하마트면 등잔을 놓쳐 떨어뜨릴 뻔 했다

"아니 당신은…"

"쉿 조용히 하시오. 떠들지 말고…"

그랬다. 무당을 찾아온 것은 사울과 아브넬이었다

노파는 자신의 앞에 있던 상자속에서 작은 쥐를 한 마리 꺼냈다. 쥐는 찍찍 소리를 내며 노파의 손아귀에서 빠져 나올려고 발버둥을 쳤지만 노파는 벽에 걸려 있던 갈고리로 쥐의 배를 찔렀다. 그러자 쥐는 노파의 손에서 버둥거리며 피를 쏟아내더니 잠시후 축 처져 버렸다. 노파는 그 상자를 옆으로 밀어놓고 쥐에서 흘러내리는 피를 땅바닥에 뿌렸다. 그리고는 한손은 높이 들고 허공에서 흔들며 뭔가 알아듣지도 못할 소리를 입에서 흥얼거리며 또 한손으로는 쥐의 피가 뿌려진 땅바닥을 갈고리를 이용해서 파기 시작했다.

사울은 눈을 감고 앉아 있었다.

노파가 눈을 감고 있으라고 시켰기 때문에 말 잘듣는 아이처럼 눈을 감고 있었던 것이다. 아브넬은 밖에서 칼을 들고 기다리고 있었다.

노파는 땅을 파면서 흥얼거렸는데 어느 순간에서 부터인가는 흥얼거리는 소리가 빨라지기 시작했으며 땅을 파는 손놀림도 빨라지기 시작했다. 흙이 튀어 사울의 얼굴에 날아왔지만 사울은 그때도 눈을 뜨지 않았다. 그러다가 노파가 숨을 멈추었는지 노래소리가 끊겼다.

사울은 눈을 떴다.

노파가 뭔가 허공을 뚫어지게 쳐다보았다.

"할멈, 무엇을 보고 있는가?"

노파가 사울에게 대답하였다.

"땅 속에서 영이 올라온 것을 보고 있습니다."

"누가? 누가 올라왔다는 건가? 어떻게 생겼어? 무엇을 입고 있어?"

노파가 대답하였다.

"한 노인이 올라왔는데… 흰 수염이 길고… 겉옷을 걸치고 있네요."

노파는 여전히 허공을 바라보며 뭔가를 보고 말하듯 그렇게 얘기를 했다.

"눈썹은? 눈썹은?"

"눈썹도 길고 흰 색이야…"

"아, 사무엘… 사무엘이야…"

그제서야 사울은 방안을 둘러 보았다. 사무엘을 찾기 위해서였다. 그러나 노파가 말한 그 노인은 보이질 않았다. 사울은 노파를 향해 재촉했다.

"지금 어딨어? 그 노인네… 아니 사무엘이 어딨냐구?"

"내눈엔 보이는데 왜 왕의 눈엔 안 보인단 말이오?"

노파가 대뜸 소리를 질렀다.

"아, 사무엘 제발 내 눈에 나타나시오."

그러면서 사울은 노파가 후벼 파 놓은 구덩이에 얼굴을 파 묻었다.

"사울, 당신이 왜 나를 불러 올려 귀찮게 하느냐?"

어디선가 노인의 소리가 들렸다. 사울이 얼굴을 들어 허공을 바라보며 대답을 했다.

"사무엘, 제가 매우 궁지에 몰려 있습니다. 블레셋 사람이 지금 나를 치겠다고 달려왔는데, 하나님은 이미 저에게서 떠나셨고, 예언자로도, 꿈으로도, 더 이상 나에게 응답을 하지 않으십니다. 그래서 내가 무엇을 어떻게 해야 하는지 알고 싶어서, 이처럼 사무엘을 뵙도록 해 달라고 부탁하였습니다. 당신은 제게 뭐라고 말씀해 주실 수 있지 않겠습니까?"

노인의 목소리가 다시 쩌렁쩌렁 울렸다. 이번엔 반대쪽에서 들리는 것 같아 사울이 몸을 돌렸다.

"하나님께서는 이미 당신에게서 떠나 원수가 되셨는데, 나에게 더 묻는 이유가 무엇이냐? 주께서는, 나를 시켜 전하신 말씀 그대로 너에게 하셔서, 이미 이 나라의 왕위를 너의 손에서 빼앗아 너의 가까이에 있는 다윗에게 주셨다."

사울이 말을 끊었다.

"그게 무슨 소리야? 내가 뭘 잘못했다고? 다윗은 날 죽이려고 했어. 그런데 왜 이 나라를 그 놈한테 넘겨 준다는 거야?"

사울은 허공을 향해 소리를 질렀다.

"내가 말하지 않았느냐? 순종이 제사보다 낫다라고… 너는 하나님께 순종하지 아니 하였고, 주의 분노를 아말렉에게 쏟지 아니하였다. 그렇기 때문에 주께서 오늘 너에게 이렇게 하셨다."

"그래서 어쩌겠다고? 나를 어쩌겠다고? 이럴거면 왜 나를 미스바에서 왕으로 앉혔느냔 말야? 내가 언제 왕 시켜 달라고 했나?"

사울은 두손으로 벽을 긁으며 울부짖었다.

"하나님께서는 이제 너와 함께 이스라엘도 블레셋 사람의 손에 넘겨 주실 것이다. 너는 내일 네 자식들과 함께 내가 있는 이 곳으로 오게 될 것이다. 주께서는 이스라엘 군대도 블레셋 사람의 손에 넘겨 주실 것이다."

"날 죽이겠다구? 웃기지 마, 내가 죽을 것 같애? 이봐 아브넬, 내게 칼을 줘, 칼을 달란말야. 죽일거면 나만 죽이지 왜 내 아들들까지 죽이겠다는 거야? 죽일려면 나만 죽이지 왜 나의 군사들까지 죽이겠다는 거야? 나의 잘못이 이스라엘 전체의 잘못인가? 나 하나로 끝내면 되지 왜 이스라엘 전체를 죽이겠다는 거야? 그게 하나님의 해결방식인가? 내가 죽을 것 같애? 절대 안 죽어. 내가 얼마나 전투를 잘하는데?"

사울이 벽을 얼마나 긁어 대던지 손은 어느새 피로 범벅이 되어 있었고 온몸은 땀으로 젖어 있었다.

"사무엘, 나의 잘못이 그렇게도 컸단 말이오? 나를 이토록 철저히 파멸시킬만큼 나의 잘못이 컸단 말이오? 용서도 없이…"

사울의 울부짖음이 얼마나 컸던지 도저히 인간의 목에서 나오는 소리라고 느껴지지 않을 만큼이었다. 그건 한 마리의 들짐승과도 같은 소리였다. 그러나 사울이 그렇게 될 때까지 아브넬은 방안으로 들어오지도 않았고 노파는 여전히 고개를 땅바닥에 처박고 꿈쩍하지도 않았다.

한참 뒤 아브넬이 방안으로 들어왔을 땐 사울은 바들바들 떨면서 벽에 기대 앉아 있었고 그제서야 정신을 차린 노파가 흙구덩이를 메우고 있었다. 그것은 땅속에서 나온 영이 다시는 나오지 못하게 하는 일종의 마무리 의식이었다.

사울은 여전히 정신을 차리지 못했다. 아브넬이 사울에게 가까이 가도 전혀 알아보지를 못해 하는 수 없이 사울을 업고 다시 길보아 산꼭대기까지 돌아와야만 했다.

# 마지막 전투

간밤에 있었던 일은 사울과 아브넬만의 비밀이었다. 날이 밝자 사울은 계속해서 머리를 만졌다. 어젯밤 정신을 잃고 잠이 들어서 형태가 엉망이 된 자신의 머리 모양이 맘에 들지 않았나 보다. 만지고 또 만지고 수염도 만지고 옷매무새도 만지고 그러다가 그것도 성에 안찼는지 부하를 시켜 면도물을 받아오게 했다.

전쟁터에서 머리를 만지거나 더더욱 면도를 하는 법이 없던 사울이었는데 왜 이날 따라 사울이 외모에 지나치게 신경쓰는지 몰랐다.

그때 요나단이 왔다.

"아버지, 지금이라도 후퇴를 시키는게 어떻겠는지요?"

"왜?"

사울은 면도를 하면서 건성으로 대답했다.

"블레셋은 우리 보다 2만명이나 더 많습니다. 그리고 적들 중엔 다윗도 없습니다."

"그래도 한다"

사울의 대답은 간단했다.

"오기로 전쟁을 할 수는 없지 않습니까? 이러다가는 우리 이스라엘 군사들이 모두 위험합니다. 위험은 왕도 피해가지를 않습니다. 지금은 명예보다 병사들의 목숨을 생각하셔야 합니다."

"그럼 나 혼자서라도 블레셋을 치러 가겠다."

"아버지께서 적에게 생포되면 어떤 굴욕을 당하게 될지 몰라서 이러십니까?”

“날 생포하면 저들은 내 눈을 빼거나 엄지 발가락과 엄지 손가락을 잘라 평생을 굴욕적으로 살게 할거야. 그게 전쟁의 법칙이니까. 아니면 블레셋 왕의 식탁에 끌려가 떨어진 음식 부스러기를 주워 먹게 하겠지.”

“그런데도 나가실려고 그러십니까?”

“하지만 난 생포되지 않는다”

이때 아브넬이 들어왔다

“선지자 한사람이 찾아와 제사를 준비하고 있습니다. 이번 전쟁에서 이기도록 희생양을 잡았습니다”

아브넬은 이미 사울과 마찬가지로 전쟁을 기정사실로 받아 들이는 눈치였다.

“제사는 필요없다. 이제 어떠한 경우에도 제사는 안 한다”

그 말에 요나단도 아브넬도 놀랐다.

“병사들은 선지자의 축복없인 전쟁터에 나가지 않으려고 합니다”

“분노의 옷을 입으란 말야”

사울이 선지자가 준비하고 있는 제단 쪽으로 걸어갔다.

그곳엔 벌써 많은 군사들이 모여 있었고 늙은 선지자는 쌓아놓은 나뭇가지 위에 양 한 마리를 잡아서 올려놓고 있었다. 이제 막 선지자가 불이 붙은 나무하나를 높이 들어 제단에 불을 붙이려던 순간이었다.

사울은 신경실적으로 선지자의 손에 들려 있던 불붙은

나뭇가지를 빼앗았다. 순간 선지자가 뒤로 밀쳐났다.

사울이 군사들을 향해 외쳤다.

"하나님은 나를 버리셨다. 이제 우리에겐 아무도 없다. 오직 나와 너희들
만의 힘만으로 전쟁을 치룬다."

그러자 늙은 선지자가 힘없는 소리로 사울을 향해 말했다.

"오늘 그대는 죽을 것이다."

"좋아, 그게 내가 바라던 바다."

"하나님은 당신에게서 등을 돌렸다."

그 말에 사울은 멈칫했다. 사울은 한동안 늙은 선지자를 노려 보았다.

"나 뿐만 아니라 다윗도 버림받는다."

그리고 불붙은 나뭇가지를 멀리 던져 버리고는 옆에 차고 있던 칼을 높이
빼들었다.

"이스라엘을 사랑하는 자, 나를 따르라. 나와 함께 블레셋 놈들을 치러 가
자."

그러나 군사들은 반응이 없었다. 다시한번 사울이 소리를 질렀다.

"언제까지 하나님을 의지한 채 이 나라를 지키려 하는가? 이젠 우리의 힘
으로 싸우자"

그래도 군사들의 반응은 냉담했다. 선지자가 돌아섰다.

"돌아가겠소."

선지자가 발걸음을 옮겼다. 그러자 선지자의 눈치를 살피던 군사들이 선
지자의 뒤를 따라가기 시작했다.

"죽기로 맘 먹은자 살것이며 그대들만이 이 나라를 지킬 것이다. 우리의
가족 우리의 형제 우리의 집을 지킬 것이다. 나는 오늘 죽기를 각오하고 전쟁에

나갈 것이다. 너희가 집으로 돌아간 들 편안히 살 수는 없다. 너희와 가족들 중에 남자들은 모두 블레셋의 노예가 되거나 죽게 될 것이며 네 아내와 딸들은 모두 능욕을 당하게 되리라. 겁쟁이 노예가 되어 평생을 살 것인가?"

사울의 외침은 거의 처절했다. 그러자 선지자를 따라 가던 군사들이 멈춰 섰다. 다시 한번 사울은 외쳤다.

"블레셋이 눈앞에 있다. 우리는 그동안 수많은 전쟁에서 싸워 이겼고 살아남았다. 우리는 두려울 것이 없다."

군사들이 다시한번 선지자를 바라 보았다.

그때였다.

"나, 요나단이 말한다. 나도 싸워 이스라엘을 지키겠다."

"나, 아비나답도 전쟁에 나간다."

사울의 옆에 서 있던 사울의 아들 요나단과 아비나답이 칼을 높이 들며 소리를 질렀다. 옆에 있던 말기수아도 소리를 질렀다.

"우리는 오늘 여기서 죽기로 결심했다. 우리는 오늘 이스라엘의 영웅이 될 것이다."

하면서 두손을 높이 들어 함성을 질렀다. 그러자 군사들도 요나단, 아비나답, 말기수아와 함께 손을 들고 함성을 질렀다.

"자, 시작이다. 블레셋을 도륙하러 나간다."

이스라엘 진영에서 진군의 북소리가 울렸고 곧바로 산아래를 향해 진격해 갔다.

블레셋 쪽에서도 이스라엘의 진격 북소리를 신호로 '와'하는 함성과 함께 나아왔다. 이스라엘과 블레셋의 접전이 드디어 시작되었다.

험하기 이를데 없는 길보아 산등성이는 이스라엘 군사들에게 유리한 곳이었다. 이스라엘 군사들은 높은 곳에서 아래를 향해 내려갔고 블레셋 군사들은 거꾸로 산을 향해 올라왔다.

길보아 산은 이제 두 나라 군사들이 지르는 함성과 칼 부딪히는 소리 그리고 여기 저기서 칼에 찔려 죽고 화살에 맞아 쓰러지는 소리로 뒤 엉켰다.

그 시각, 다윗은 시글락에서 하나님께 기도를 하고 있었다.

"이스라엘의 여호와 하나님, 하나님께서 선택하신 백성 이스라엘을 당신의 손에 부탁합니다. 전쟁에서 이기고 지든 그 모든 것이 당신의 계획대로 행하소서."

블레셋의 군사들은 이미 아벡에서부터 며칠동안 걸어왔지만 길보아 산을 올라가는 것 쯤은 쉬웠다. 불이 붙은 블레셋의 화살이 길보아의 하늘을 쉴새 없이 날아다녔고 이스라엘 군사들은 온몸에 불이 붙은 채 바위에서 떨어졌다. 이스라엘 군사들이 험한 바위를 뛰어 다니며 칼을 휘둘렀지만 블레셋 군사들의 훈련된 활 솜씨엔 당해내질 못해 보였다.

전투가 시작된지 얼마 되지 않아서 전세는 이미 블레셋 쪽으로 기울어진 것 같았다. 벌써 도망가는 이스라엘 군사들이 눈에 띄었고 칼을 휘두르며 사방을 둘러 보는 요나단은 그들을 향해 소리를 질렀다.

"죽기로 각오하지 않았는가? 싸워라. 도망가지 말고…"

그러나 요나단의 그런 외침도 블레셋의 기가 잔뜩 오른 함성소리에 묻혀서 들리지 않았다. 사울도 힘을 다해 칼을 휘둘렀다.

"난 너희와 싸우고 싶지 않아, 다윗을 데려 오란 말야. 겁쟁이 다윗은 어디로 숨겼느냐?"

길보아산

　블레셋 군사 하나가 사울의 칼에 찔려 바위 아래로 떨어졌다. 그러자 어디서 나타났는지 또 다른 블레셋 군사 하나가 사울앞에 나타났고 사울은 그 군사와 마주쳤다.

　"네가 사울왕이구나?"

　하면서 칼을 휘두르는 척 하더니 또 한손에 들려 있던 작은 칼을 사울을 향해 던졌다. 그 칼이 사울의 가슴에 꽂혔다. 사울은 그 자리에 쓰러졌다. 그러자 블레셋 군사는 사울의 머리를 향해 다시한번 칼을 내리쳤고 그 바람에 사울의 머리카락이 싹둑 잘려 나갔다.

　사울은 엎어졌다.

　바로 그때 어디선가 날아온 화살 하나가 블레셋 군사의 뒷통수에 박혔고 쓰러진 사울의 등위에 엎어졌다. 사울은 있는 힘을 다해 칼을 뽑아냈고 무겁게 짓누르고 있는 블레셋 군사의 시체를 밀어냈다. 돌아누워 하늘을 보았다.

길보아의 하늘은 파랬다.

사울의 귀에는 여기저기서 비명을 지르는 이스라엘 군사의 신음소리가 어지럽게 들려왔다. 바로 옆에서 격렬하게 칼싸움을 하고 있는 이스라엘 군사와 블레셋 군사의 발에 튀어나온 흙이 사울의 얼굴에 떨어졌다. 사울은 흙으로 범벅이 된 채 파란 길보아의 하늘을 바라 보았다.

"아, 하나님…"

자신도 모르게 사울의 입에서 하나님을 찾는 소리가 나왔다. 그리고는 눈을 감았다.

바람 부는 미스바 언덕에 사울이 서 있었다. 사무엘이 사울에게 다가와 얘기를 한다.

"하나님께서 그대에게 기름을 부으시어, 주의 소유이신 이 백성을 다스릴 영도자로 세우셨습니다."

사무엘과 사울은 두손을 부여 잡고 한참이나 마주 보고 서 있다.


길보아 산위에 누워 있는 사울의 눈에 눈물이 흘러 내리고 있었다.

그렇게 한참이나 누워 있었을까?

정신을 차린 사울이 비척대며 일어났다.

눈에 보이는 곳 모두에 이스라엘 군사와 블레셋 군사들의 피로 범벅된 시체가 널려 있었고 곳곳에 검은 연기가 피어 올랐고 저만치서 도망가는 이스라엘 군사를 쫓겠다며 소리를 성난 들짐승마냥 쫓는 블레셋의 군사들이 보였다. 그리고 몇몇 블레셋 군사들은 포로로 잡은 이스라엘 군사들을 무릎꿇린 채 발로 걸어 차는 것도 보였다.

"아무도 없느냐? 나의 자랑스런 군사들아…"

가슴에 통증이 밀려왔다. 손에는 벌써 끈적 거리는 빨간 피가 한웅큼 묻어 있었다.

사울이 걸어갔다.

입에서 노래가 흘러 나왔다.

"길보아야… 내 사랑하는 땅 이스라엘의 땅 길보아야… 이 아름다운 곳이 왜 이토록 피로 물들었는가. 내 백성들이 뛰어 다니며 양을 쳐야 할 이곳에 왜 이방인의 함성소리가 들리는가. 하나님, 정녕 하나님은 나를 버리셨습니까? 이스라엘을 버리셨습니까?"

그의 노래는 눈물로 변했다.

그때였다. 사울의 발 아래 걸리는 시체가 있었다.

사울은 그 시체를 내려다 보았다. 목에 걸려 있는 목걸이가 눈에 익었다. 요나단이었다.

"아 요나단 여기 있었구나. 어서 일어나 아비를 도와다오. 요나단 어서 일어나."

그러나 요나단은 말이 없었다. 사울이 요나단의 얼굴을 손으로 닦아냈다.

"아비라니까. 왜 말이 없어…"

사울의 눈물이 요나단의 얼굴에 떨어졌다.

"이놈아… 아비를 도와야 할거 아냐… 요나단…요나단…"

요나단을 부르는 사울의 힘없는 소리가 길보아 산을 덮었다.

"나의 아들 요나단아… 나의 아들 말기수아야… 나의 아들 아비나답아… 사무엘 선지자 어디있소? 아히멜렉 대제사장 어디있소?"

사울은 발에 채이는 칼을 하나 주워 들었다. 그리고는 그 칼을 배에 갖다 대었다.

"이스라엘… 이스라엘…"

사울의 눈은 풀렸다.

그리고는 요나단의 시체 앞에 고꾸라 졌다. 사울의 칼이 갑옷을 뚫는 쇠소리를 내며 푹 하고 들어갔고 그 칼끝이 사울의 등뒤로 튀어나왔다.

시글락에서 눈을 감고 기도하던 다윗이 벌떡 일어났다.

"끝났다."

옆에 있던 아비아달이 놀래서 물었다.

"무엇이 끝났다는 겁니까?"

"몰라… 어쨌든 끝났소"

기원전 1010년, 사울은 길보아 산에서 그렇게 죽었다

왕이 없던 민족 이스라엘의 자신의 의지는 반영되지 않은 채 첫 번째 왕으로 부름 받았지만 결국 하나님의 명령에 순종치 않고 질투와 시기로 뒤엉킨 생활을 하며 정신적인 황폐함 속에 몸부림 치다 결국 블레셋과의 전투에서 전사하고 만 것이다. 하나님께서 선택한 민족 이스라엘, 하나님의 나라, 그 첫 번째 왕은 부끄럽게도 이스라엘 역사의 그렇게 기록 되었다.

요나단은 얼마나 활을 잘 쏘고 사울은 얼마나 칼을 잘 썼던가?

요나단의 화살은 언제나 물러서지 않았고 사울의 칼은 언제나 헛되지 않았네.

사울과 요나단은 살아 생전에도 그렇게 서로 사랑하며 아끼더니

죽을 때에도 서로 헤어지지 않았도다.

아, 독수리가 빠르다지만 그들보다 더 빠르랴.

사자가 힘이 세다지만 그들보다 더 세랴.

이스라엘아, 너희는 모두 사울을 위하여 울어라.

그는 일평생 너희를 위하여 싸우고 너희를 위하여 온갖 식량을 구해왔고

너희에게 자색옷도 화려하게 입혀 주고 금장식도 풍성하게 선물로 주었었
다.

그토록 용맹스럽던 용사들이 어쩌다가 죽었단 말인가?

슬프고 슬프다.

그토록 뛰어난 용사들이 쓰러져 죽고

그좋은 투사들이 영영 사라져 버렸으니!


사울의 죽음을 슬퍼한 다윗의 노래는 사무엘하 1장 22절에 기록되어 있
다

# 신의 나라

초판 1쇄 | 2004년 11월 20일

지은이 | 김종철

펴낸이 | 채주희

펴낸곳 | 해피앤북스

출판등록 | 제 10-1562호(1985.10.29)

주소 | 서울특별시 마포구 합정동 433-62

전화 | 02-323-4060, 02-322-4477

팩스 | 02-323-6416, 080-088-7004


ISBN 89-5515-206-X  03320